JN044071

史上最強

SPI&
テストセンター
超実戦問題集

オフィス海 著

ナツメ社

SPIの最新問題を再現・解説！！

本書は、「**SPIに確実に合格するための問題集**」です。

　本書は、直近5年間の「SPI調査」の結果をもとにして制作された、きわめて再現性の高いSPI問題集で、次のような特長をもっています。

- **テストセンターとペーパーテストで実際に出題された問題を再現！！**

- **日本初!! 最重要「推論」全ジャンルの最新問題を完全収録！**

- **検査会場で「1分以内」に解く！ 超実戦的スピード解法！**

- **試験前1週間の速習で、テストセンターの得点が飛躍的にアップ！！**

- **「言語分野」頻出語句のアンケート調査結果を公開!!**

- **英語検査【ENG】の再現問題を掲載!!**

- **私立文系の学生にもわかりやすい解説と豊富な別解!!**

- **SPI3の新検査「構造的把握力検査」の再現問題を掲載!!**

- **テストセンター形式の模擬テストで自分の合格判定ができる！**

- **きわめて有効な性格検査対策ができる！**

　非常に多くのSPI受検者、採用担当経験者のご協力をいただき、SPI能力検査と性格検査に合格するノウハウを集約することができました。本書掲載の問題を目標時間内で解けるようならSPIの対策は万全といえます。

　本書によって、あなたが合格されることを心より信じ、願っております。

オフィス海【kai】

> テストセンターの問題はクセがあって独特なものが多く、また、年々問題のバリエーションが増えています。最新の問題分野と問題傾向にそっていて、かつ問題数が多い対策本でないと、お金も時間も無駄になってしまいます。しっかりと見極めてからの購入をお勧めします。　（対策本の見分け方は本書6ページ参照）

CONTENTS [目次]

●最重要、最頻出の「推論」では、全8分野の最新問題を収録！

1章 非言語能力　23

対策本が合否を分ける

SPIの問題傾向と合った対策本を選ばないと圧倒的に不利です

SPI対策本【良書の選び方】

● SPI（テストセンター）の再現を明言していること

アンケート、面談などで、SPIの実際の問題を調べた上で**問題傾向を忠実に再現していること**が大切です（実際に受検してから後悔しないように）。

※ SPI受検経験者に本の目次と掲載問題を見てもらう、あるいはSPIを受検したら問題を覚えておいて、実際の問題と傾向が一致している対策本を選ぶのも良い方法です。

● 問題の種類と数が少ない本、簡単な問題の本は選ばないこと

問題のバリエーションが豊富で、**問題数が多い本を選ぶこと**が大切です。また、簡単な問題を解くだけでは、SPIには歯が立たないことも覚えておきましょう。

※ 問題の種類が増えて難易度が上がっている最新のSPIは、少ない問題数・簡単な問題での学習では合格は望めません。

●「推論」分野の問題が数多く掲載されていること

「推論」は、SPIの特色ともいえる最重要・最頻出分野。推論の分野数と問題数が多い本で入念に対策することが合否を分けることになります。

● 口コミと内容で購入。匿名の書き込みやレビューはうのみにしないこと

友人・先輩の推薦や「実名での口コミ」をもとに**内容を確認して購入**することをお勧めします。ネット上の「匿名の書き込み、レビュー」には、宣伝や他書への根拠のない誹謗中傷も見受けられますから、うのみにしないようにしましょう。

【非言語】の問題傾向と対策本の選び方

● 食塩水の濃度問題でも、速度算でも、**SPIのほとんどの問題は公式と計算だけでなく、「知恵」を使わないと解けない**ようになっています。

→公式と計算だけで解く問題が多い本はお勧めできません。

● 複雑な計算はしなくても解ける問題がほとんどです。

→計算が面倒な問題が掲載されている本での学習は時間の無駄が多くなります。

最新の問題分野と問題傾向を正確に再現している、問題数の多い本を選んでください。そうでない対策本を購入すると、就職活動の忙しい時期、たいへんな時間と労力の無駄になってしまいます。もし今、対策本を持っていたら、以下の点に注意して勉強する本を再検討しましょう。

- ●内訳・整数・対戦の推論、割合と比、特殊算、仕事算、重複組み合わせ……、テストセンターでは、**確実にこうした分野が出題**されています。
  →本書のように、「**分野・問題数が多い本**」での学習をお勧めします。

- ●分数にする、計算順序を変える、仮の数を立てる、記号のメモで推理するなど、解答方法やメモの仕方を変えることで**速く解ける問題**が出題されます。
  →本書のように、「**速く解くコツ**」が掲載されている本をお勧めします。

- ●図や表にする方法、場合分けして考える方法、公式に当てはめる方法、選択肢から絞り込む方法など、**様々な解き方ができる問題**が出題されます。
  →本書のように、ていねいな解説で、豊富な【**別解**】がある本をお勧めします。

【言語】の問題傾向と対策本の選び方

- ●**二語の関係、語句の意味、複数の意味**など、言葉の意味と使い分けを問う問題が非常に多く出題されます。特にテストセンターでは、新しい出題語句が年々追加されています。語句問題に関しては**出題語句の意味、用法を「知っているかいないか」で得点に大きな差**が出てしまいます。
  →本書のように、「**多くの出題語句**」が掲載されている本をお勧めします。

【性格検査】の重要性と対策本の選び方

- ●**性格検査はたいへん重要**です。採用担当者に届く「SPIの報告書」でも、性格検査の判定結果に大きなスペースが割り当てられており、面接の資料、合否の判定基準として、大いに活用されています。
  自己申告の検査なので、**落ち込んでいるときに予備知識がないまま受けたりすると、意欲や積極性に欠けるマイナス評価になることがあり、非常に危険**です。
  →本書のように、「**性格検査の有効な対策**」が掲載されている本をお勧めします。

SPIって何？

SPIにはパソコン受検とペーパーテストがある

SPIは日本で最も多く使われている採用テスト

リクルートマネジメントソリューションズが提供しているSPIは、年間1万4,000社以上の企業が利用している**日本で最も多く使われている採用テスト**です。いわゆる就職試験の一種と思われがちですが、**性格検査を含め、面接の資料として利用されることが多い**ことも大きな特徴になっています。

大卒・一般企業人を対象にした検査には、次のような複数の種類があります。**すべて本書で対策できます。**

◆能力検査

非言語検査（論理・数学問題）と言語検査（国語問題）とがあります。

非言語検査「推論」「順列・組み合わせ」「確率」「割合と比」「損益算」「集合」「特殊算」など。

言語検査　「二語の関係」「語句の意味」「文の並べ替え」など。

非言語、言語ともに、知識を問うより思考力を問うことを目的としているため、**いわゆる一般常識問題とはまったく違う問題傾向**になっています。

◆性格検査

質問紙法による性格テストです。行動的、意欲的、情緒的、社会関係的な側面から、職務に適応しやすいか、ストレスに弱くないかなどを判定します。

◆英語検査（オプション検査なので受検しない場合が多い）

語彙力、文法的な理解、読解力を問うもので、中学～高校（大学受験）レベルの問題が出題されます。この英語検査はない場合もあります。

◆構造的把握力検査（オプション検査なので受検しない場合もある）

2013年から追加されたもので、4つ、または5つの選択肢を読んで、その文章の構造が似ているものを選ぶ検査です。

就職試験に用いられるテストには、企業が独自に作る一般常識などのテストのほかに、専門業者が開発・販売している適性検査がたくさんあります。SPIは、その中で最もメジャーな能力検査です。現在では、SPIのテストセンター形式が主流になっています。

実施時期と実施スタイル

◆ 実施時期

テストセンターで行われるSPIは、卒業・修了年度に入る直前の3月1日（広報活動解禁日）以降、すぐに実施されることがあります。従って、**企業と接触し始める頃には、本書を一通り終えていること**をお勧めします。

◆ 実施スタイル

次の4種類があります。**最も多く使われているのがテストセンターで、全体の約7割**を占めており、その比率は年々大きくなっています。

今や、**SPI対策＝テストセンター対策**といえます。

テストセンター	自宅などで性格検査を受検し、能力検査の会場を予約します。能力検査は専用会場または自宅などのパソコンで受検します。
インハウスCBT	企業のパソコンで受検します。WEBテストと似た問題が出題されます。シェアが非常に低いので対策は不要です。
ペーパーテスト	企業が用意した会場で受検します。問題冊子にマークシートで解答する筆記試験です。
WEBテスト	自宅などのパソコンで受検します。インターンシップの参加者選考で実施されることもあります。

テストセンター実況中継
テストセンター受検はこのように進む

受検案内メールをもらって会場を予約

❶ 応募している企業から、次のような【受検案内メール】が届きます。

> ナツメ　タロウ　様
>
> 先日は、新卒採用セミナーにご参加頂きありがとうございました。こちらのメールは「適性検査」のご案内となります。下記詳細をご確認の上「適性検査」のご予約および受検をお願いいたします。
> 適性検査には性格検査と能力検査があり、ご都合のよい、時間・会場にて受検が可能です。
> 性格検査を事前に自宅などで受検し、その後、能力検査を受検いただく流れとなります。
>
> なおすでに、…
>
> ◆あなたの企業別受検IDは2*** です。
> ◆下記URLから手続きを行ってください。
> http://arorua.net/viva/docs/ae_s****.**********
> ※URLをクリックしても正しく表示されない場合は、URLをコピーし、
> ブラウザのアドレスバーにはりつけてください。
> ◆受検可能期間
> 202*年11月9日0時00分〜202*年12月28日23時59分
> 【お問い合わせ先】
> ******
>
> ---
> ※初めてテストセンターで受検する場合は、受検予約前にテストセンターID取得手続きをする必要があります。テストセンターIDはID取得手続き終了後、メールで届きます。メールをご覧になれる環境で受検予約手続きを行ってください。

❷ メール記載のサイトにアクセスし、**リアル会場/オンライン会場の選択**をして、能力検査を行う会場を予約します。ピーク時は会場が混雑して、希望日時の予約ができないことがあります。**早めに予約しておくことが大切**です。

❸ 自宅や大学のパソコン、あるいはスマートフォンで**性格検査**を受検します。**問題数は約300問**で**検査時間は約35分**です。性格検査が終わると、受検票の発行と「予約完了メール」の送信が行われ、**受検予約が確定**します。
※性格検査受検の締切を過ぎると会場予約が無効となり、その旨を知らせるメールが受検者に届きます。**必ず締切時間までに受検**しましょう。

❹ 予約完了メールの指示に従い、予約日時にリアル会場（テストセンター専用会場）またはオンライン会場（自宅など）で受検します。

最もポピュラーなテストセンターでの受検は、どんなふうに進むのでしょう。SPI受検者の協力を得て、その流れを再現しました。このほか細かい点については、テストセンター受検時の受信メールに必要事項が書かれていますから目を通しておきましょう。

リアル会場またはオンライン会場で受検

● **リアル会場は、専用会場で受検する方法**です。受付を済ませて試験会場に入ると、仕切られたテーブルの上にパソコン、筆記用具、メモ用紙が用意されています。監督者の説明を受けてから検査開始。言語問題から非言語問題へと途切れなく続く**約35分の能力検査**です（英語能力検査20分や構造的把握力検査20分がいっしょに実施される場合もあります）。

● **オンライン会場は、自宅などのパソコンで受検する方法**です。テストセンターのマイページからログインし、監督者と接続して受付をします。本人確認や環境の確認を行ってから、WEBカメラを通じた有人監督のもとで能力検査を受検します。**テスト内容・検査時間などはオンライン会場と同様**です。また、パソコン以外では筆記用具、A4のメモ用紙2枚が使えます。スマホや電卓は使えません。

2社目からは結果を使い回せる

テストセンター受検をすると、次からは前回の結果を送信してすませるか、または、もう一度テストセンターで受検するかを選ぶことができます。ただ、**成績（点数）を自分で知ることはできない**ので、前回の結果が良かったか悪かったかは自分で判断するしかありません。また、**使い回せるのは前回の結果だけ**です。もう一度受検をすると、前回の結果は消えて最新の成績に上書きされます。なお、前回の結果を使い回したのか、新たに受検し直したのかは、企業からはわかりません。

企業から【受検案内メール】が来る	→	会場の予約をし、性格検査を受ける	➡	会場で能力検査を受検する
	↘	2社目からは、前回結果を送信すれば、受検しなくてもよい		

テストセンターの出題画面

テストセンター受検時の注意点と心構え

出題画面の説明

テストセンターの出題画面は次のようになっています。

全体の設問数に対する回答数の割合
時計回りに色が変化する

全体の制限時間に対する経過時間
時計回りに色が変化する

次の説明を読んで、各問いに答えなさい。

この問題は2問組です。

リンゴ、ミカン、カキの3種類の果物がたくさん入った箱がある。

この中から3個を選ぶときの組み合わせの数は何通りあるか。

- ○ A　3通り
- ○ B　5通り
- ○ C　6通り
- ○ D　8通り
- ○ E　10通り
- ○ F　12通り
- ○ G　15通り
- ○ H　21通り
- ○ I　24通り
- ○ J　AからIのいずれでもない

1 2

回答時間

次へ

組問題の移動タブ
クリックで組問題の中を移動できる

次の問題にとぶボタン
次の問題に進んだ後は、前の問題には戻れない

1問（組問題では1組）ごとの制限時間
緑→黄色→オレンジ→赤の順に変化し、赤になると未回答でも次の問題にとぶ。
オレンジ表示のうちに回答しましょう

テストセンター受検時の注意点や心構えをまとめました。画面操作については、テストセンターのマイページで回答練習もできるようになっていますから、心配無用です。

問題ごとに制限時間がある

　能力検査の出題画面は左の通りです。画面に１問ずつ表示され、組問題の場合は移動タブによって組問題の中を移動できます。

　「次へ」ボタンをクリックして次の問題（組問題）に移ってからは、前の問題には戻れません。また、問題ごとの制限時間が過ぎると次の問題に移ってしまいます。当てずっぽうでもいいので、**制限時間内に選択肢を選んでおくことが大切**になります。なお、答えを選択肢から１つだけ選ぶ問題と複数を選んでよい問題があります。本書では、１つだけを選ぶ選択肢には○、複数を選んでよい選択肢には□を付けて区別してあります。

　出題画面の右上にある表示を気にしてあせる人が多いようですが、全体の時間経過と回答割合は意識してもどうにもならないため、気にする必要はありません。むしろ、左下にある**問題ごとの制限時間を意識しながら、オレンジ表示のうちに落ち着いてすばやく回答していくことがポイント**になります。

人によって出る問題が違う

　テストセンターでは、IRT（Item Response Theory）を使用しているため、**受検者によって出題される問題が違います**。IRTは、ざっくり言うと、受検者のレベルにあわせて問題難易度を変化させるもので、たとえば難易度5の問題に正解したらより難しい6の問題へ、5の問題を間違えたらより簡単な4の問題へ移るということを繰り返して、正解レベルが安定（受検者のレベルを判定）したところで検査を終了するというものです。

　受検者それぞれで、出題される問題ジャンル、難易度、問題数までが異なりますが、本書に掲載されている問題が解けるレベルになっておけば、心配する必要はありません。

※本書には、難易度が高い問題がたくさん掲載されています。
　本書の問題が初見で時間内に解けるようなら、すでにSPIの対策は不要です。

テストセンターQ&A
これだけ知っておけば安心！

Q 携帯電話で登録しても大丈夫？

　テストセンターの登録には、携帯電話は対応していません。スマートフォンは対応しています。また、性格検査の受検および予約は、パソコン、スマートフォンのどちらでも可能です。

Q テストセンターの予約は変更できる？

　受検当日の各ターム（検査）**開始１時間前まで**なら、パソコンから予約の変更と取消ができます。開始１時間前を過ぎて、遅刻しそうなら**「テストセンターヘルプデスク」に電話**をして受検可能かどうかの指示を仰いでください。

Q 急な事故などで受検できなくなったら？

　列車の事故などで急に受検できなくなった場合には、**「テストセンターヘルプデスク」に電話**をして指示を仰いでください。電話番号は、テストセンター受検予約内容の確認メールに書かれています。ただし、最終日最終タームで遅刻した場合には対処のしようがないので、日程の余裕をみて予約をしておきましょう。

Q いつ頃から勉強を始めるのがいい？

　就職試験を行うタイミングは企業によって違いますが、企業との接触を始める頃までには、本書を一通り終えておくことをお勧めします。

　テストセンターの場合には受検日がわかっていますから、１日４、５分野を目安にして**受検直前の一週間で集中的に学習する方法も、非常に効果的です。**テストセンターのSPIでは、必ず似たパターンの問題が出題されるはずです。

　本番になると、あせってまったく解答できなくなる受検者がいます。**本書の掲載問題を１問１分程度で解けるようにしておきましょう。**

あらかじめ知っておいたほうがよいことをQ&Aでまとめました。
なお、テストセンター受検予約内容の確認メールに記載されたURLから、質問と回答が掲載されているページを見ることもできます。また、電話やメールでセンターに質問することもできます。

Q 合格点は決まっている？

SPIでも他の能力検査でも、**合格ラインは企業によってまったく違います。**従って、前回の結果を2社に送信して、一方は合格、他方は不合格となることもあります。当然ながら、応募者の多い企業ほど合格ラインも高くなっているはずですから、人気企業を志望している方は本書による十分な対策が必要です。

Q パソコンの模擬試験を受けておいた方がいい？

テストセンターのマイページでは、テストセンターを練習するためのページが設けられていますから、検査前には必ず練習してください。また、リクナビにも体験版のテストがあります。これらの**無料サービスを利用して、実際のテストセンターなどの画面操作に慣れておくことは大切**です。

ただ、受講料を払ってまで、数十問の問題を受けるだけの模擬試験を受ける必要があるかは、**金額に見合った効果が得られるかという点でたいへん疑問**です。

多くの問題を解いておくという意味で、信頼のおける対策本を併用する方がずっと高い学習効果が得られます。なお、本書以外では、次の本がお勧めできます。

『**史上最強 SPI ＆テストセンター1700題**』（ナツメ社）

人気企業、上場企業に高得点で確実に合格したい受検者のための問題集です！！
SPI再現問題数No.1！ 本試験とまったく同じ問題パターンを反復学習することで、SPIが苦手な人でも**解法・解答を条件反射で導き出せる**ようになります！！

『**ダントツSPIホントに出る問題集**』（ナツメ社）

テストセンター、WEBテスティング、ペーパーテスティング、構造的把握力検査対応。**携帯に便利な**コンパクトサイズ。**一問一答のクイズ感覚**で解法手順を楽にインプットできます。電車の中や外出先でもサクサク学習が進みます！！

「構造的把握力検査」とは
SPI3から登場した新傾向の検査

SPI3のオプション検査

2013年1月から始まったSPI3では、「構造的把握力検査（SPI-S）」という、まったく新しい検査が登場しました。

「構造的把握力検査」は、**企業がオプションで選択する検査**です。そのため、必ず受検するというものではなく、人によっては一度も受検しないですむこともあります。実施形式はテストセンターのみで、検査時間は約20分です。

問題概要

非言語（数学）系の問題と、言語（国語）系の問題があります。

本書の4章に再現問題を掲載してあります。

●非言語

SPIの非言語問題で見受けられるような文章題が4つ提示されます。その中で、問題構造が似ている2つを選ぶ形式です。和や差で計算するのか、全体を1として割合を出すのか、比率を計算するのかなど、解法手順や計算方法が似たもの同士を選びます。計算結果まで出す必要はありません。

●言語

5つの文章が提示されます。その中で、文の構造や内容によって、2つのグループと3つのグループに分けたとき、2つのグループに入るものを選ぶ形式です。内容がどんな要素になっているか、前半と後半がどのようなつながりになっているかなどを見分けて、似たもの同士を選びます。

ペーパーテスト早わかり

ペーパーテストの概要と種類

企業の会議室などで受検するマークシート式のテスト

　SPI3のペーパーテストは「ペーパーテスティング」といいます。実施比率は SPI全体のうち1割強ですから、就活の最後までペーパーテストを受検しないこともあります。

　試験日をあらかじめ通知される場合と、セミナーや説明会で予告なしで実施される場合があり、いずれも企業の会議室などを使って行われます。

　また、性格検査がセットになっているものと、性格検査がない能力検査だけのものがあります。

ペーパーテストの検査内容

　検査内容には次のようなものがあります。

●能力検査

　受検者全員に同じ問題が出題されます。検査時間は非言語が40分、言語が30分です。

非言語▶約30問です。「推論」「割合と比」「料金割引」「損益算」「速度算」「集合」「順列・組み合わせ」「確率」など、テストセンターと同じ分野のほか、「物の流れ」「グラフの領域」など、ペーパーテスティング独自の分野もあります。

言語▶約40問です。「二語の関係」「語句の意味」「長文読解」など。言語分野では、出題語句の意味を覚えておくことがいちばんの対策になります。

●性格検査

　検査時間は約40分です。行動的、意欲的、情緒的、社会関係的な側面から、性格特徴、及び、職務や組織への適応力はあるか、ストレスに弱くないかなどを判定します。

英語【ENG】と性格検査

英語【ENG】と性格検査の対策

英語【ENG】

実務的な英語能力を測定する検査です。検査内容は次の通りです。

- **同意語**—同じ意味の単語を選ぶ問題
- **反意語**—反対の意味の単語を選ぶ問題
- **英英辞典**—英文の説明に近い意味の単語を選ぶ問題
- **空欄補充**—（　　）内に適切な単語を入れる問題
- **整序問題**—英単語を並べ替えて正しい文にする問題
- **誤文訂正**—誤っている個所を指摘する問題
- **英訳**—和文の意味を表す英文を選ぶ問題
- **長文読解**—英語の長文読解問題

テストセンターではSPI3-UEの名称で、**能力検査とともに約55分（うち英語検査約20分）**で実施されます。ペーパーテストでは30分です。ただし、職場で英語を必要とする採用で使われることが基本なので、広く実施されているわけではありません。

また、本当に英語を重視する企業なら、検査の点数よりTOEICの点数や英検の級数を考慮しますから、就職活動の忙しい時期、**英語【ENG】対策としては本書以外の特別な勉強はお勧めしません。**

性格検査

行動的、意欲的、情緒的、社会関係的な側面から、性格特徴、及び、職務や組織への適応力はあるか、ストレスに弱くないかなどを判定します。

ペーパーテストの性格検査は実施時間が約40分、テストセンター等、他の形式では制限時間が約35分です。テストセンターの場合は、パソコン、あるいはスマートフォンでの事前受検になります（10ページ）。

本書の6章に性格検査の対策を掲載しています。

非言語分野【攻略のポイント】
問題解法のエッセンスをまとめてあります

　SPIはとてもうまく作られている能力検査で、公式、計算、暗記事項よりも、「知恵」を使って解かなければならない問題の方が多いのが特徴です。ここでは、分野ごとに「知恵」のエッセンスを紹介しましょう。

　どの問題にも共通する解法のコツは次の通りです。

---

❶ 解法のためのメモは、できるだけシンプルに書く

❷ メモ書きの記号の並びは、左から大きい、重い、速い順と決めておく

❸ 時間がかかるので、図解はなるべくしない

❹ 与えられた条件は、等式や不等式にして考える

❺ 公式や方程式が使える問題は、考え込まずに式で解くほうが速い

◆ 推論（本書 24 〜 79 ページ）

　言葉で考えると混乱するので、**条件を記号のメモ書きや式にして考えます。**

● 推論のメモ書き

　どんなに難しそうな問題でも、**提示された条件を整理してメモ書きしていけば、必ず解けます。** 諦めないで問題文の条件（上下関係・数の差・合計・最大・最小・平均）を記号や数字でメモする癖をつけてください。メモ書きの記号の並びは、左から大きい、重い、速い順です。例えば、次のように書きます。

・PよりQの方が大きい→ $\boxed{\text{Q P}}$ $\boxed{\text{Q} > \text{P}}$

・4人のうちSが3位。Pの次がS→ $\boxed{○ \text{P S} ○}$

・Pの次の次（2つ下・2日後・2つ小さい）がQ→ $\boxed{\text{P} ○ \text{Q}}$

・QとRの差が3cm（3冊差、3日違い）→ $\boxed{\text{Q} ← 3 → \text{R}}$ $\boxed{\text{R} ← 3 → \text{Q} ← 3 → \text{R}}$
$\boxed{\text{R} ○ ○ \text{Q} ○ ○ \text{R}}$

・5人のうちで3位がP。SはPより下の順位→ $\boxed{① \ ② \ \text{P} \ ④^{\text{S}} \ ⑤^{\text{S}}}$

・Pの隣にR、Sの下にP → $\boxed{\begin{array}{c} \text{S} \\ \text{R P R} \end{array}}$

19

●推論の考え方

①**並べ替え**　条件で結びついた記号の組み合わせを１セットとして、並べ替えながら解いていくことが推論の基本的な解き方になります。例えば、

$$\boxed{\text{PS}}+\boxed{\text{R○S}} \rightarrow \boxed{\text{RPS}}$$
$$\boxed{\text{R←2→Q←2→R}}+\boxed{\text{Q←1→P}}+\boxed{\text{P＞R}} \rightarrow \boxed{\text{QPR}}$$

のような感じで推理していきます。また、不要な条件はできるだけ無視します。

②**場合分け**　「Ｐが１着（２着、３着…）の場合」「Ｐが赤（青、黒…）の場合」など、場合分けして解くことが有効な問題もあります。

※「赤、青、黒のペンが４本ずつある。ここからＰとＱが同じ色の組み合わせの２本のペンをもらった」という条件は、

「Ｐ赤赤Ｑ赤赤」「Ｐ青青Ｑ青青」「Ｐ黒黒Ｑ黒黒」
「Ｐ赤青Ｑ赤青」「Ｐ赤黒Ｑ赤黒」「Ｐ青黒Ｑ青黒」

と場合分けできます。しかし、解答を求める過程でＰＱ個別の色が無関係なら、

ＰＱ合わせて「赤（・青・黒）が４本」または「どれかの色２本ずつ」

と考える方が速く解けます。すべてのケースを場合分けしてメモする解き方は、時間の無駄になることもあるので注意してください。

③**仮の数**　濃度や人口密度の推論では、「仮の数」を当てはめて計算します。

　本書で、すばやいメモの取り方、問われている答えに直結する推理能力を身に付けてください。

◆ 順列・組み合わせ、確率（本書80〜105ページ）

　私立文系には、最難関ジャンル。**順列と組み合わせの公式は必ず暗記します。**円順列、重複順列、重複組み合わせの公式まで覚えておくと解法が楽になります。**「かつ」「または」「少なくとも」**の3パターンの解き方は、必ず習得してください。

◆ 割合と比（本書106〜111ページ）

　割合、％、比は、実社会でも必要な知識で、就職試験で最重要のジャンルです。特に**「25％が50個のとき、全部の数は50÷0.25＝200個」**（ちなみに0.25は4分の1、50÷1/4＝50×4＝200個）**ということは、頭にたたき込んでおきましょう。** これは他分野でも用いる解法手順です。

◆ 損益算 （本書 112 ～ 115 ページ）

　原価、利益、定価、売値の出し方さえ覚えておけば、比較的簡単に解けます。難易度が低い分野なので、ここで得点できないようだと合格レベル到達は難しくなります。

◆ 料金割引 （本書 116 ～ 119 ページ）

　割引になる境目さえ間違えなければ大丈夫。SPIの中では珍しい、計算が主体の問題になります。問題文の読み間違いに注意しましょう。

◆ 仕事算 （本書 120 ～ 123ページ）

　仕事算、水槽算、分割払いです。いずれも全体を1と考えて計算します。

◆ 代金精算 （本書 124 ～ 127ページ）

　「個別に計算すること」が最大のコツです。どんなに複雑に書かれている貸し借りでも、**本書の方法なら確実にすばやく解くことができます。**

　貸借関係などを図解すると、解答が大幅に遅れますから注意してください。

◆ 速度算 （本書 128 ～ 131ページ）

　速度算の公式のほか、次のことを覚えておきます。

・**平均時速＝全行程の距離÷全行程の所要時間**

・**出会い算では互いの速さの和で近づく**

・**追いつき算では互いの速さの差で近づく**

◆ 集合 （本書 132 ～ 135ページ）

　アンケート調査の人数の重なりなどを問う問題です。2つの集合、または3つの集合で解く問題があり、3つの集合はSPIの中でも難問の部類に入ります。**集合の解法は忘れてしまうことが多いようですから、できなかった問題は本番前に復習しておきましょう。**

◆ **表の解釈**（本書 136 〜 145 ページ）

　簡単な数値に置き換えたり、概数にしたりして、できるだけ素早く計算します。本書掲載の表のパターンはすべて覚えておいてください。

◆ **特殊算**（本書 146 〜 151 ページ）

　鶴亀算、年齢算、過不足算など、方程式で解く問題や数の規則性を使った問題をまとめてあります。**テストセンター、WEB テストのほか、SPI 以外の就職テストでもよく出題される分野**です。

◆ **情報の読み取り**（本書 152〜155 ページ）

　文章、資料、表の中の数値、条件と一致する選択肢を選ぶ問題です。**選択肢に該当する部分を資料から素早く見つけることがポイントです**。

▼以下はペーパーテストだけの出題範囲

◆ **物の流れ**（本書 156 〜 159 ページ）

　本書で、基本となる式と図の関係を覚えておけば大丈夫です。

◆ **グラフの領域**（本書 160 〜 163 ページ）

　次の２つのコツで解いていきます。

・y＞a のように、y に開いている不等号の式は境界線より上の領域を表す
・領域内の数値を式に当てはめて式が成り立つか否かを判定できる

　本書掲載の式とグラフの領域を覚えておけば、確実に加点できます。

◆ **条件と領域**（本書 164 〜 167 ページ）

　与えられた条件が、図ではどの境界線で表されているかなどを考えます。**条件文の数字が、図の中ではどこにあるかを見極めることで簡単に解けます**。

※選択肢から複数の回答を選べる形式を「チェックボックス」、「推論（すべて選ぶ）」等の分野として区別している本がありますが、分野ではなく選択形式の違いだけです。本書では**複数回答形式の場合、選択肢に□を付けて区別**してあります。

1章 非言語能力

- テストセンターは約35分（言語含む）、問題数は決まっていません。
- ペーパーテスト（Uタイプ）は40分（言語含まず）、30問です。

◎出題頻度

見出し右上のインデックスで、テストセンターとペーパーテスト（U、A）に分けて、○（頻出）、△（出ることがある）、×（出題報告がない）という一般的な出題頻度の違いを明示してあります。

テストセンターでは、受検者それぞれで、問題ジャンル、難易度、問題数が異なりますが、本書掲載の問題が解けるレベルになっておけば大丈夫です。

◎時間を意識しながら「メモ書き」で解く練習がポイント

例題──テストセンターで出題される問題から解法手順を学びやすい基本パターンを選んであります。まず、例題の解法をきちんと覚えてください。

練習問題──できるだけ解法手順やパターンが違う問題をたくさん掲載しました。「目標時間」は制限時間ではなく、最速で解ける場合の目安です。目標時間内に解く訓練をすることで、実際のSPIに十分に対応できる力を養えるようになっていますから、目標時間を意識して解くようにしてください。

また、テストセンター対策で「練習問題」にチャレンジするときは、メモ用紙を用意してそこに計算やメモを残しながら解き、組問題の中で計算や推論の結果を使い回す練習をしましょう。ペーパーテストの出題では、問題の図や表にそのまま書き込んでかまいません。

1 推論【正誤】

● 「〜が正しければ…も必ず正しい」という選択肢がある問題パターン。

例題

5個の製品すべてに、1点、または2点の点数をつけた。これについて、次のような3通りの情報があった。

P　1点がついた製品が1個以上ある
Q　2点がついた製品が奇数個ある
R　5個の製品の点数の合計は偶数である

以上の情報は、必ずしもすべてが信頼できるとは限らない。そこで、さまざまな場合を想定して推論がなされた。

1　推論ア、イ、ウのうち正しいものはどれか。AからHの中で1つ選びなさい。

ア　Pが正しければQも必ず正しい
イ　Qが正しければRも必ず正しい
ウ　Rが正しければPも必ず正しい

○ A　アだけ　　　　　○ B　イだけ　　　　　○ C　ウだけ
○ D　アとイ　　　　　○ E　アとウ　　　　　○ F　イとウ
○ G　アとイとウ　　　○ H　正しい推論はない

2　推論カ、キ、クのうち正しいものはどれか。AからHの中で1つ選びなさい。

カ　Pが正しければRも必ず正しい
キ　Qが正しければPも必ず正しい
ク　Rが正しければQも必ず正しい

○ A　カだけ　　　　　○ B　キだけ　　　　　○ C　クだけ
○ D　カとキ　　　　　○ E　カとク　　　　　○ F　キとク
○ G　カとキとク　　　○ H　正しい推論はない

各々の情報から断定できることを判断する

P 1点がついた製品が1個以上ある

つまり、1点の製品は0個ではない。1個〜5個のいずれかである。

Q 2点がついた製品が奇数個ある

つまり、2点の製品は1、3、5個のいずれかである。このとき、1点の製品は4、2、0個で、5個の点数の合計は必ず偶数になる。

→（21111＝6点）（22211＝8点）（22222＝10点）

R 5個の製品の点数の合計は偶数である

5個の点数の合計が偶数なら、1点の製品は偶数個（4、2、0個）になる。

→（21111＝6点）（22211＝8点）（22222＝10点）

1 ア **P→Q**…1点が1個以上（1、2、3、4、5個）のとき、2点は奇数個も偶数個もありえるので、必ず正しいとはいえない。✕

イ **Q→R**…2点が奇数個（1、3、5個）なら1点は偶数個（4、2、0個）になるので、5個の点数の合計は必ず偶数になる。○

ウ **R→P**…5個の点数の合計が偶数でも、（22222＝10点）のとき、1点の製品は0個なので、必ず正しいとはいえない。✕

| 正解 | B |

2 カ **P→R**…1点が1個以上でも、合計点が偶数とは限らない。✕

キ **Q→P**…2点が奇数個（1、3、5個）のとき、1点が0個の場合があるので、Pが必ず正しいとはいえない。✕

ク **R→Q**…5個の点数の合計が偶数（21111＝6点、22211＝8点、22222＝10点）なら、2点は必ず奇数個となる。○

| 正解 | C |

試験場では▶矢印をメモする！

右のように記号をメモして、矢印で正しい方向を書き入れる。それを選択肢と比べていけばすぐに解答できる。

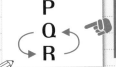

「Qが正しければRも正しい」
「Rが正しければQも正しい」
の2本の矢印

確認問題　2つのサイコロで「出た目の和が4」が正しければ、「出た目の差が2以下」は？
【 正しい・正しいとは限らない 】　解答➡次ページ下

25

▶解答・解説は別冊2ページ

練習問題 推論【正誤】   目標時間 **6**分／6問

1 P、Q、Rが、同じ料理を試食して、次のように発言した。

P この料理にはワインが入っている

Q この料理には大さじ1杯の日本酒が入っている

R この料理には少なくともワインと日本酒のどちらかが入っている

以上の発言は、必ずしもすべてが信頼できるとは限らない。そこで、さまざまな場合を想定して推論がなされた。次のうち正しいものを1つ選びなさい。

○ A Pが正しければQは必ず正しい

○ B Qが正しければRは必ず正しい

○ C Rが正しければPは必ず正しい

2 XとYが2回ずつ走り幅跳びをした。これについて次の報告があった。

P 少なくともどちらか1回は、Xの跳んだ距離の方が長かった

Q 1回目と2回目に跳んだ距離の合計はXの方が長かった

R 1回目も2回目もXの跳んだ距離の方が長かった

以上の報告は、必ずしもすべてが信頼できるとは限らない。そこで、さまざまな場合を想定して推論がなされた。次のうち正しいものを1つ選びなさい。

○ A Pが正しければQは必ず正しい

○ B Qが正しければRは必ず正しい

○ C Rが正しければPは必ず正しい

3 Xは、4人きょうだいの末っ子で女性である。このきょうだいについて、P、Q、Rから、次のような3通りの発言があった。

P 末っ子は三女ではない

Q 末っ子には兄が2人いる

R 3番目の年長者は次男である

以上の発言は、必ずしもすべてが信頼できるとは限らない。そこで、さまざまな場合を想定して推論がなされた。次のうち正しいものを1つ選びなさい。

○ A Pが正しければQは必ず正しい

○ B Qが正しければRは必ず正しい

○ C Rが正しければPは必ず正しい

正解 正しい 和が4になるのは「1と3」か「2と2」だけで、どちらも差は2以下。

4 4組、計12人の予約について、次のような3通りの発言があった。

P すべての組の人数はばらばらである

Q 1人の組と6人の組がある

R 偶数人の組は2組である

以上の発言は、必ずしもすべてが信頼できるとは限らない。そこで、さまざまな場合を想定して推論がなされた。次のうち正しいものを1つ選びなさい。

○ A Pが正しければQは必ず正しい

○ B Qが正しければRは必ず正しい

○ C Rが正しければPは必ず正しい

5 サッカーチームXとYが試合をし、前半を終えた時点でYが1点リードしていたことがわかっている。また最後まで試合を見た人から次の情報を得た。

P Xは試合に負けなかった

Q Xは後半に得点した

R Yは後半に得点しなかった

以上の情報は、必ずしもすべてが信頼できるとは限らない。そこで、さまざまな場合を想定して推論がなされた。次のうち正しいものを1つ選びなさい。

○ A Pが正しければQは必ず正しい

○ B Qが正しければPは必ず正しい

○ C Rが正しければPは必ず正しい

6 4つのチームW、X、Y、Zが、引き分けのない総当たり戦を行った。これについて、次のような3通りの発言があった。

P 全敗したチームがある

Q 全勝したチームはない

R 勝ち数が同じチームがある

以上の発言は、必ずしもすべてが信頼できるとは限らない。そこで、さまざまな場合を想定して推論がなされた。次のうち正しいものを1つ選びなさい。

○ A Pが正しければQは必ず正しい

○ B Qが正しければRは必ず正しい

○ C Rが正しければPは必ず正しい

2 推論【順序】

● 順位、順番、並び方を問う推論問題。記号や順番をメモしながら解く。

確定した順位をメモする

５人でＫが２位、Ｎが４位のメモ → ◯Ｋ◯Ｎ◯

加えて、ＭはＮより１つ下のとき → ◯Ｋ◯ＮＭ

例題　　　　　　　　　　よくでる

　Ｊ、Ｋ、Ｌ、Ｍ、Ｎの５チームで野球の大会を開いた。昨年と今年の順位について、次のことがわかっている。ただし、同率同位のチームはない。

Ⅰ　Ｊは今年、昨年から３つ順位が下がった

Ⅱ　昨年も今年もＭはＮより１つ下の順位だった

Ⅲ　Ｋの今年の順位は２位だった

❶　左から順に１位～５位のチームを並べた。今年の順位として正しいものはどれか。ＡからＤの中で１つ選びなさい。

◯ Ａ　ＮＫＭＬＪ　　◯ Ｂ　ＮＫＭＪＬ　　◯ Ｃ　ＬＫＮＭＪ　　◯ Ｄ　ＬＫＮＪＭ

❷　最も少ない情報で昨年の順位を確定するには、Ⅰ～Ⅲのほか、次のア、イ、ウのうちどれが加わればよいか。ＡからＨの中で１つ選びなさい。

　ア　Ｌは昨年、Ｋよりも上の順位だった

　イ　Ｌは昨年、１位ではなかった

　ウ　昨年と今年が同じ順位のチームはなかった

◯ Ａ　アだけ　　　　　　◯ Ｂ　イだけ　　　　　　◯ Ｃ　ウだけ

◯ Ｄ　アとイ　　　　　　◯ Ｅ　アとウ　　　　　　◯ Ｆ　イとウ

◯ Ｇ　アとイとウ　　　　◯ Ｈ　ア、イ、ウのすべてが加わってもわからない

条件からわかる順位をメモする

1 確定できる条件からメモしていく。

Ⅲ　Kの今年の順位は2位だった

今年 ○ **K** ○○○

Ⅰ　Jは昨年から3つ順位が下がった → 今年は4位または5位だとわかる

昨年 **J** ○○○○ → 今年 ○ **K** ○ **J** ○
昨年 ○ **J** ○○○ → 今年 ○ **K** ○○ **J**

Ⅱ　昨年も今年もMはNより1つ下 → **NM** でワンセットの順位だとわかる

今年 ○ **K** ○ **J** ○←ワンセットの **NM** が入る順位がないので×
今年 ○ **K N M J** ← **NM** が3、4位に入る。残るLが1位に確定
今年 **L K N M J**

> 正解　C

2 確定できる条件からメモしていく。**1** で今年のJは5位なので、昨年のJは2位に確定できる。また、「Ⅱ　昨年も今年もMはNより1つ下」なので、**NM** でワンセット。従って、昨年の順位は、次の2パターンとなる。

昨年 ○ **J N M** ○←LとKは、1位か5位
昨年 ○ **J** ○ **N M** ←LとKは、1位か3位

> メモと選択肢を見比べて、LKが確定できるものが正解。

ア　Lは昨年、Kよりも上の順位

　　Lの1位は確定するが、Kが3位か5位かは確定できない。

イ　Lは昨年、1位ではなかった

　　Kの1位は確定するが、Lが3位か5位かは確定できない。

ウ　昨年と今年が同じ順位のチームはなかった

　　1 より、今年の順位は、

今年 **L K N M J** …これを昨年の2パターンと比べると、
昨年 ○ **J N M** ○← NとMが昨年と同じ順位になるので、不適。
昨年 ○ **J** ○ **N M** ←昨年と今年が同じ順位のチームはないので、

　　Lは3位に確定。残るKは1位に確定。従って、条件ウだけでよい。

昨年 … **K J L N M**

> 正解　C

確認問題　A、B、C、Dの4人の順位が、「同着はない」「Bの次がC」「Aは1着でない」とき、「Dは2着でない」は？　【 正しい・誤り 】　解答➡次ページ下

29

練習問題　推論【順序】

目標時間 **40**分 ／38問

7　V、W、X、Y、Zの5チームでレースを行った。同着はなく、次のことがわかっているとき、1位からの順位を左から順に表したものはどれか。

　ア　WはZより早くゴールしたが、1位ではない
　イ　ZのタイムはWとXのタイムの平均と同じである
　ウ　Vは3位である

○ A　YWVZX　　　　○ B　XWVZY　　　　○ C　YWVXZ
○ D　YZVXW　　　　○ E　YWZVX　　　　○ F　YWZXV
○ G　XYWZV　　　　○ H　ア、イ、ウだけではわからない

8　P、Q、R、S、Tという5店のレストランに、10点満点で点数をつけた。各店の点数について、次のことがわかっている。同じ点数の店がないとき、Qの点数として可能性があるものをすべて選びなさい。

Ⅰ　Pの点数はSの点数の2倍だった
Ⅱ　Tの点数はRの点数より3点高かった
Ⅲ　5店のうち、最高点は9点、最低点は3点だった

□ A　3点　　□ B　4点　　□ C　5点　　□ D　6点　　□ E　7点
□ F　8点　　□ G　9点

※複数の記号を選べる形式の問題では、選択肢に□が付いています。

9　あるイベントでP、Q、R、Sの4人がスピーチをした。スピーチの順番について、次のことがわかっている。Qのスピーチは何番目か。可能性があるものをすべて選びなさい。

Ⅰ　QとRは続けてスピーチをしなかった
Ⅱ　PはRの次にスピーチをした
Ⅲ　SはQよりあとにスピーチをした

□ A　1番目　　□ B　2番目　　□ C　3番目　　□ D　4番目

正解（正しい）Bの次がC「BC○○」「○BC○」「○○BC」。Aが1着ではない「BCAD」「BCDA」「DBCA」「DABC」。よってDは2着ではない。（右ページ別解）

10 P、Q、R、Sの4チームで駅伝を行った。最終区間について、次のことがわかっている。

Ⅰ　最終区間では、P、Q、R、Sの順にたすきを渡されてスタートした
Ⅱ　最終区間では、Qが最も遅くて、Rが最も速かった
Ⅲ　同着はなかった

　最も少ない情報で4チームの最終順位がわかるためには、Ⅰ～Ⅲのほか、どれが加わればよいか。必要な情報をすべて選びなさい。

☐ A　QはSに抜かれた
☐ B　Sは1つ順位をあげてゴールした
☐ C　Rは1位でゴールした

11 P、Q、R、S、T、Uの6人が徒競走をした。同着はなく、次のことがわかっているとき、Tの順位として可能性があるものをすべて選びなさい。

Ⅰ　Sは3位以内に入った
Ⅱ　PはRの1つ上の順位だった
Ⅲ　QはUより3つ上の順位だった

☐ A　1位　　　　　　☐ B　2位　　　　　　☐ C　3位
☐ D　4位　　　　　　☐ E　5位　　　　　　☐ F　6位

12 赤、白、青、黄に色分けされた、重さの異なる4個の玉がある。赤玉と白玉の重さの和は青玉の重さに等しく、白玉は黄玉より重い。次の推論の正誤について、必ず正しいものをAからFの中で1つ選びなさい。

ア　赤玉と黄玉の和は白玉より重い
イ　赤玉と黄玉の和は青玉より軽い
ウ　赤玉と白玉と黄玉の和は青玉より重い

○ A　アだけ　　　　　○ B　イだけ　　　　　○ C　ウだけ
○ D　アとイ　　　　　○ E　アとウ　　　　　○ F　イとウ

【別解】Dが2着のときは「○D○○」。Bの次がC「○DBC」。　**➡次ページに続く　31**
このときAが1着なので不適。よってDは2着ではない。

13 V、W、X、Y、Zの5人が徒競走をした。その結果、Vが1位で、1位と最下位の差は18秒だった。また、XとYは4秒差、XとZは4秒差、VとWは12秒差、WとYは6秒差だった。次の推論の正誤について、必ず正しいものをすべて選びなさい。

□ A　Xは2位である　　　□ B　YとZは同着である
□ C　Wの次にゴールしたのはXである

14 横一列に7個並んでいるロッカーのボックスの中を検査した。最初に真ん中のボックスを調べた。その後に調べた順番について、次のことがわかっている。ただし、ア、イ、ウを調べた順番は不明である。このとき、最後（4番目）に調べた可能性があるボックスはどれか。当てはまる□を下からすべて選んで✔をつけなさい。なお、調べたボックスはすべて異なる位置のものである。

ア　次に、4つ隣を調べた
イ　次に、1つ隣を調べた
ウ　次に、2つ右を調べた

左　　　　　真ん中　　　　　右

15 W、X、Y、Zの4人が1人1冊以上の本を持ち寄った。本の冊数について、次のことがわかっている。同数はないとき、Zが持ってきた本の数は多い方から何番目か。可能性があるものをすべて選びなさい。

Ⅰ　XはYより1冊多く、Xと4冊以上の差がある人はいない
Ⅱ　XとWの差は、YとZの差よりも大きい
Ⅲ　WとZは5冊の差がある

□ A　1番目　　□ B　2番目　　□ C　3番目　　□ D　4番目

16 P、Q、R、S、T、Uの6人が横一列に並んでいる。並び方について、次のことがわかっている。

Ⅰ　PとQの間には1人いる　　　Ⅱ　SとTの間には3人いる

Uが右端の場合、左から3番目の可能性がある人をすべて選びなさい。

□ A　P　　□ B　Q　　□ C　R　　□ D　S　　□ E　T

32

17 5チームでバトンの受け渡しによるリレーを行った。5チームの最終ランナーは、それぞれP、Q、R、S、Tであった。各人の自分に関する次の発言が正しいとき、Rの最終順位とTがバトンを受けたときの順位の和として考えられるものはどれか。可能性があるものをすべて選びなさい。ただし、バトンを受け取ったときの順位と最終順位が同順位の者はいないものとする。

P　ずっとRの後方を走っていた
Q　他のランナーを3回抜いたが、2回抜かれた
R　Qに1回抜かれたが、Qを1回抜き返した
S　先頭でバトンを渡されたが、転んで一気に最下位になり、そのままゴールした
T　誰にも抜かれなかったが、先頭でゴールしなかった

□ A　3　　□ B　4　　□ C　5　　□ D　6　　□ E　7　　□ F　8

18 P、Q、R、S、Tという5店は、18時、19時、20時、21時、22時、23時のうち、それぞれ違う時間に閉店する。閉店時間について、次のことがわかっている。

Ⅰ　PとQは、2時間差で閉店する
Ⅱ　RはSより4時間早く閉店する

❶ Rの閉店時間は何時か。当てはまるものをすべて選びなさい。

□ A　18時　　　　□ B　19時　　　　□ C　20時
□ D　21時　　　　□ E　22時　　　　□ F　23時

❷ QとTが2時間差で閉店する場合、Pの閉店時間は何時か。当てはまるものをすべて選びなさい。

□ A　18時　　　　□ B　19時　　　　□ C　20時
□ D　21時　　　　□ E　22時　　　　□ F　23時

➡次ページに続く　**33**

19 P、Q、R、S、Tの靴の大きさについて、次のことがわかっている。

Ⅰ　5人は1cmずつ大きさが異なり、同じ大きさの人はいない
Ⅱ　RとSの差は1cmである
Ⅲ　PとQの差は2cmである

1　靴を大きい順に並べたとき、Tは5人の中で何番目か。可能性がある順番をすべて選びなさい。

☐ A　1番目　　　　☐ B　2番目　　　　☐ C　3番目
☐ D　4番目　　　　☐ E　5番目

2　Pの靴のサイズが25cmでRより大きいとき、Sの靴のサイズとして可能性があるものをすべて選びなさい。

☐ A　20cm　　　　☐ B　21cm　　　　☐ C　22cm
☐ D　23cm　　　　☐ E　24cm　　　　☐ F　25cm
☐ G　26cm　　　　☐ H　27cm　　　　☐ I　28cm

20 P、Q、R、S、Tの5人が5時に待ち合わせをした。このときの状況について、次のことがわかっている。

Ⅰ　QとSの間に2人到着した
Ⅱ　SはTの次に到着した
Ⅲ　5時に間に合ったのは2人だった

1　Pが4時50分に到着した場合、Rは早い順で何番目に到着したか。当てはまるものをすべて選びなさい。

☐ A　1番目　☐ B　2番目　☐ C　3番目　☐ D　4番目　☐ E　5番目

2　Pが5時10分に到着した場合、Rは早い順で何番目に到着したか。当てはまるものをすべて選びなさい。

☐ A　1番目　☐ B　2番目　☐ C　3番目　☐ D　4番目　☐ E　5番目

21 P、Q、R、S、Tの5人は、週に1度ずつジョギングをする。ジョギングをする曜日について、次のことがわかっている。

Ⅰ Sは水曜日にジョギングをする
Ⅱ Pの4日後にRがジョギングをする
Ⅲ 5人はそれぞれ、別の曜日にジョギングをする

1 Pの翌日にQがジョギングをするとき、Pが走る可能性のある曜日をすべて選びなさい。

□ A 月　□ B 火　□ C 水　□ D 木　□ E 金　□ F 土　□ G 日

2 Pの2日後にQがジョギングをするとき、Rが走る可能性のある曜日をすべて選びなさい。

□ A 月　□ B 火　□ C 水　□ D 木　□ E 金　□ F 土　□ G 日

22 ある通りには、P、Q、R、S、T、Uの順で6軒の家が並んでいる。このうちの5軒に1つずつ荷物を配達した。このとき、次のことがわかっている。

Ⅰ 1番目に配達した家と2番目に配達した家の間には1軒ある
Ⅱ 2番目に配達した家と3番目に配達した家は隣同士である
Ⅲ 3番目に配達した家と4番目に配達した家の間には1軒ある
Ⅳ 4番目に配達した家と5番目に配達した家は隣同士である

1 1番目にPに配達したとき、配達されなかった可能性がある家をすべて選びなさい。

□ A P　□ B Q　□ C R　□ D S　□ E T　□ F U

2 最後にQに配達したとき、1番目に配達した可能性がある家をすべて選びなさい。

□ A P　□ B Q　□ C R　□ D S　□ E T　□ F U

3 最後にUに配達したとき、配達されなかった可能性がある家をすべて選びなさい。

□ A P　□ B Q　□ C R　□ D S　□ E T　□ F U

➡次ページに続く

23 P、Q、R、S、Tの5人の身長について、次のことがわかっている。

Ⅰ　PはQと2cm差、Sと1cm差である

Ⅱ　QはRと3cm差、Tと1cm差である

1 一番背が高い人が170cmのPであったとき、Tの身長として可能性があるものはどれか。当てはまるものをすべて選びなさい。

□ A　163cm　　□ B　164cm　　□ C　165cm　　□ D　166cm
□ E　167cm　　□ F　168cm　　□ G　169cm　　□ H　170cm

2 一番背が低い人が166cm、一番背が高い人が172cmであったとき、Pの身長として可能性があるものはどれか。当てはまるものをすべて選びなさい。

□ A　165cm　　□ B　166cm　　□ C　167cm　　□ D　168cm
□ E　169cm　　□ F　170cm　　□ G　171cm　　□ H　172cm

24 K、L、M、Nという4つの商品の値段について、次のことがわかっている。

Ⅰ　KとLの差は100円

Ⅱ　KとNの差は50円

Ⅲ　MとNの差は150円

1 KとMの差が200円の場合、一番高い商品はどれか。当てはまるものをすべて選びなさい。

□ A　K　　　　□ B　L　　　　□ C　M　　　　□ D　N

2 Kが1000円の場合、最も少ない情報ですべての商品の値段を明確にするためには、次のア、イ、ウのうち、どれが加わればよいか。AからHの中で1つ選びなさい。

ア　KはNより高い　　イ　LはMより安い　　ウ　NはMより安い

○ A　アだけ　　　　　○ B　イだけ　　　　　○ C　ウだけ
○ D　アとイ　　　　　○ E　アとウ　　　　　○ F　イとウ
○ G　アとイとウ　　　○ H　ア、イ、ウだけではわからない

25 月曜日から土曜日まで行われるイベントに、P、Q、R、S、T、Uの6人が1日1人ずつゲストとしてやってくる。これについて、次のことがわかっている。

Ⅰ　Pの次の日にQが来る
Ⅱ　Rの次の日にSが来る
Ⅲ　TとUは水曜日には来ない

1　Uは何曜日に来るか。当てはまるものをすべて選びなさい。

□ A　月　　□ B　火　　□ C　水　　□ D　木　　□ E　金　　□ F　土

2　TとUが土曜日に来ない場合、火曜日に来るのは誰か。当てはまるものをすべて選びなさい。

□ A　P　　□ B　Q　　□ C　R　　□ D　S　　□ E　T　　□ F　U

26 P、Q、R、S、Tの5軒に品物を配達した。配達した順番について、次のことがわかっている。

Ⅰ　Qには3番目に配達した
Ⅱ　PにはR、Tより先に配達した
Ⅲ　最後に配達された家はTではない

1　次のうち、必ずしも誤りとはいえない推論をすべて選びなさい。

□ A　Pより先にQに配達した
□ B　Tより先にQに配達した
□ C　Sには4番目に配達した

2　最も少ない情報で、配達した順番すべてを確定するためには、次のうちどの情報が加わればよいか。必要な情報を全て選びなさい。

□ A　Tには2番目に配達した
□ B　Rには4番目に配達した
□ C　Sには5番目に配達した

➡次ページに続く　**37**

27 P、Q、R、Sの4人がそれぞれ第1、第2、第3、第4のいずれかのレーンを走って100m競走をした。同着はなく、以下のことがわかっている。

Ⅰ　Qの順位は第1レーンの走者の順位の2つ下である
Ⅱ　Rの隣のレーンの走者は1位であった
Ⅲ　Sは第4レーンを走った

第1レーン　第2レーン　第3レーン　第4レーン

1　Rが第1レーンを走ったとき、Sの順位として可能性があるものをすべて選びなさい。

☐ A　1位　　　☐ B　2位　　　☐ C　3位　　　☐ D　4位

2　Qが3位のとき、Rの順位として可能性があるものをすべて選びなさい。

☐ A　1位　　　☐ B　2位　　　☐ C　3位　　　☐ D　4位

28 P、Q、R、Sの4人が同じ中学校に通っている。4人の学年について、以下のことがわかっている。

Ⅰ　PはQよりも上の学年である
Ⅱ　RはSよりも上の学年である
Ⅲ　PとRは同じ学年ではない

1　次のうち、確実に間違っている推論をすべて選びなさい。

☐ A　4人のうち、1年生は2年生より人数が多い
☐ B　4人のうち、2年生は最も人数が多い
☐ C　4人のうち、3年生は2年生よりも人数が多い

2　最も少ない情報で4人の学年を確定するには、Ⅰ～Ⅲのほか、次のどの情報が加わればよいか。必要な情報をすべて選びなさい。

☐ A　Pは2年生である
☐ B　Qは2年生である
☐ C　Sは1年生である
☐ D　A、B、Cのどの情報が加わっても確定できない

29 身長も年齢も異なるP、Q、R、Sという4人について、次のことがわかっている。

Ⅰ　PはSよりも身長が高い
Ⅱ　SはRよりも年上で、RはQよりも年上である
Ⅲ　4人の中で、身長が最も高い者が最年少である

1 PがRより年上のとき、身長が最も低い人は誰か。当てはまるものをすべて選びなさい。

☐ A　P　　　☐ B　Q　　　☐ C　R　　　☐ D　S

2 身長が最も低い者が最年長のとき、2番目に身長が高い人は誰か。当てはまるものをすべて選びなさい。

☐ A　P　　　☐ B　Q　　　☐ C　R　　　☐ D　S

30 P、Q、R、S、Tの5人が、1回ずつくじを引いた。くじは当たり2本とはずれ3本で、当たり・はずれと引いた順番について、次のことがわかっている。なお、引いたくじは戻さないものとする。

Ⅰ　はずれは連続しない
Ⅱ　最初に当たりを引いたのはPだった
Ⅲ　QはTよりも先に引き、Tははずれだった

1 次のうち、必ずしも誤りとはいえない推論をすべて選びなさい。

☐ A　Rは2番目に引いた
☐ B　Sははずれだった
☐ C　Tは4番目に引いた

2 最も少ない情報で、全員のくじを引いた順番と当たりはずれを確定するには、Ⅰ～Ⅲのほか、次のア、イ、ウのうちどれが加わればよいか。AからHの中で1つ選びなさい。

　　ア　Qは1番目に引いた　イ　Tは最後に引いた　　ウ　Sは5番目に引いた

○ A　アだけ　　　　　　○ B　イだけ　　　　　　○ C　ウだけ
○ D　アとイ　　　　　　○ E　アとウ　　　　　　○ F　イとウ
○ G　アとイとウ　　　　○ H　ア、イ、ウのすべてが加わってもわからない

3 推論【内訳】

● 一定のグループ内における各人や各種類の内訳の数を問う推論問題。

条件を等式や不等式にする

リ＋ミ＋モ＝9、リ＞ミ

上のように、問題文の条件や数値を式にして考える。
例外（必ず正しいとはいえない場合）のある選択肢は間違い。

例 題　よくでる

　　リンゴ、ミカン、モモを9個買った。3種類について、次のことがわかっている。

Ⅰ　3種類とも少なくとも1個は買った

Ⅱ　リンゴの数はミカンの数より多い

1　必ず正しいといえる推論はどれか。AからHの中で1つ選びなさい。

　　ア　モモが2個ならば、ミカンは3個である

　　イ　モモが4個ならば、ミカンは2個である

　　ウ　モモが5個ならば、ミカンは1個である

○ A　アだけ　　　　　○ B　イだけ　　　　　○ C　ウだけ

○ D　アとイ　　　　　○ E　アとウ　　　　　○ F　イとウ

○ G　アとイとウ　　　○ H　ア、イ、ウのいずれも必ず正しいとはいえない

2　必ず正しいといえる推論はどれか。AからHの中で1つ選びなさい。

　　カ　リンゴとモモの数が同じなら、ミカンは1個である

　　キ　ミカンとモモの数が同じなら、リンゴは5個である

　　ク　モモの数がリンゴの数より多ければ、ミカンは2個である

○ A　カだけ　　　　　○ B　キだけ　　　　　○ C　クだけ

○ D　カとキ　　　　　○ E　カとク　　　　　○ F　キとク

○ G　カとキとク　　　○ H　カ、キ、クのいずれも必ず正しいとはいえない

選択肢の数を条件に当てはめて例外を考える

- リンゴ、ミカン、モモの合計は9個 → **リンゴ＋ミカン＋モモ＝9**

Ⅰ 3種類とも1個は買った → **0個はない**

Ⅱ リンゴの数はミカンの数より多い → **リンゴ＞ミカン**

1 「合計9個」「リンゴ＞ミカン」の条件で、選択肢の例外を考える。

ア **モモ2なら、リンゴ＋ミカン＝9－2＝7**

7個を「リンゴ＞ミカン」で分ける→リンゴ6、ミカン1なども成り立つ

イ **モモ4なら、リンゴ＋ミカン＝9－4＝5**

5個を「リンゴ＞ミカン」で分ける→リンゴ4、ミカン1も成り立つ

ウ **モモ5なら、リンゴ＋ミカン＝9－5＝4**

4個を「リンゴ＞ミカン」で分ける→リンゴ3、ミカン1だけが成り立つ

正解	C

2 以下、リンゴは**リ**、ミカンは**ミ**、モモは**モ**。

カ **リ＝モなら、ミ**は必ず奇数で1、3、5、7個。3個（ミ＝リ＝モ＝3）

以上では「リ＞ミ」が成り立たなくなるので、**ミ＝1**だけが成り立つ

キ **ミ2＝モ2、リ5**以外に、**ミ1＝モ1、リ7**が成り立つ

ク **モ4＞リ3＞ミ2**以外に、**モ5＞リ3＞ミ1**が成り立つ

正解	A

試験場では▶記号と式だけで解いていく方法

右のように、式の下に推論ア、イ、ウ
の数値をメモして考えていくと間違い
はない。数字を当てはめて、例外が成
立したら、次の推論に移る。

ただし最速の方法は、解説のように条
件を式にして、あとは頭の中だけで選
択肢の例外を考えていくことだ。

リ	＞	ミ			
リ	＋	ミ	＋	モ	＝ 9
6		1		2	（**1**の推論ア）
4		1		4	（**1**の推論イ）
3		1		5	（**1**の推論ウ）

確認問題 A、B、Cの3種類の玉が各1個以上、合わせて8個ある。A＞Cのときに、「B＞AならばCは1個」は？ 【 正しい・誤り 】 解答➡次ページ下

▶解答・解説は別冊9ページ

練習問題 推論【内訳】

目標時間 **22**分 / 22問

31 男性3人、女性2人からなるP、Q、R、S、Tの日本人5人が、それぞれ京都、北海道、アメリカ、イタリア、フランスの5カ所に旅行した。これについて、次のことがわかっている。

Ⅰ 男性のうち2人が海外旅行をした
Ⅱ P、Qは国内旅行をした
Ⅲ Rはヨーロッパへ行った

Sは女性でフランスへ行ったとき、次の推論のうち、必ず正しいといえるものをすべて選びなさい。

☐ A Pは男性である
☐ B Rは男性である
☐ C Tはアメリカへ行った

32 アンケートで、160人の学生にサッカー選手P、Q、R、Sの4人の中で最も好きな選手1名に投票してもらったところ、次の結果となった。

Ⅰ 投票数は、多い順にP、Q、R、Sという結果になった
Ⅱ どの選手にも10票以上入り、無回答はなかった

必ずしも誤りとはいえない推論はどれか。AからHの中で1つ選びなさい。

ア P選手への投票数が70票のとき、S選手への投票数は30票である
イ Q選手への投票数が60票のとき、R選手への投票数は29票である
ウ R選手への投票数が49票のとき、S選手への投票数は10票である

○ A アだけ　　　　○ B イだけ　　　　○ C ウだけ
○ D アとイ　　　　○ E アとウ　　　　○ F イとウ
○ G アとイとウ　　○ H ア、イ、ウのいずれも必ず誤り

正解（ 正しい ） 条件を式にすると→「A＋B＋C＝8」「B＞A＞C」。例外の最小値2をCに当てはめてみると、「4＋3＋2≠8」となり、成り立たないのでCは1。

33 赤、白、黄、緑の4種類の玉が合わせて20個ある。これについて、次のことがわかっている。なお、4種類の玉はすべて違う個数で、0個のものはないものとする。

Ⅰ　最初に6個取り出したところ、赤玉以外の2色の玉が3個ずつ取れた
Ⅱ　続けて7個取り出したところ、すべて赤玉だった
Ⅲ　一番多い玉の色は赤、一番少ない玉の色は白だった

必ず正しいといえる推論はどれか。AからHの中で1つ選びなさい。

ア　すべてが奇数個のとき、白玉は1個である
イ　赤玉が10個ならば、白玉は2個である
ウ　白玉は3個以下である

○ A　アだけ　　　　　○ B　イだけ　　　　　○ C　ウだけ
○ D　アとイ　　　　　○ E　アとウ　　　　　○ F　イとウ
○ G　アとイとウ　　　○ H　ア、イ、ウのいずれも必ず正しいとはいえない

34 ある空港で40人にアンケート調査を行ったところ、フランス語を話せる人は32人、ドイツ語を話せる人は29人、中国語を話せる人は20人、スペイン語を話せる人は18人という結果が出た。ア、イ、ウのうち、必ず正しいといえる推論はどれか。AからHの中で1つ選びなさい。

ア　ドイツ語とスペイン語の2カ国語を話せる人は、少なくとも7人いる
イ　フランス語と中国語とスペイン語の3カ国語を話せる人は、少なくとも1人いる
ウ　フランス語とドイツ語と中国語の3カ国語を話せる人は、少なくとも1人いる

○ A　アだけ　　　　　○ B　イだけ　　　　　○ C　ウだけ
○ D　アとイ　　　　　○ E　アとウ　　　　　○ F　イとウ
○ G　アとイとウ　　　○ H　ア、イ、ウのいずれも必ず正しいとはいえない

➡次ページに続く　43

35 1、2、3、4の番号がついた赤玉と、同じく1、2、3、4の番号がついた白玉の合計8個の玉がある。これをよくまぜて、4個ずつ2つの袋PとQに分けた。必ず正しいといえる推論はどれか。AからHの中で1つ選びなさい。

ア　Pに4が入っていないとき、Qの玉の番号の合計は10より大きい
イ　Pの玉の番号の合計が9以下のとき、Pの中には1が2個入っている
ウ　Pの玉の番号の合計が7以下のとき、Qの中には4が2個入っている

○ A　アだけ　　　　　　○ B　イだけ　　　　　　○ C　ウだけ
○ D　アとイ　　　　　　○ E　アとウ　　　　　　○ F　イとウ
○ G　アとイとウ　　　　○ H　ア、イ、ウのいずれも必ず正しいとはいえない

36 黄色が4本、白、赤がそれぞれ3本ずつ、計10本あるチューリップをP、Q、R、S、Tの5人で1人2本ずつ分けた。PとQの色の組み合わせは同じで、Rは2本とも同じ色だった。Sのチューリップが黄色と白だったとき、Tが持っている2本の色で可能性がある組み合わせはどれか。当てはまるものをすべて選びなさい。

□ A　黄色2本　　　　　□ B　白2本　　　　　　□ C　赤2本
□ D　黄色と白　　　　　□ E　黄色と赤　　　　　□ F　白と赤

37 参加定員50人ずつのセミナーPとセミナーQを開いたところ、両方とも満席となった。各セミナーの参加者の名簿を名寄せ（同じ人をまとめて集計）すると合計70名で、そのうち女性は42名だった。

1 セミナーPだけに参加した人は何人いたか。

○ A　5人　　　　　　　○ B　10人　　　　　　○ C　15人
○ D　20人　　　　　　○ E　30人　　　　　　○ F　35人

2 女性のうち28人がセミナーPに参加していた。セミナーQだけに参加した男性の数は何人か。

○ A　4人　　　　　　　○ B　5人　　　　　　　○ C　6人
○ D　8人　　　　　　　○ E　10人　　　　　　○ F　14人

38 P、Q、R、S、T、Uの順番で、6人が弁当を1個ずつ買った。弁当には、和食、洋食、中華の3種類があり、次のことがわかっている。

Ⅰ　Q、R、S、T、Uは、直前の人と同じ種類の弁当は買わなかった
Ⅱ　SとUは異なる種類の弁当を買った

1 Pが和食の場合、洋食は何人か。当てはまるものをすべて選びなさい。

☐ A　1人　　☐ B　2人　　☐ C　3人　　☐ D　4人　　☐ E　5人

2 RとTが異なる種類の弁当を買った場合、Qと同じ種類の弁当を買ったのは誰か。当てはまるものをすべて選びなさい。

☐ A　P　　　☐ B　R　　　☐ C　S　　　☐ D　T　　　☐ E　U

39 ある公民館では、4月から9月にかけて毎月1回は講演会がある。ある年の講演会について、次のことがわかっている。

Ⅰ　5月には2回講演会があった
Ⅱ　講演会は1か月に3回までしか行われなかった
Ⅲ　講演会は全部で15回あった

　12回目の講演会が行われたのは何月か。当てはまるものをすべて選びなさい。

☐ A　4月　　　　　☐ B　5月　　　　　☐ C　6月
☐ D　7月　　　　　☐ E　8月　　　　　☐ F　9月

40 P、Q、R、S、Tの5人が喫茶店で、紅茶2杯、コーヒー2杯、ジュース1杯を注文した。PとQは違うもの、またQとRも違うものを注文した。1人が1杯ずつ注文したとき、次の各問いに答えなさい。

1 PとRが違うものを注文したとき、ジュースを注文した可能性のある人をすべて選びなさい。

☐ A　P　　　☐ B　Q　　　☐ C　R　　　☐ D　S　　　☐ E　T

2 Qが紅茶、Tが紅茶以外を注文したとき、ジュースを注文した可能性のある人をすべて選びなさい。

☐ A　P　　　☐ B　Q　　　☐ C　R　　　☐ D　S　　　☐ E　T

➡次ページに続く　**45**

41 P、Q、R、Sの4チームが交代で14日間グラウンドを使用した。これについて、次のことがわかっている。Sが10日目〜14日目に使用したとき、Pが使用した初日はいつか。当てはまるものをすべて選びなさい。

I　Pは連続2日、Qは連続3日、Rは連続4日、Sは連続5日利用した
II　同時に使用した団体はなかった

☐ A　1日目　　☐ B　2日目　　☐ C　3日目　　☐ D　4日目
☐ E　5日目　　☐ F　6日目　　☐ G　7日目　　☐ H　8日目

42 男性3人、女性3人のP、Q、R、S、T、Uがいる。この6人が異性同士でペアになって社交ダンスをする。これについて、次のことがわかっている。

I　PとQは異性
II　RとSは同性で、どちらもTとペアではない

1 Uとペアになり得るのは誰か。当てはまるものをすべて選びなさい。

☐ A　P　　　☐ B　Q　　　☐ C　R　　　☐ D　S　　　☐ E　T

2 Tの性別がわかると、性別がわかる人は誰か。当てはまるものをすべて選びなさい。

☐ A　P　　　☐ B　Q　　　☐ C　R　　　☐ D　S　　　☐ E　U

43 P、Q、R、S、T、Uの6人が教室、廊下、階段の3カ所を手分けして掃除した。このとき、次のことがわかっている。

I　PとQは同じ場所を掃除した
II　Rは1人で1カ所を掃除した
III　階段は2人で掃除した

1 次のうち、必ずしも間違いとはいえないものをすべて選びなさい。

☐ A　Rは教室を掃除した
☐ B　SとTは同じ場所を掃除した
☐ C　Uと同じ場所を掃除した人はいない

2　I〜IIIの条件のほかに、少なくともどの条件が加われば、全員の掃除場所が決まるか。必要な条件をすべて選びなさい。

☐ A　Rは廊下　　　☐ B　Sは教室　　　☐ C　Tは階段

44 P、Q、R、Sの4人で、抹茶1本、あずき2本、ミルク3本、計6本のアイスを食べた。これについて、次のことがわかっている。

Ⅰ 1人が食べた本数は、1本または2本だった
Ⅱ 1人で同じ種類のアイスを2本食べた人はいなかった
Ⅲ PとQは少なくとも1本は同じ種類のアイスを食べた
Ⅳ RとSは同じ種類のアイスを食べなかった

❶ Pが少なくともあずき1本を食べたとき、Qが食べた可能性があるものをすべて選びなさい。

- [ ] A　抹茶だけ
- [ ] B　あずきだけ
- [ ] C　ミルクだけ
- [ ] D　抹茶とあずき
- [ ] E　抹茶とミルク
- [ ] F　あずきとミルク

❷ Rが2本食べたとき、Qが食べた可能性があるものをすべて選びなさい。

- [ ] A　抹茶だけ
- [ ] B　あずきだけ
- [ ] C　ミルクだけ
- [ ] D　抹茶とあずき
- [ ] E　抹茶とミルク
- [ ] F　あずきとミルク

45 P、Q、R、Sのスキーとゴルフの経験について、次のことがわかった。

Ⅰ Pはスキー経験がある
Ⅱ Qはどちらか一方だけ経験がある
Ⅲ Rはどちらも経験があるか、もしくはどちらも経験がない
Ⅳ スキーの経験があるのは2人である

❶ ゴルフ経験がある可能性のある人は誰か。当てはまるものをすべて選びなさい。

- [ ] A　P
- [ ] B　Q
- [ ] C　R
- [ ] D　S

❷ Ⅰ～Ⅳの条件に「Ⅴ　ゴルフ経験があるのは1人だけである」という条件を加えたとき、確実にスキーの経験がない人は誰か。当てはまるものをすべて選びなさい。

- [ ] A　P
- [ ] B　Q
- [ ] C　R
- [ ] D　S

4 推論【整数】

● カードの数、人数、点数など、数の組み合わせや計算で整数を推理する問題。

情報を整理して計算する

- ●合計から決まっている数を引くことを考える
- ●最大、最小、合計、平均、差を考える
- ●2で割ると整数になる数は偶数に決まっている

例題　　　　　　　よくでる

　1組のトランプから、ハートの1から7の7枚のカードを取り出して、横一列に並べた。カードの数字について、次のことがわかっている。

Ⅰ　左端の1枚目から3枚目までの数字の和は10
Ⅱ　右端の1枚目から3枚目までの数字の和は12

1　右端の数字が5のとき、3の場所として可能性があるのは左から何番目か。当てはまるものをすべて選びなさい。

□ A　1番目　　　　□ B　2番目　　　　□ C　3番目　　　　□ D　4番目
□ E　5番目　　　　□ F　6番目　　　　□ G　7番目

2　右端の数字が左端の数字より1つ大きい数になるように置くとき、2の場所として可能性があるのは左から何番目か。当てはまるものをすべて選びなさい。

□ A　1番目　　　　□ B　2番目　　　　□ C　3番目　　　　□ D　4番目
□ E　5番目　　　　□ F　6番目　　　　□ G　7番目

 で解ける超解法‼

条件を計算式と簡単な図でメモする

7つの数字の合計は、1＋2＋3＋4＋5＋6＋7＝28。

☐ ☐ ☐ ■ ☐ ☐ ☐ **←合計28**
　└─10─┘　　└─12──┘

左3つの和が10、右3つの和が12なので、残った真ん中の■の数字は、

28－（10＋12）＝6

1 右端が5、真ん中は6なので、

☐ ☐ ☐ **6** ☐ ☐ **5** **←合計28**
　└─10─┘　　└─12──┘

右から2番目☐と3番目☐の和→ **12－5＝7**

1～7の数字で和が7になる組み合わせは、（1＋6）（2＋5）（3＋4）。
しかし、6と5はすでにあるので右から2番目と3番目は（3＋4）に決定。
3の可能性がある位置は、左から数えて5番目と6番目。 | **正解 EF** |

2 真ん中が6で右端が左端より1大きい数になるのは（1＜2）（2＜3）
（3＜4）（4＜5）の4通り。左端が4、右端が5になる（4＜5）は、**1**
で見た通り、右の3つが（3と4と5）で、4がダブるのであり得ない。（1
＜2）は145637**2**でOK。（2＜3）は**2**716543でOK。（3＜4）は、

3 ☐ ☐ **6** ☐ ☐ **4** **←合計28**
　└─10─┘　　└─12──┘

和が10の左3つは（3＋**2**＋5）、和が12の右3つは（1＋7＋4)に決定。
従って、2の可能性がある位置は、左から1、2、3、7番目。 | **正解 ABCG** |

試験場では▶メモは再利用する

メモはなるべく簡単に書く。また、同じ条件
の2問目以降では、同じメモを再利用する。

⌒10⌒　　　⌒12⌒
○○○ **6** ○○○
　　　　3　　　　　5̸
　　　　　　　　　　4

**確認問題** LとMの価格差150円、LとNの価格差200円、MとNの価格差50円の
とき、Mの価格は2番目に高い。【 正しい・誤り 】 解答➡次ページ下

49

▶解答・解説は別冊13ページ

練習問題 **推論【整数】** ⏰ 目標時間 **40**分 ／ 39問

46 各階に2戸ずつ、計6戸ある3階建ての建物の各戸に、P、Q、R、S、T、Uの6世帯が1世帯ずつ住んでいる。これについて、次のことがわかっている。

Ⅰ　単身世帯はない
Ⅱ　6世帯の合計人数は17人である
Ⅲ　Q、R、Tはいずれも3人世帯である
Ⅳ　QとRは1階に住んでいる

　2階には何人住んでいるか。当てはまるものをすべて選びなさい。

- [ ] A　3人
- [ ] B　4人
- [ ] C　5人
- [ ] D　6人
- [ ] E　7人
- [ ] F　8人
- [ ] G　9人
- [ ] H　10人

47 30個の菓子をX、Y、Zの3人で分けた。分けられた菓子の個数について、次のことがわかっている。

Ⅰ　菓子の数は、多い順にX、Y、Zである
Ⅱ　XとYの個数の差は、Zの個数と同じである
Ⅲ　YとZの個数の差は3個である

　このとき、Yは何個だったか。

- [ ] A　6個
- [ ] B　7個
- [ ] C　8個
- [ ] D　9個
- [ ] E　10個
- [ ] F　11個
- [ ] G　12個
- [ ] H　13個

正解 正しい　L―150円―M―50円―N、またはN―50円―M―150円―Lとなり、Mは、必ずLとNの間に入る。

48 P、Q、R、Sの4人がペットを飼っている。ペットの数について、次のことがわかっている。

Ⅰ 4人合わせて8匹のペットを飼っている
Ⅱ Pと同じ数のペットを飼っている人がいる
Ⅲ Qと同じ数のペットを飼っている人がいる

1 Rが3匹のペットを飼っているとき、Sは何匹のペットを飼っているか。当てはまるものをすべて選びなさい。

☐ A　1匹　　　☐ B　2匹　　　☐ C　3匹　　　☐ D　4匹
☐ E　5匹

2 Sと同じ数のペットを飼っている人がいるとき、Rは何匹のペットを飼っているか。当てはまるものをすべて選びなさい。

☐ A　1匹　　　☐ B　2匹　　　☐ C　3匹　　　☐ D　4匹
☐ E　5匹

49 ある大学の学生500人の身長について、以下のことがわかっている。

Ⅰ 身長が160cm以上の男子学生は270人いる
Ⅱ 身長が170cm未満の女子学生は190人いる
Ⅲ 身長が170cm以上の学生は150人いる

1 身長が170cm未満の男子学生は何人いるか。

○ A　105人　　　○ B　120人　　　○ C　130人　　　○ D　135人
○ E　160人　　　○ F　AからEのいずれでもない

2 身長が170cm以上の男子学生が140人以下ならば、身長が160cm未満の男子学生は最も多くて何人か。

○ A　28人　　　○ B　29人　　　○ C　30人　　　○ D　31人
○ E　90人　　　○ F　AからEのいずれでもない

1章

推論【整数】

50 P、Q、R、S、Tの5人に1から9までの数字を1つずつ書いてもらった。同じ数字を書いた人はいなかった。

1 最も少ない情報でRの数字を確定するには、次のどれがわかればよいか。必要な情報をすべて選びなさい。

- ☐ A　Rの数が最大だった
- ☐ B　Sの数は7だった
- ☐ C　Rの数はTの数より4大きかった
- ☐ D　奇数はPとSだけだった
- ☐ E　AからDのすべての情報が加わっても確定できない

2 **1**のAからDの情報に加えて、次のⅠ、Ⅱの情報も正しいとわかったとき、数字が確定しない人は誰か。当てはまるものをすべて選びなさい。

Ⅰ　Pの数は3番目に大きかった
Ⅱ　Qの数は最小だった

- ☐ A　P
- ☐ B　Q
- ☐ C　R
- ☐ D　S
- ☐ E　T
- ☐ F　5人の数はすべて確定できる

51 1組のトランプからハートの1から9までのカードを取り出して、P、Q、Rの3人に3枚ずつ配った。カードの数について、次のことがわかっている。

Ⅰ　Pのカードの3つの数字の和は20である
Ⅱ　Qには8のカードが配られた
Ⅲ　Rのカードの3つの数字の積は12である

1 Pが必ず持っている数字をすべて選びなさい。

- ☐ A　1
- ☐ B　2
- ☐ C　3
- ☐ D　4
- ☐ E　5
- ☐ F　6
- ☐ G　7
- ☐ H　8
- ☐ I　9

2 Qが8以外に持っている可能性のある数字をすべて選びなさい。

- ☐ A　1
- ☐ B　2
- ☐ C　3
- ☐ D　4
- ☐ E　5
- ☐ F　6
- ☐ G　7
- ☐ H　9

52 A、B、C、Dの4人がゲームをしたところ、各自の得点は−3、−2、−1、0、1、2、3のいずれかになった。これについて、次のことがわかっている。

Ⅰ 同じ得点の人はいない
Ⅱ AはBより3点高い
Ⅲ CとDの得点をたすと−1点になる

① 3点の人がいるとき、Dが取り得る得点はどれか。当てはまるものをすべて選びなさい。

☐ A −3 ☐ B −2 ☐ C −1 ☐ D 0
☐ E 1 ☐ F 2 ☐ G 3

② CがBより1点高いとき、Dが取り得る得点はどれか。当てはまるものをすべて選びなさい。

☐ A −3 ☐ B −2 ☐ C −1 ☐ D 0
☐ E 1 ☐ F 2 ☐ G 3

53 A、B、C、D、Eの5冊の本を本棚に横一列に並べた。Aの本は300円、BとCの本は各400円、DとEの本は各500円である。

① 左から1番目と3番目の値段の和が800円、3番目と5番目の差が200円であった。このとき、Bの位置として考えられる位置は左から何番目か。当てはまる位置をすべて選びなさい。

☐ A 1番目 ☐ B 2番目 ☐ C 3番目
☐ D 4番目 ☐ E 5番目

② 左から3番目以外の本の平均が425円、2番目と4番目の平均が400円であった。このとき、Cの位置として考えられる位置は左から何番目か。当てはまる位置をすべて選びなさい。

☐ A 1番目 ☐ B 2番目 ☐ C 3番目
☐ D 4番目 ☐ E 5番目

➡次ページに続く 53

54 P、Q、R、Sの4人が、図書館で合わせて12冊の本を借りた。これについて、次のことがわかっている。ただし、1人1冊以上借りたものとする。

Ⅰ　PはQの2倍の冊数の本を借りた
Ⅱ　RはSより多く借りた

1　必ずしも誤りとはいえない推論をすべて選びなさい。

☐ A　PはRと同じ冊数を借りた
☐ B　PはSと同じ冊数を借りた
☐ C　QはRと同じ冊数を借りた

2　最も少ない情報で4人が借りた冊数をすべて確定するには、Ⅰ、Ⅱのほか、次のうちどれが加わればよいか。必要な情報をすべて選びなさい。

☐ A　5冊借りた人がいた
☐ B　QはSより多く借りた
☐ C　同じ冊数を借りた人はいなかった

55 子供がいる4世帯、P、Q、R、Sについて、次のことがわかっている。

Ⅰ　Pの子供の数は4人で、他の3つの世帯よりも多い
Ⅱ　Sの子供の数は他の3つの世帯よりも少ない
Ⅲ　4世帯の子供を合わせると、男子と女子の数は同数である

1　4世帯の子供を合わせた人数として考えられるのは何人か。当てはまるものをすべて選びなさい。

☐ A　8人　　　☐ B　9人　　　☐ C　10人　　　☐ D　11人
☐ E　12人　　☐ F　13人　　☐ G　14人　　☐ H　15人

2　Qの子供がすべて女子であるとき、Pの子供のうち女子の人数として考えられるのは何人か。当てはまるものをすべて選びなさい。

☐ A　0人　　　☐ B　1人　　　☐ C　2人　　　☐ D　3人
☐ E　4人　　　☐ F　5人　　　☐ G　6人　　　☐ H　7人

56 ある町には20店の食品店がある。そのうち10店では果物、15店では
アイス、16店では酒を売っている。

1 20店のうち、果物とアイスの両方を売っている店は少なくとも何店あるか。

○ A　0店　　　○ B　1店　　　○ C　2店　　　○ D　3店
○ E　4店　　　○ F　5店　　　○ G　6店　　　○ H　7店

2 20店のうち、果物、アイス、酒のすべてを売っている店は少なくとも何店
あるか。

○ A　0店　　　○ B　1店　　　○ C　2店　　　○ D　3店
○ E　4店　　　○ F　5店　　　○ G　6店　　　○ H　7店

57 あるジェットコースターは1両目から5両目までの全5両ある。このジェ
ットコースターの乗車人数について、次のことがわかっている。

Ⅰ　1両に6人まで乗車できる。また、1両につき最低4人は乗車する
Ⅱ　3両目の乗車人数は4両目の乗車人数より多い
Ⅲ　1両目と5両目の乗車人数は同じである

1 23人で乗るとき、乗車人数が確実にわかるのは何両目か。当てはまるもの
をすべて選びなさい。

□ A　1両目　　　□ B　2両目　　　□ C　3両目
□ D　4両目　　　□ E　5両目　　　□ F　確実にわかる車両はない

2 28人で乗るとき、乗車人数が確実にわかるのは何両目か。当てはまるもの
をすべて選びなさい。

□ A　1両目　　　□ B　2両目　　　□ C　3両目
□ D　4両目　　　□ E　5両目　　　□ F　確実にわかる車両はない

➡次ページに続く

58 ある会社の営業部では、P、Q、R、Sの4人で15件の契約を取ってきた。4人の契約数について、次のことがわかっている。

Ⅰ　Qの2倍の人と1/2の人がいる
Ⅱ　Sの2倍の人と1/2の人がいる

1　Pの契約数は何件か。可能性のあるものをすべて選びなさい。

☐ A　1件　　　☐ B　2件　　　☐ C　3件　　　☐ D　4件
☐ E　5件　　　☐ F　6件　　　☐ G　7件　　　☐ H　8件

2　Rの契約数がQの2倍であるとき、Sの契約数として考えられるのは何件か。当てはまるものをすべて選びなさい。

☐ A　1件　　　☐ B　2件　　　☐ C　3件　　　☐ D　4件
☐ E　5件　　　☐ F　6件　　　☐ G　7件　　　☐ H　8件

59 P、Q、R、Sの4人が、1位が2点、2位が1点、3位と4位が0点のゲームを計3回行って合計点を競い合った。これについて、次のことがわかっている。なお、各回において同順位はなかったものとする（合計点においては同順位の場合もある）。

Ⅰ　1回目は、Pが1位だった
Ⅱ　2回目が終わった時点の合計点は、Rが単独で1位だった

1　必ず正しいといえる推論を1つ選びなさい。

○ A　1回目では、Q、Sのどちらかが2位だった
○ B　1回目では、Rが3位だった
○ C　2回目では、Q、Sのどちらかが2位だった

2　3回目はQが2位だった。3回目が終わった時点で、Rの合計点はいくつか。当てはまるものをすべて選びなさい。

☐ A　0点　　　☐ B　1点　　　☐ C　2点　　　☐ D　3点
☐ E　4点　　　☐ F　5点

60 旅行ツアーの参加者が30人いた。参加者の年代と人数について、次のことがわかっている。

Ⅰ　20代、30代、40代、50代、60代という5つの年代の参加者がいた
Ⅱ　1人の年代および10人以上の年代はなかった
Ⅲ　40代より20代が多く、20代より60代が多かった
Ⅳ　40代の人数は、50代の人数の2倍だった

1　60代が9人の場合、40代は何人か。当てはまるものをすべて選びなさい。

☐ A　2人　　　☐ B　3人　　　☐ C　4人　　　☐ D　5人
☐ E　6人　　　☐ F　7人　　　☐ G　8人　　　☐ H　9人

2　20代が8人以上の場合、30代は何人か。当てはまるものをすべて選びなさい。

☐ A　2人　　　☐ B　3人　　　☐ C　4人　　　☐ D　5人
☐ E　6人　　　☐ F　7人　　　☐ G　8人　　　☐ H　9人

61　P、Q、R、Sという4つの水槽に、合計で25匹の金魚が入っている。これについて、次のことがわかっている。

Ⅰ　同じ数の金魚が入っている水槽はない
Ⅱ　どの水槽にも3匹以上入っている
Ⅲ　Pの金魚の数が一番多い
Ⅳ　QはRより2匹多い

1　Pが10匹の場合、Sは何匹か。当てはまるものをすべて選びなさい。

☐ A　3匹　　　☐ B　4匹　　　☐ C　5匹　　　☐ D　6匹
☐ E　7匹　　　☐ F　8匹　　　☐ G　9匹　　　☐ H　10匹

2　SよりQが多い場合、Pは何匹か。当てはまるものをすべて選びなさい。

☐ A　8匹　　　☐ B　9匹　　　☐ C　10匹　　　☐ D　11匹
☐ E　12匹　　　☐ F　13匹　　　☐ G　14匹　　　☐ H　15匹

➡次ページに続く　**57**

62 赤、黄色、白のチューリップを各1本以上、全部で15本買った。これについて、次のことがわかっている。

Ⅰ 赤を5本以上買った
Ⅱ 黄色と白の差は3本だった

1 赤と黄色の本数の差は何本か。当てはまるものをすべて選びなさい。

☐ A 0本　　☐ B 1本　　☐ C 2本　　☐ D 3本　　☐ E 4本　　☐ F 5本
☐ G 6本　　☐ H 7本　　☐ I 8本　　☐ J 9本　　☐ K 10本

2 赤、白、黄色の順で本数が多い場合、白は何本か。当てはまるものをすべて選びなさい。

☐ A 1本　　　☐ B 2本　　　☐ C 3本　　　☐ D 4本　　　☐ E 5本
☐ F 6本　　　☐ G 7本　　　☐ H 8本　　　☐ I 9本　　　☐ J 10本

63 15ℓの水が入る水槽に10ℓの水が入っている。この水槽に各人が時間を空けて次の作業を行った。ただし、作業の順序は、次の通りに行われたものとは限らない。

・Pは2ℓの水を出した　・Qは2ℓの水を入れた　・Rは3ℓの水を出した
・Sは1ℓの水を入れた　・Tは1ℓの水を入れた

1 4人目の作業が終了した時点で、水槽には何ℓの水が残っているか。当てはまるものをすべて選びなさい。

☐ A 1ℓ　　　☐ B 2ℓ　　　☐ C 3ℓ　　　☐ D 4ℓ　　　☐ E 5ℓ
☐ F 6ℓ　　　☐ G 7ℓ　　　☐ H 8ℓ　　　☐ I 9ℓ　　　☐ J 10ℓ
☐ K 11ℓ　　☐ L 12ℓ　　☐ M 13ℓ　　☐ N 14ℓ

2 Qが2人目で、Rより後にSが作業を行った。3人目の作業が終了した時点で、水槽には何ℓの水が残っているか。当てはまるものをすべて選びなさい。

☐ A 1ℓ　　　☐ B 2ℓ　　　☐ C 3ℓ　　　☐ D 4ℓ　　　☐ E 5ℓ
☐ F 6ℓ　　　☐ G 7ℓ　　　☐ H 8ℓ　　　☐ I 9ℓ　　　☐ J 10ℓ
☐ K 11ℓ　　☐ L 12ℓ　　☐ M 13ℓ　　☐ N 14ℓ

64 P、Q、R、Sの4人が、20個あるチョコレートのうち何個かを食べた。これについて、次のことがわかっている。

Ⅰ　20個全部は食べ切らずに、残ったチョコレートがあった
Ⅱ　各自が2個以上食べた
Ⅲ　PはQより3個多く食べた
Ⅳ　RはSの2倍の個数を食べた

1　チョコレートが1個だけ残っていた場合、Qは何個食べたか。当てはまるものをすべて選びなさい。

□ A　2個　　□ B　3個　　□ C　4個　　□ D　5個　　□ E　6個　　□ F　7個

2　6個食べた人がいる場合、最後に残っていた個数は何個か。当てはまるものをすべて選びなさい。

□ A　2個　　□ B　3個　　□ C　4個　　□ D　5個　　□ E　6個　　□ F　7個

65 あるマンションに入居する100世帯について、次の情報が得られた。

Ⅰ　独居世帯は20世帯である
Ⅱ　高齢者（65歳以上）がいる世帯は35世帯である

1　2人以上の世帯のうち、高齢者がいる世帯は最低で何世帯あるか。

○ A　5世帯　　　　○ B　10世帯　　　○ C　15世帯　　　○ D　20世帯
○ E　25世帯　　　○ F　30世帯　　　○ G　AからFのいずれでもない

2　2人以上の世帯のうち、高齢者がいない世帯は最低で何世帯あるか。

○ A　25世帯　　　○ B　30世帯　　　○ C　35世帯　　　○ D　40世帯
○ E　45世帯　　　○ F　50世帯　　　○ G　AからFのいずれでもない

3　実際には、独居世帯の75％が高齢者がいる世帯だということがわかった。2人以上の世帯のうち、高齢者がいない世帯は何世帯あるか。

○ A　40世帯　　　○ B　45世帯　　　○ C　50世帯　　　○ D　55世帯
○ E　60世帯　　　○ F　65世帯　　　○ G　AからFのいずれでもない

5 推論【平均】

● 平均算の考え方を使う推論問題。SPI頻出分野である。

平均算の公式を暗記

● **平均×個数＝合計**

問題文に「平均」とあったら、これらの式で解く。

● 合計÷個数＝平均　　● 合計÷平均＝個数

例題　よくでる

甲、乙、丙、丁の4社から工事の見積もりをとったところ、次の結果になった。

Ⅰ　4社の見積もり平均額は100万円だった
Ⅱ　甲社と乙社の見積もり平均額は90万円だった
Ⅲ　丁社の見積もり額は丙社よりも20万円安かった

1　必ず正しいといえる推論はどれか。AからHの中で1つ選びなさい。

ア　丙社の見積もり額は、4社のうちで最高である
イ　丁社の見積もり額は、4社のうちで最低ではない
ウ　丙社の見積もり額は、甲社に比べて30万円高い

○ A　アだけ　　○ B　イだけ　　○ C　ウだけ　　　○ D　アとイ

○ E　アとウ　　○ F　イとウ　　○ G　アとイとウ　　○ H　正しい推論はない

2　最も少ない情報で4社すべての各見積もり額を確定するには、Ⅰ～Ⅲのほか、次のカ、キ、クのうちどれが加わればよいか。AからHの中で1つ選びなさい。

カ　4社のうち2社は同じ見積もり額である
キ　乙社の見積もり額は、4社のうちで最低である
ク　甲社か乙社の見積もり額は、丁社の8割である

○ A　カだけ　　○ B　キだけ　　○ C　クだけ　　　○ D　カとキ

○ E　カとク　　○ F　キとク　　○ G　カとキとク

○ H　カ、キ、クのすべてがわかっても確定できない

「平均×個数＝合計」の式を使う

Ⅰ　4社平均が100万円　→　4社合計は100×4＝400万円

Ⅱ　甲と乙の平均が90万円　→　甲乙の合計は90×2＝180万円

　　「甲乙丙丁の合計－甲乙の合計＝丙丁の合計」なので、

　　丙丁の合計＝400－180＝220万円

Ⅲ　丁は丙より20万円安い　→　丁＝(220－20)÷2＝100万円

　　　　　　　　　　　　　　　丙＝100＋20＝120万円

まとめると、**甲＋乙＝180万円**

　　　　　　　丙＝120万円、丁＝100万円

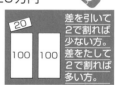

差を引いて2で割れば少ない方。差をたして2で割れば多い方。

1

ア　丙(120万円)は最高→甲か乙が丙より高い場合があり得る。×

イ　丁(100万円)は最低ではない→甲と乙の平均が90万円なので、甲と乙のどちらかは必ず丁(100万円)よりも低くなる。　従って○

ウ　丙は甲に比べて30万円高い→必ずしも確定できない。×

正解　B

2　甲、乙の2社の金額が確定できればよい。

カ　2社は同じ見積もり　→　2社は甲乙、甲丙、甲丁、乙丙、乙丁がある

キ　乙は最低　→　甲＞乙が確定

ク　甲か乙は丁の8割　→　丁(100万円)の8割は80万円。甲＋乙＝180万円なので、甲と乙のどちらかは180－80＝100万円。キ(甲＞乙)と合わせれば、乙が80万円、甲が100万円に確定できる

正解　F

試験場では ▶ 確定した数値のメモで推論していく

与えられた条件から、推論に必要な数値だけメモ(赤字部分は暗算)していく。不要になったメモは消していくと、推論しやすい。

- 4社**400**　　・甲乙 90×2で **180**
- ~~丙丁~~ 400－180で **220**
- 丁**100**　　・丙**120**

　　甲＞乙 丁の8割で **80**

確認問題　クラスの平均点は6点、男子の平均点は4点である。このとき「女子の平均点は8点である」は？【 正しい・誤り・どちらともいえない 】　解答➡次ページ下

61

練習問題　推論【平均】

 目標時間 **14**分 ／14問

66 50個のリンゴをP、Q、R、S、Tという5人に配った。配られた個数について、次のことがわかっている。

Ⅰ　同じ個数の人はいない
Ⅱ　P、Q、Rの平均は12個である
Ⅲ　PとRは11個差である
Ⅳ　QとS、QとTはそれぞれ3個差である

10個配られた人はだれか。当てはまるものをすべて選びなさい。

☐ A　P　　☐ B　Q　　☐ C　R　　☐ D　S　　☐ E　T

67 P、Q、R、Sの4人が英語と数学のテストを受けた。各テストは100点満点で、4人のうちで同点の者はいなかった。また、4人の英語の得点について、次のことがわかっている。

Ⅰ　Sの得点はQよりも低い
Ⅱ　Pの得点は、RとSの平均に等しい
Ⅲ　Rの得点はQよりも低い

1 英語の得点についての次の推論のうち、必ず正しいといえるものはどれか。当てはまるものをすべて選びなさい。

☐ A　Sの得点はPよりも低い
☐ B　Pの得点はQよりも低い
☐ C　Rの得点はPよりも低い

2 Ⅰ～Ⅲのほか、次のことがわかった。このとき、Pの数学の順位は何位か。

Ⅳ　数学のテストはSの得点が最も低く、Qが2番目に低い
Ⅴ　英語と数学の平均点は、Pが最も低い

○ A　1位　　　○ B　2位　　　○C　3位　　　○D　4位

正解（どちらともいえない）男子と女子の人数が同じであれば正しい。しかし、男子10人、女子20人など、男女の人数が違う場合、女子の平均点は8点にはならない。

68 K、L、M、Nの4人が英単語のテストを受けた。このときの得点について、次のことがわかっている。

Ⅰ　LとMの得点は同じ

Ⅱ　KとLの平均は、MとNの平均より5点多い

1　次の推論について、必ず正しいといえるものはどれか。当てはまるものをすべて選びなさい。

☐ A　KとNの点差は10点である

☐ B　MとNの得点は等しい

☐ C　Lの得点はKの得点より低い

2　最も少ない情報で4人の得点を確定するには、Ⅰ、Ⅱのほか、次のうちどれが加わればよいか。当てはまるものをすべて選びなさい。

☐ A　Mは30点だった

☐ B　LとMの得点の和はNとKの得点の和より低い

☐ C　Kの得点はMとNの平均と同じ

69 P、Q、R、S、Tという5店舗に、1点から5点まで、5段階で点数がつけられた。点数について、次のことがわかっている。

Ⅰ　Sを含めた3店舗が同じ点数で、他の2店舗は違う点数である

Ⅱ　5店舗の平均点は3.6点である

1　P、Q、Rの平均が4点のとき、Tの点数として考えられるのは何点か。当てはまるものをすべて選びなさい。

☐ A　1点　　　☐ B　2点　　　☐ C　3点　　　☐ D　4点　　　☐ E　5点

2　1店舗だけ1点だったとき、Sの点数として考えられるのは何点か。当てはまるものをすべて選びなさい。

☐ A　1点　　　☐ B　2点　　　☐ C　3点　　　☐ D　4点　　　☐ E　5点

➡次ページに続く

70 P、Q、Rの3カ所のゴルフ練習場で、1球あたりのボール使用料について、次のことがわかった。

甲 P、Qの2カ所の平日のボール使用料の平均は19.0円である

乙 P、Q、Rの3カ所の平日のボール使用料の平均は20.0円である

丙 P、Q、Rの3カ所とも平日より日曜日の方がボール使用料が高く、3カ所の日曜日のボール使用料の平均は24.0円である

1 1球あたりのボール使用料について、必ず正しいといえる推論はどれか。当てはまるものをすべて選びなさい。

□ A 平日のRのボール使用料は3カ所のうちで最高である
□ B 平日より日曜日の方が3カ所ともそれぞれ4円高い
□ C 平日より日曜日の方が12円以上高い練習場はない

2 PとRの2カ所の平日のボール使用料の平均が19.5円であったとすると、Pの平日のボール使用料はいくらか。

○ A 17円　　○ B 18円　　○ C 19円　　○ D 20円
○ E AからDのいずれでもない

71 P、Q、R、Sの4人の身長について、次のことがわかっている。

Ⅰ PとSの差は5cm

Ⅱ PとQの平均は168cm

Ⅲ RとSの平均は170cm

1 Rの身長が175cmの場合、Qの身長は何cmか。当てはまるものをすべて選びなさい。

□ A 155cm 　□ B 156cm 　□ C 157cm 　□ D 158cm 　□ E 159cm
□ F 160cm 　□ G 161cm 　□ H 162cm 　□ I 163cm 　□ J 164cm
□ K 165cm 　□ L 166cm 　□ M 167cm 　□ N 168cm 　□ O 169cm
□ P 170cm 　□ Q 171cm 　□ R 172cm 　□ S 173cm 　□ T 174cm
□ U 175cm 　□ V 176cm 　□ W 177cm 　□ X 178cm 　□ Y 179cm
□ Z 180cm

2 最も身長が高い人が180cmの場合、Pの身長は何cmか。当てはまるものを
すべて選びなさい。

☐ A 155cm ☐ B 156cm ☐ C 157cm ☐ D 158cm ☐ E 159cm
☐ F 160cm ☐ G 161cm ☐ H 162cm ☐ I 163cm ☐ J 164cm
☐ K 165cm ☐ L 166cm ☐ M 167cm ☐ N 168cm ☐ O 169cm
☐ P 170cm ☐ Q 171cm ☐ R 172cm ☐ S 173cm ☐ T 174cm
☐ U 175cm ☐ V 176cm ☐ W 177cm ☐ X 178cm ☐ Y 179cm
☐ Z 180cm

72 1問1点、5点満点で、国語、算数、社会の3科目のテストを行った。次
の表は得点結果の一部である。

得点 科目(人)	0点	1点	2点	3点	4点	5点	平均(点)
国語（20）	0人	1人	3人	（　）	1人	（　）	3.30
算数（15）	2人	0人	4人	6人	2人	1人	2.60
社会（18）	4人	8人	2人	2人	1人	1人	1.50

1 国語で5点満点を取ったのは何人か。

○ A 1人 　 ○ B 2人 　 ○ C 3人 　 ○ D 4人
○ E 5人 　 ○ F AからEのいずれでもない

2 国語と算数、2科目での平均点はいくつか（必要なときは、最後に小数第3
位を四捨五入すること）。

○ A 2.85点 　 ○ B 2.90点 　 ○ C 2.95点 　 ○ D 3.00点
○ E 3.10点 　 ○ F AからEのいずれでもない

3 社会の平均点が2.5点になるように、社会を受けた18人に同じ点数を上乗
せしたところ、最高点が6点になった。そこで、最高点が5点になるように、
上乗せした点数にさらに数値 x を掛けて補正を行った。補正後の平均点はいく
つになったか（必要なときは、最後に小数第3位を四捨五入すること）。

○ A 2.00点 　 ○ B 2.05点 　 ○ C 2.08点 　 ○ D 2.10点
○ E 2.25点 　 ○ F AからEのいずれでもない

6 推論【対戦】

● 対戦成績や、面識の有無（会ったことがあるかないか）などを問う推論問題。

対戦表と面識表で解く

言葉で考えないで、例題のように表で解くことがコツ。

例 題 　　　　　　　　　　　　　　　　　　よくでる

　P、Q、R、Sの4人が卓球の総当たり戦をした。結果について、次のことがわかっている。なお、引き分けはないものとする。

Ⅰ　PはRだけに負けた
Ⅱ　QはSに勝った

1　必ず正しいといえる推論はどれか。AからHの中で1つ選びなさい。

　ア　Sが全敗なら、Rは全勝
　イ　Qが1勝2敗なら、Sも1勝2敗
　ウ　Rが全勝なら、Qは1勝2敗

○ A　アだけ　　　　　○ B　イだけ　　　　　○ C　ウだけ
○ D　アとイ　　　　　○ E　アとウ　　　　　○ F　イとウ
○ G　アとイとウ　　　○ H　正しい推論はない

2　最も少ない情報ですべての勝敗を確定するには、Ⅰ、Ⅱのほか、次のカ、キ、クのうちどれが加わればよいか。AからHの中で1つ選びなさい。

　カ　Rは2勝1敗
　キ　Rは1勝2敗
　ク　Sは1勝2敗

○ A　カだけ　　　　　○ B　キだけ　　　　　○ C　クだけ
○ D　カとキ　　　　　○ E　カとク　　　　　○ F　キとク
○ G　カとキとク　　　○ H　カ、キ、クのすべてが加わっても確定できない

で解ける超解法!!

対戦表の空欄を確定する条件をさがす

1 総当たり戦で個々の勝敗を問う問題は、言葉で考えても混乱するだけ。とにかく対戦表をメモして、問題文の条件を○×で書き込む。自分から見た勝敗が横に並ぶように作るクセをつけよう。

自分＼相手	P	Q	R	S
P		○	×	○	←Ⅰ PはRだけに負けた（赤の○×）
Q	×			○	←Ⅱ QはSに勝った（黒の○×）
R	○			
S	×	×		

ア　Sが全敗なら、Rは全勝　←■は確定するが、■が確定しない

イ　Qが1勝2敗なら、Sも1勝2敗　←■は確定するが、■が確定しない

ウ　Rが全勝なら、Qは1勝2敗　←■と■が確定する

正解　C

2 同じく、対戦表を見て推論していく。

カ　Rは2勝1敗　←QとSのどちらに勝ったかが不明

キ　Rは1勝2敗　←■と■が確定する
　　　　（Rの行が○××、Rの列が×○○）

この問題では、Rの勝敗の確定がポイント。

ク　Sは1勝2敗　←■は確定するが、■が確定しない

正解　B

確認問題　6チームが引き分けのない総当たり戦をした。勝ち数が同じなら同順位とする。2位になるチームの最少の勝ち数はいくつか。　解答➡次ページ下

▶解答・解説は別冊22ページ

練習問題 推論【対戦】 目標時間 4分 / 4問

73 P、Q、Rの3人がジャンケンをした。1回目は勝負がつかず、2回目は2人が勝った。このとき、次のことがわかっている。なお、3人が同じものを出したか、3人とも違うものを出した場合は勝負がつかないものとする。

Ⅰ　Qは2回ともチョキを出した
Ⅱ　Rは1回だけパーを出した
Ⅲ　2回目にPはチョキを出した

1回目のジャンケンについて、必ずしも誤りとはいえない推論はどれか。AからHの中で1つ選びなさい。

ア　Pはパーを出した
イ　Rはチョキを出した
ウ　Rはパーを出した

○ A　アだけ　　　　　○ B　イだけ　　　　　○ C　ウだけ
○ D　アとイ　　　　　○ E　アとウ　　　　　○ F　イとウ
○ G　アとイとウ　　　○ H　必ずしも誤りとはいえない推論はない

74 P、Q、R、S、Tの5氏の面識について、次のことがわかった。
Ⅰ　S氏は3人とだけ会ったことがある
Ⅱ　T氏はP氏とだけ会ったことがある

最も少ない情報で5人全員の面識の有無を確定するには、Ⅰ、Ⅱのほか、次のア、イ、ウのうちどれが加わればよいか。AからHの中で1つ選びなさい。

ア　3人とだけ会ったことがある人物はS氏のほかに1人だけいる
イ　Q氏とR氏は会ったことがある
ウ　P氏とR氏は会ったことがある

○ A　アだけ　　　　　○ B　イだけ　　　　　○ C　ウだけ
○ D　アとイ　　　　　○ E　アとウ　　　　　○ F　イとウ
○ G　アとイとウ　　　○ H　ア、イ、ウのすべてが加わっても確定できない

正解 2勝 　試合数は6×（6－1）÷2＝15（勝ち数15）。2位を最少勝ち数にするため、1位は全勝の5勝。他5チームが2位で、残り10勝を5で割って2勝（3敗）。

75 P、Q、R、S、T、U、V、Wの8人が、シードのないトーナメント戦で戦った。これについて、次のことがわかっている。

甲　Pは順不同でS、T、Vと戦った
乙　Wは2回戦でR、Tと戦う可能性があった

Wが1回戦で対戦したのは誰か。当てはまるものをすべて選びなさい。

☐ A　P　　　☐ B　Q　　　☐ C　R　　　☐ D　S　　　☐ E　T
☐ F　U　　　☐ G　V

76 P、Q、R、Sの4人が、ⅠまたはⅡのトーナメント表で戦い、甲と乙の情報を得た。

甲　QはPに負けた
乙　QはRに勝った

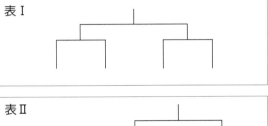
表Ⅰ

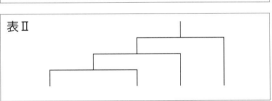
表Ⅱ

次のア、イ、ウのうち、必ず正しいといえる推論はどれか。AからHの中で1つ選びなさい。

ア　優勝したのはPである
イ　Sは一度しか戦っていない
ウ　トーナメント表Ⅱのとき、Sは2回戦以降に出場する

○ A　アだけ　　　　　○ B　イだけ　　　　　○ C　ウだけ
○ D　アとイ　　　　　○ E　アとウ　　　　　○ F　イとウ
○ G　アとイとウ　　　○ H　正しい推論はない

7 推論【％】

● 食塩水の濃度、人口密度、増加率など、％を用いる推論問題。

これだけは暗記する

● 10％増加は、1.1を掛ける

1年で10％増加する。100の1年後は **100×1.1＝110**

100の2年後は **110×1.1＝121**

● 食塩水の重さ×濃度＝食塩の重さ

食塩水を **100（g）** と仮定して考える

● 面積×人口密度＝人口

面積を **1（k㎡）** と仮定して考える

例題　　　　　　　　　　　　　　　　　よくでる

❶ 【％】ある製品の売上は、前年に比べて毎年10％ずつ増加している。このとき、次の推論について、正しいものをAからCの中で1つ選びなさい。

・この製品の売上は、この3年間で当初よりちょうど30％増加した

○ A　正しい　　　　　○ B　どちらともいえない　　　　○ C　誤り

❷ 【濃度】甲、乙、丙の食塩水の濃度を表に示している。食塩水の重さは、甲と丙は同じ、乙は甲の2倍である。次の推論について、正しいものをAからCの中で1つ選びなさい。

	濃度
甲	10％
乙	20％
丙	30％

・含まれている食塩の量は、乙が一番多い

○ A　正しい　　　　　○ B　どちらともいえない　　　　○ C　誤り

❸ 【人口密度】甲、乙、丙という３つの町の人口密度（面積１k㎡あたりの人口）を次の表に示している。甲と丙の面積は等しく、いずれも乙の半分の大きさである。次の推論について、正しいものをＡからＣの中で１つ選びなさい。

	人口密度
甲	280
乙	160
丙	330

・人口は乙が一番多い

○ Ａ　正しい　　　　○ Ｂ　どちらともいえない　　　　○ Ｃ　誤り

で解ける超解法!!

計算しやすい数を当てはめて暗算する

❶【％】当初を**100**とおくと、
１年後　**100**×1.1=**110**
２年後　**110**×1.1=**121**
３年後　**121**×1.1=**133.1**
と増加していく。３年間では最初より33.1％増加したことになる。

正解　Ｃ

❷【濃度】甲と丙の**食塩水の重さを100**、乙の食塩水の重さを**200**とおくとよい。
「**食塩水の重さ**×濃度＝食塩の重さ」で、食塩の重さが一番多いのは乙とわかる。
※10％は0.1または1/10で計算する。

	食塩水	濃度	食塩
甲	100 × 10% =		10
乙	200 × 20% =		40
丙	100 × 30% =		30

正解　Ａ

❸【人口密度】甲と丙の**面積を1**、乙の面積を**2**とおくとよい。
「**面積×人口密度＝人口**」で、人口が一番多いのは乙ではなく、丙とわかる。

	面積	人口密度	人口
甲	1 × 280 =		280
乙	2 × 160 =		320
丙	1 × 330 =		330

正解　Ｃ

 確認問題　Ｐ社は５年間で50％売上が伸びた。これは、５年間で毎年10％ずつ売上が伸びたことになるか？　【正しい・誤り】　解答➡次ページ下

▶解答・解説は別冊23ページ

練習問題 推論【%】 目標時間 **5**分／6問

77 甲、乙、丙３つの容器に入れた食塩水の濃度を次の表に示している。甲と乙は同じ重さであり、丙は甲の２倍の重さである。次の推論の正誤について、正しいものをＡからＩの中で１つ選びなさい。

ア　甲と丙の食塩水を混ぜると、乙と同じ濃度になる
イ　甲の食塩水から水を蒸発させて半分の重さにすると、乙と同じ濃度になる

○ Ａ　アもイも正しい
○ Ｂ　アは正しいがイはどちらともいえない
○ Ｃ　アは正しいがイは誤り
○ Ｄ　アはどちらともいえないがイは正しい
○ Ｅ　アもイもどちらともいえない
○ Ｆ　アはどちらともいえないがイは誤り
○ Ｇ　アは誤りだがイは正しい
○ Ｈ　アは誤りだがイはどちらともいえない
○ Ｉ　アもイも誤り

	濃度
甲	10%
乙	20%
丙	30%

78 Ｐ、Ｑ、Ｒという３つの市の人口密度（人/km²：面積１km²あたりの人口）を次の表に示している。Ｐ市とＲ市の面積は等しく、Ｑ市の面積はＰ市の面積の３分の２である。

	人口密度
Ｐ市	310
Ｑ市	330
Ｒ市	210

❶ 次の推論の正誤を答えなさい。
ア　Ｐ市の人口はＲ市の1.5倍より多い
○ Ａ　正しい　○ Ｂ　どちらともいえない　○ Ｃ　誤り

❷ Ｐ市とＱ市が合併し、新しいＳ市ができる場合と、Ｐ市とＲ市が合併し、新しいＴ市ができる場合、次の推論の正誤を答えなさい。

① イ　Ｓ市の人口密度は320人/km²より大きくなる
○ Ａ　正しい　○ Ｂ　どちらともいえない　○ Ｃ　誤り

② ウ　Ｔ市の人口密度は250人/km²より大きくなる
○ Ａ　正しい　○ Ｂ　どちらともいえない　○ Ｃ　誤り

正解 誤り　毎年10％増加した場合、最初を100とすると、５年後は約161になり、最初よりも約61％の増加になる。

ある物質Kを溶かした赤い水溶液の濃度を次の2つの方法で調べた。

Ⅰ　濃度＝物質の質量÷水の質量×100

Ⅱ　濃度＝物質の質量÷（水の質量＋物質の質量）×100

1　右の表は、Ⅰで調べたときの赤い水溶液X、Y、Zの
濃度を示したものである。なお、X、Y、Zの重さは等
しいとは限らない。次の推論の正誤について、正しいも
のをAからＩの中で1つ選びなさい。

	濃度
X	10%
Y	10%
Z	20%

ア　Ⅰで調べるとき、XとYを混ぜるとZと同じ濃度になる

イ　Ⅱで調べるとき、XとYを混ぜるとZの2分の1の濃度になる

- ○　A　アもイも正しい
- ○　B　アは正しいがイはどちらともいえない
- ○　C　アは正しいがイは誤り
- ○　D　アはどちらともいえないがイは正しい
- ○　E　アもイもどちらともいえない
- ○　F　アはどちらともいえないがイは誤り
- ○　G　アは誤りだがイは正しい
- ○　H　アは誤りだがイはどちらともいえない
- ○　Ｉ　アもイも誤り

2　物質Kを溶かした赤い水溶液Wがある。ここに同じ質量の物質Kを入れてW
の中のKの質量が2倍になるようにした。このとき、次の推論の正誤について、
正しいものをAからＩの中で1つ選びなさい。

カ　Ⅰで調べるとき、濃度は元の水溶液Wの2倍になる。

キ　Ⅱで調べるとき、濃度は元の水溶液Wの2倍になる。

- ○　A　カもキも正しい
- ○　B　カは正しいがキはどちらともいえない
- ○　C　カは正しいがキは誤り
- ○　D　カはどちらともいえないがキは正しい
- ○　E　カもキもどちらともいえない
- ○　F　カはどちらともいえないがキは誤り
- ○　G　カは誤りだがキは正しい
- ○　H　カは誤りだがキはどちらともいえない
- ○　Ｉ　カもキも誤り

8 推論【位置関係】

● 建物、部屋、座席などの位置関係や配置を問う推論問題。

位置関係はセットで考える

PとQが隣同士 → **PQ（または　QP）**

Pの隣の隣がR → **P○R（または　R○P）**

例題　　　　　　　　　　　　よくでる

　A、B、C、D、Eの5人が、カウンターに向かって一列に並んだ6つの席のいずれかに座っている。各自の座り方について、次のことがわかっている。

Ⅰ　Aの隣に空席があった
Ⅱ　BとCの席は隣り合っていた
Ⅲ　両端の席は空席ではなかった

① ② ③ ④ ⑤ ⑥

1　DとEの席が隣り合っていたとき、Aの座った席として可能性があるのは左から何番目か。当てはまるものをすべて選びなさい。

□ A　1番目　　　□ B　2番目　　　□ C　3番目
□ D　4番目　　　□ E　5番目　　　□ F　6番目

2　Cの隣に空席があったとき、Dの座った席として可能性があるのは左から何番目か。当てはまるものをすべて選びなさい。

□ A　1番目　　　□ B　2番目　　　□ C　3番目
□ D　4番目　　　□ E　5番目　　　□ F　6番目

秒で解ける超解法!!

決まっている関係はワンセットにしてメモする

Ⅰ　Aの隣に空席○があった → **A○（○A）でワンセット**

Ⅱ　BとCの席は隣り合っていた → **BC（CB）でワンセット**

Ⅲ　両端の席は空席ではなかった → **○は両端に来ない**

❶ DとEの席が隣り合っていた → **DE（ED）でワンセット**

隣り合うA○、BC、DEという３つのセットで考える。

両端は空席○ではないので、A○のセットが端に来るときは、必ずAが端で
○は内側に来る。 → **A○ BC DE、 BC DE ○A**　など

A○が両端でないときは、A○、○Aのどちらもあり得る。

→ **BC A○ DE、 DE ○A BC**　など

従って、Aの席は２、５番目以外の１、３、４、６番目。

正解 ACDF

❷ 空席○は１つで、Aの隣に○、BCのCの隣にも○なので、

→ **A○CB または BC○A でワンセット ← 4とする**

問われているのはDの席で【A○CB】の並びは無関係なので、【4】として
4・D・Eの組み合わせを考えればよい。あり得る並び方は次の通り。

DE4　ED4　D4E　E4D　4DE　4ED

従って、Dの席は１、２、５、６番目。

正解 ABEF

試験場では▶ムダなメモは不要

すべての位置ではなく、問われているものの
位置がわかればよい。❶ではAが２番目、５
番目に来ないことがわかれば、メモしないで
頭の中で１、３、４、６番目と答えを出す。

① ② ③ ④ ⑤ ⑥

A ○　　　○ A

→Aは②と⑤以外

確認問題 A地点の南西1kmに駅がある。A地点で駅を向いて立つと、左1kmに大学がある。大学は駅から見てどの方角か？　解答➡次ページ下

1章

推論【位置関係】

75

▶解答・解説は別冊24ページ

練習問題 推論【位置関係】 ⏰ 目標時間 14分／14問

80 東西に延びる60mの通りに、駅を真ん中にして10m間隔で駅と店が並んでいる。P、Q、R、Sという4店について、次のことがわかっている。

Ⅰ　Pは駅からもQからも10m離れている

Ⅱ　RはPからもSからも20m離れている

4店のある場所ではない位置に、Tという店があることがわかった。Tはどこにあるか。当てはまる□を下からすべて選んで✔をつけなさい。

西← □ 　□ 　□ 　駅 　□ 　□ 　□ →東

81 赤、緑、青の皿が全部で5枚ある。これらを次の条件で横一列に並べた。

Ⅰ　赤い皿は2枚あり、赤い皿同士は隣り合わない

Ⅱ　青い皿と赤い皿は隣り合わない

このとき青い皿の位置としてあり得るものはどこか。当てはまる□を下からすべて選んで✔をつけなさい。

左← □ 　□ 　□ 　□ 　□ →右

82 家から駅までの道に等間隔で商店P、Q、R、S、Tがある。5店の並び方について、次のことがわかっている。

Ⅰ　家から見てQはPより遠い

Ⅱ　駅から見てTはSより近い

Ⅲ　家から見てPの次にRがある

■ Tはどこにあるか。当てはまる□を下からすべて選んで✔をつけなさい。

家← □ 　□ 　□ 　□ 　□ →駅

■ QとSの間隔はQとTの間隔より広い。Sはどこにあるか。当てはまる□を下からすべて選んで✔をつけなさい。

家← □ 　□ 　□ 　□ 　□ →駅

　正解　東　東西南北の図（北が上、東が右）で右の通り。　駅 ⟋ A ⟍　大学は駅の東

83 3人の男性P、Q、Rと3人の女性S、T、Uの計6人が、横一列に並んで写真撮影をする。並び方について、次の条件がある。

Ⅰ　PはSよりも西にする
Ⅱ　両端は女性にする
Ⅲ　Qの両隣は男性ではない

1　QがTの1つ西になるとき、Sはどこになるか。当てはまる□を下からすべて選んで✔をつけなさい。

西←　□　　□　　□　　□　　□　　□　　→東

2　Pが、T・Uと隣にならないとき、Rはどこになるか。当てはまる□を下からすべて選んで✔をつけなさい。

西←　□　　□　　□　　□　　□　　□　　→東

84 A、B、C、D、E、Fという横幅1mの6枚の絵画が、壁に横一列に並んでいる。隣り合う絵画の中心同士の距離は5mである。絵の並び方について、次のことがわかっている。なお、距離とは絵画の中心同士の距離を指す。

Ⅰ　EはDより東にある
Ⅱ　AとBの距離は5mである
Ⅲ　CとDの距離は10mである

1　AとCの距離が5mのとき、Aの位置はどこか。当てはまる□を下からすべて選んで✔をつけなさい。

西←　□　　□　　□　　□　　□　　□　　→東

2　AとCの距離が20mのとき、Dの位置はどこか。当てはまる□を下からすべて選んで✔をつけなさい。

西←　□　　□　　□　　□　　□　　□　　→東

➡次ページに続く　**77**

85 P、Q、R、S、T、U、Vの7人が、アパートの各部屋に1人ずつ住んでいる。アパートは図のような2階建てで、次のことがわかっている。

201	202	203	204
101	102	103	104

Ⅰ 103号室は空き室である
Ⅱ PはUの隣に住んでいる
Ⅲ Qの部屋の真下がRの部屋である
Ⅳ VはUの真上に住んでいる

1 次のうち、必ずしも誤りとはいえない推論はどれか。

ア Qは202号室に住んでいる
イ Sは203号室に住んでいる
ウ Vは202号室に住んでいる

○ A アだけ　　　　　○ B イだけ　　　　　○ C ウだけ
○ D アとイ　　　　　○ E アとウ　　　　　○ F イとウ
○ G アとイとウ　　　○ H 必ずしも誤りとはいえない推論はない

2 最も少ない情報で7人の住んでいる部屋を確定するためには、ⅠからⅣまでの情報のほかに、次のカ、キ、クのうち、どれが加わればよいか。

カ Uは空き室の隣に住んでいる
キ SはVの隣に住んでいる
ク Tは端の部屋に住んでいる

○ A カだけ　　　　　○ B キだけ　　　　　○ C クだけ
○ D カとキ　　　　　○ E カとク　　　　　○ F キとク
○ G カとキとク　　　○ H カ、キ、クのすべてが加わってもわからない

86 カップ7個を横一列に並べてから、そのうちの1個にサイコロを入れて、サイコロといっしょに、カップを次の順番で並びかえた。

左　1　2　3　4　5　6　7　右

Ⅰ　真ん中を2つ隣と入れかえる
Ⅱ　次に右から2つ目を1つ隣と入れかえる
Ⅲ　次に両端を入れかえる

1　最初に真ん中（4）のカップにサイコロが入っていた場合、最後にサイコロが入っているカップの位置はどれか。当てはまるものをすべて選びなさい。

☐ A　1　　　　☐ B　2　　　　☐ C　3　　　　☐ D　4
☐ E　5　　　　☐ F　6　　　　☐ G　7

2　最後に左端（1）のカップにサイコロが入っていた場合、最初にサイコロが入っていたカップの位置はどれか。当てはまるものをすべて選びなさい。

☐ A　1　　　　☐ B　2　　　　☐ C　3　　　　☐ D　4
☐ E　5　　　　☐ F　6　　　　☐ G　7

87　P、Q、R、S、T、Uの6人が、下のような円いテーブル席①〜⑥に座っている。各自の席の位置について、次のことがわかっている。

Ⅰ　PとQは向かい合わせである
Ⅱ　RとSは隣り合っている
※向かい合わせの席は①と④、②と⑤、③と⑥

1　Sが②の席のとき、Pはどの席か。当てはまるものをすべて選びなさい。

☐ A　①　　☐ B　③　　☐ C　④　　☐ D　⑤　　☐ E　⑥

2　Uが⑥の席のとき、Rはどの席か。当てはまるものをすべて選びなさい。

☐ A　①　　☐ B　②　　☐ C　③　　☐ D　④　　☐ E　⑤

9 順列・組み合わせ 【並べ方と選び方】

● 順列・組み合わせはSPI頻出の最重要分野。必ずマスターしておくこと。

順列と組み合わせの違い

順列→順番に並べる ●6人から2人を選んで並べる

$$_6P_2 = \underline{6 \times 5} = 30 \text{通り}$$

6から下へ2回掛ける

◀順番を決める

組み合わせ→選ぶだけ ●6人から2人を選ぶ

$$_6C_2 = \frac{6 \times 5}{2 \times 1} = 15 \text{通り}$$

分子←6から下へ2回掛ける

分母←2から1まで掛ける

◀順番を決めない

例題

新聞部の部員は、男子5人と女子3人の8人である。

1 この8人の中から、部長と副部長を1人ずつ選びたい。選び方は何通りあるか。

○ A　14通り　　　　○ B　28通り　　　　○ C　56通り

2 この8人の中から、取材担当を2人選びたい。選び方は何通りあるか。

○ A　14通り　　　　○ B　28通り　　　　○ C　56通り

3 この8人の中から、男子を少なくとも1人は入れて、文化祭の発表係を3人選びたい。選び方は何通りあるか。

○ A　45通り　　　　○ B　55通り　　　　○ C　56通り

順列か組み合わせかを判断して公式を使う

1　8人から2人を区別して選ぶので、順番に並べる順列と考える。

$$_8P_2 = 8 \times 7 = 56 通り$$

8人から部長を選ぶ選び方が8通り。部長を除いた7人から副部長を選ぶ選び方が7通りで、8×7通り。これは8個から1番目と2番目を選ぶ順列と同じ。

正解　C

正解　B

2　8人から2人を選ぶ組み合わせ。

$$_8C_2 = \frac{8 \times 7}{2 \times 1} = 28 通り$$

3　「少なくとも」とあったら余事象（男子を1人も選ばない組み合わせ）をすべての場合の数から引くことを考える。ここでは、すべての場合の数は「8人から3人を選ぶ」組み合わせの数。そこから「男子を1人も選ばない」、つまり「3人とも女子」の組み合わせの数を引けばよい。

「8人から3人を選ぶ」組み合わせの数は、

$$_8C_3 = \frac{8 \times 7 \times 6}{3 \times 2 \times 1} = 56 通り$$

余事象とは、ある事象に対してそれが起こらない事象のこと。例えば、「さいころを振って奇数が出る」の余事象は「偶数の目が出る」こと。

「3人とも女子」の組み合わせは、女子3人から3人を選ぶので、

1通り

「8人から3人を選ぶ」56通りから、「3人とも女子」1通りを引く。

56 − 1 = 55通り

正解　B

試験場では▶手間の少ない計算を心がける

「10個から8個を選ぶ」組み合わせの数は、「10個から選ばない2個を選ぶ」組み合わせの数と同じなので、$_{10}C_8$ではなく、計算が楽な $_{10}C_2$ で計算する。

$$_{10}C_8 = {}_{10}C_2 = \frac{10 \times 9}{2 \times 1} = 45$$

$$\frac{10 \times 9 \times 8 \times 7 \times 6 \times 5 \times 4 \times 3}{8 \times 7 \times 6 \times 5 \times 4 \times 3 \times 2 \times 1}$$

確認問題　男性5人、女性4人がいる。男性3人、女性1人になるように掃除当番を選ぶとき、組み合わせは何通りあるか？　解答➡次ページ下

▶解答・解説は別冊26ページ

練習問題 順列・組み合わせ **【並べ方と選び方】** 目標時間 **13**分 / 13問

88 大人3人、子供4人がいる。ここから大人2人、子供2人を選んでリレーチームを作りたい。このとき走る順番は何通りあるか。

○ A　144通り　　○ B　288通り　　○ C　432通り　　○ D　840通り

89 料理教室には月、水、金のいずれかで週1回、テニススクールには火、水、木、金のいずれかで週2回行きたい。同じ曜日に2つの習い事が重ならないように通う組み合わせは何通りあるか。

○ A　11通り　　○ B　12通り　　○ C　22通り　　○ D　24通り

90 オランダ、フランス、イタリア、スペイン、ドイツの5カ国のうちから3カ国を選んで旅行したい。少なくともオランダかフランスのどちらかを入れる選び方は何通りあるか。

○ A　8通り　　○ B　9通り　　○ C　10通り　　○ D　11通り

91 日本史4問、世界史3問から、4問を選んでテストに出題する。日本史と世界史のどちらも少なくとも1問は選ぶ場合、選び方は何通りあるか。ただし、出題する順番は考えないものとする。

○ A　14通り　　○ B　34通り　　○ C　35通り　　○ D　68通り

92 男性5人、女性4人がいる。

1 少なくとも男性2人と女性1人が含まれるように5人を選びたい。選び方は何通りあるか。

○ A　14通り　　○ B　105通り　　○ C　120通り　　○ D　126通り

2 男女のペアを同時に2組選びたい。選び方は何通りあるか。

○ A　16通り　　○ B　60通り　　○ C　120通り　　○ D　2400通り

82　正解（40通り）男性5人から3人を選ぶ組み合わせは $_5C_3=_5C_2=(5×4)÷(2×1)=10$ 通り。女性4人から1人を選ぶのは4通り。10×4＝40通り

93 赤玉3個、白玉3個、黒玉3個、計9個の玉がある。ただし、同じ色の3個には区別はないものとする。

1 3個を取り出すとき、3個の色の組み合わせは何通りあるか。

○ A　5通り　　　○ B　6通り　　　○ C　10通り　　　○ D　84通り

2 7個を取り出すとき、7個の色の組み合わせは何通りあるか。

○ A　5通り　　　○ B　6通り　　　○ C　18通り　　　○ D　36通り

94 P、Q、Rの3人で交代制で展示会の受付をする。受付は1人で行い、1時間ごとに必ず別の人に交代するものとする。

1 1日目は5時間受付をする。1回も受付をしない人がいてもよい場合、受付の順番の組み合わせは何通りあるか。

○ A　21通り　　　○ B　32通り　　　○ C　48通り　　　○ D　64通り

2 2日目は4時間受付をする。1人が最低1回は受付をする場合、受付の順番の組み合わせは何通りあるか。

○ A　16通り　　　○ B　18通り　　　○ C　24通り　　　○ D　36通り

95 P氏とQ氏が将棋で対戦し、先に4勝した方がタイトルを獲得する。なお、引き分け（千日手、持将棋）はないものとする。

1 6局目終了までに決着がつく場合、考えられるパターンは何通りあるか。

○ A　10通り　　　○ B　18通り　　　○ C　20通り　　　○ D　30通り

2 7局目に決着がつき、P氏が勝った。考えられるパターンは何通りあるか。

○ A　20通り　　　○ B　35通り　　　○ C　40通り　　　○ D　120通り

3 今までにP氏が3勝、Q氏が1勝している。ここから、今後決着がつくまでのパターンは何通りあるか。

○ A　2通り　　　○ B　4通り　　　○ C　6通り　　　○ D　10通り

確認問題 午前に3人、午後に5人、合計8人の講演者がいる。午前に2人以上、合計で5人の講演を聴く場合、選び方は何通りあるか？　解答➡次ページ下

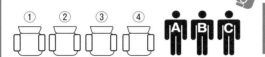

10 順列・組み合わせ 【席決め・塗り分け】

● テーブル席の座り方、図形の塗り分けなど、順列の公式を使う問題。

順列の公式で解く

4つの席に3人が座る座り方

$$_4P_3 = \underline{4 \times 3 \times 2} = 24通り$$

① ② ③ ④

1人が座るごとに席が減っていく。
・Aが選べる席は①〜④の4席
・Bは（A以外の席）3席
・Cは（AとB以外の席）2席

例 題　　よくでる

❶ 【席決め】 P、Q、R、Sの4人で、①〜⑥の番号が
ついたテーブル席に座りたい。

■ ①にPが座ったときの座り方は何通りか。

○ A　30通り　　○ B　60通り　　○ C　120通り

■ ①にPが座り、QとRが向かい合う座り方は何通りか。

○ A　6通り　　○ B　12通り　　○ C　24通り

```
        ①
② ┌──────┐ ⑥
③ │      │ ⑤
  └──────┘
        ④
```

❷ 【塗り分け】 右の図形を塗り分けたい。ただし、線で
隣り合う領域には同じ色が使えないものとする。

■ 2色で塗り分けるとき、色の塗り方は何通りか。

○ A　2通り　　○ B　4通り　　○ C　6通り

■ 3色で塗り分けるとき、色の塗り方は何通りか。ただ
し、3色のうち使わない色があってもよいものとする。

○ A　18通り　　○ B　36通り　　○ C　72通り

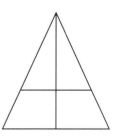

　正解　40通り　午前3人から2人、午後5人から3人…$_3C_2 \times _5C_3 = 30$通り。午前3人か
ら3人、午後5人から2人…$_3C_3 \times _5C_2 = 10$通り。30＋10＝40通り

場合分けして考える

❶【席決め】

1 P以外のQ、R、Sの3人が①以外の5席に座る並び方。5席から3人が座る3席を選ぶ順列になる。

$$_5P_3 = 5 \times 4 \times 3 = 60通り$$

①には、Pが座る

❶

④

正解 B

2 QとRが向かい合うのは(②と⑥)(⑥と②)(③と⑤)(⑤と③)。この4通りについて、残った席3つからSが座る席を選ぶ選び方が各3通りなので、

$$4 \times 3 = 12通り$$

①にPが座るので、QとRは④には座れない。Sは座れる。

正解 B

❷【塗り分け】

1 2色では、(①④)と(②③)を塗り分けるパターンだけ。2色を2カ所に並べる順列なので、

$$_2P_2 = 2 \times 1 = 2通り$$

正解 A

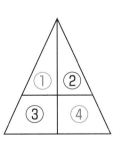

2 ❶【2色で塗る場合】塗り分けは**1**と同じパターン。3色から2色を選んで並べる順列と考えて、

$$_3P_2 = 3 \times 2 = 6通り$$

❷【3色で塗る場合】(①④)、②、③の3カ所に3色、または(②③)、①、④の3カ所に3色を塗る2つの場合なので、3色を3カ所に並べる順列を2倍して、

$$_3P_3 \times 2 = 12通り$$

【別解】赤青白なら、①④に赤→②青③白か②白③青の2通り。②③に赤→①青④白か①白④青の2通り。2+2=4通りが3色について同様なので4×3=12通り。

❶と❷の場合は同時には起きないので、❶と❷をたし合わせて、

$$6 + 12 = 18通り$$

正解 A

確認問題 P、Q、R、S、Tの5人を3人と2人のチームに分けたい。Qが3人チームに入る組み合わせは何通りあるか? 解答➡次ページ下

▶解答・解説は別冊28ページ

練習問題 順列・組み合わせ **【席決め・塗り分け】** 目標時間 **10**分 / 10問

96 P、Q、R、S、T、Uの6人で、下図のアまたはイ、どちらかのテーブルにまとまって座りたい。ただし、各テーブルの席には①から⑥までの番号がつけられていて、区別するものとする。

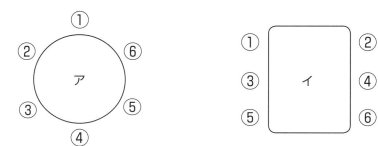

1 アのテーブルで、PとQが隣同士になるように6人が座る座り方は何通りか。

○ A　36通り　　○ B　48通り　　○ C　144通り　　○ D　288通り

2 アのテーブルで、②にPが座った。このときQとRの2人が向かい合うように6人が座る座り方は何通りか。なお、「向かい合う」とは、①と④、②と⑤、③と⑥の位置関係である。

○ A　24通り　　○ B　36通り　　○ C　72通り　　○ D　144通り

3 イのテーブルで、PとQが向かい合うように6人が座る座り方は何通りか。なお、「向かい合う」とは、①と②、③と④、⑤と⑥の位置関係である。

○ A　24通り　　○ B　36通り　　○ C　72通り　　○ D　144通り

4 イのテーブルで、PとQが隣同士にならないように6人が座る座り方は何通りか。

○ A　24通り　　○ B　132通り　　○ C　264通り　　○ D　528通り

正解 6通り 3人チームの1人はQに決定済み。3人チームの残り2人を決めれば、2人チームは自然と決まる。$_4C_2＝6$通り

97 下の図形アと図形イの線で囲まれた領域すべてに色を塗りたい。

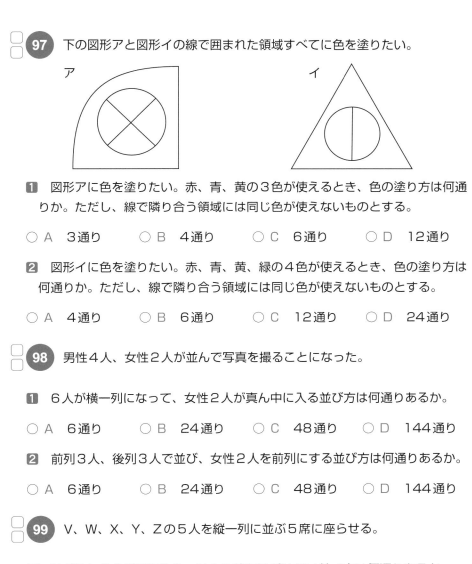

ア

イ

1 図形アに色を塗りたい。赤、青、黄の３色が使えるとき、色の塗り方は何通りか。ただし、線で隣り合う領域には同じ色が使えないものとする。

○ A　３通り　　　○ B　４通り　　　○ C　６通り　　　○ D　12通り

2 図形イに色を塗りたい。赤、青、黄、緑の４色が使えるとき、色の塗り方は何通りか。ただし、線で隣り合う領域には同じ色が使えないものとする。

○ A　４通り　　　○ B　６通り　　　○ C　12通り　　　○ D　24通り

98 男性４人、女性２人が並んで写真を撮ることになった。

1 ６人が横一列になって、女性２人が真ん中に入る並び方は何通りあるか。

○ A　６通り　　　○ B　24通り　　　○ C　48通り　　　○ D　144通り

2 前列３人、後列３人で並び、女性２人を前列にする並び方は何通りあるか。

○ A　６通り　　　○ B　24通り　　　○ C　48通り　　　○ D　144通り

99 Ｖ、Ｗ、Ｘ、Ｙ、Ｚの５人を縦一列に並ぶ５席に座らせる。

1 Ｖが前から３番目に入り、Ｖより前にＺがいない並べ方は何通りあるか。

○ A　６通り　　　○ B　12通り　　　○ C　24通り　　　○ D　48通り

2 Ｙより前にＷがいて、Ｙより後ろにＸがいる並べ方は何通りあるか。

○ A　10通り　　　○ B　14通り　　　○ C　20通り　　　○ D　24通り

確認問題 Ｐ、Ｑ、Ｒ、Ｓ、Ｔの５人を３人と２人のチームに分けたい。ＳとＴが同じチームに入る組み合わせは何通りあるか？　解答➡次ページ下

11 順列・組み合わせ【カード・コイン・サイコロ】

● カード、コイン、サイコロを使う問題は、SPIの定番。

例題　よくでる

❶ 【カード】0、1、2、3、4のカードが1枚ずつ、計5枚ある。これらから3枚を選び、1列に並べて3けたの数を作る。ただし、0を百の位に使うことはできない。

0	1	2	3	4

❶ 奇数は何通り作れるか。

- ○ A　6通り
- ○ B　9通り
- ○ C　18通り
- ○ D　36通り
- ○ E　AからDのいずれでもない

❷ 320より大きな数は何通り作れるか。

- ○ A　12通り
- ○ B　17通り
- ○ C　18通り
- ○ D　36通り
- ○ E　AからDのいずれでもない

❷ 【コイン】コインを5回投げたとき、表が2回だけ出るような表裏の出方は何通りあるか。

- ○ A　5通り
- ○ B　6通り
- ○ C　10通り
- ○ D　20通り
- ○ E　AからDのいずれでもない

（表　裏）

❸ 【サイコロ】サイコロXとサイコロYを同時に振った。出た目の積が5の倍数になる組み合わせは何通りあるか。ただし、「Xが1でYが6」と「Xが6でYが1」は別の組み合わせとして数えるものとする。

- ○ A　5通り
- ○ B　10通り
- ○ C　11通り
- ○ D　12通り
- ○ E　AからDのいずれでもない

正解 4通り　SとTが2人チームになる組み合わせは1通り。3人チームになる組み合わせは、残りの3人から1人を選ぶので₃C₁＝3通り。1＋3＝4通り

で解ける超解法!!

いろいろな解法パターンを覚える

❶【カード】

１ 奇数になるのは、一の位が１か３の２通りだけ。

【一の位が１の場合】百の位は（2、3、4）の**3通り**。十の位は（0、2、3、4）の４通りだが、百の位ですでに使ってしまった数字を除くので**3通り**。従って**3×3＝9通り**。これは、一の位で３を使うときも同様なので、

9×2＝18通り
 正解　C

２ 320より大きな数になるのは、百の位が４か３の場合。

【百の位が４の場合】十の位は（0、1、2、3）の**4通り**。一の位は十の位で使った数を除いた**3通り**。従って、**4×3＝12通り**。

【百の位が３の場合】321、324、340、341、342の**5通り**。

12＋5＝17通り
正解　B

❷【コイン】例えばコインを３回投げて表が２回だけ出る出方は、**1、2、3回のうち表を2回だけ選ぶ組み合わせの数**なので$_3C_2$通り（表表裏、表裏表、裏表表）となる。つまり、**コインをn回投げて表（裏）がr回出る出方は、$_nC_r$通り**。同様に、５回投げて表が２回だけ出る出方は、５回のうち２回の「表」を選ぶ組み合わせの数になる。

$$_5C_2 = \frac{5 \times 4}{2 \times 1} = 10通り$$

正解　C

❸【サイコロ】出た目の積が５の倍数になるのは、ＸかＹに５の目が出たとき。「Ｘが５」のときは「Ｙが１〜６の**6通り**」。「Ｙが５」のときは「Ｘが１〜６の６通り」だが、ダブっている「5・5」の１通りを除くので、**5通り**。従って、

6＋5＝11通り
正解　C

【別解】積が５の倍数になるのは、少なくとも一方に５が出たとき。すべての組み合わせから、余事象【Ｘが１〜４と６（５以外の５通り）、Ｙが１〜４と６（５以外の５通り）】を引けば求められる。

6×6−5×5＝36−25＝11通り

 確認問題 10円、100円、500円のコインがある。どの種類を何枚使ってもよいとき、600円を作る組み合わせは何通りあるか？　解答➡次ページ下

89

**1**章

順列・組み合わせ【カード・コイン・サイコロ】

▶解答・解説は別冊30ページ

練習問題 順列・組み合わせ 【カード・コイン・サイコロ】   目標時間 10分 /10問

100 1、2、3、4、5、6の数字を使って整数を作りたい。

① 各位の数字が異なる4けたの整数の個数はいくつか。

- ○ A　15個
- ○ B　60個
- ○ C　180個
- ○ D　360個
- ○ E　AからDのいずれでもない

② 各位の数字が異なる4けたの5の倍数の個数はいくつか。

- ○ A　15個
- ○ B　60個
- ○ C　180個
- ○ D　360個
- ○ E　AからDのいずれでもない

③ 末尾が111である6けたの整数の個数はいくつか。ただし、同じ数字を何回使ってもよいものとする。

- ○ A　6個
- ○ B　36個
- ○ C　180個
- ○ D　216個
- ○ E　AからDのいずれでもない

101 0、1、2、3、4、5のカードが1枚ずつ、計6枚ある。このうち何枚かを1列に並べて数を作る。ただし、0を一番上の位に使うことはできない。

| 0 | 1 | 2 | 3 | 4 | 5 |

① 0と3がどの位にも入っていない3けたの自然数は何通り作れるか。

- ○ A　6通り
- ○ B　12通り
- ○ C　24通り
- ○ D　48通り
- ○ E　AからDのいずれでもない

② 54320より大きな自然数は何通り作れるか。

- ○ A　300通り
- ○ B　301通り
- ○ C　600通り
- ○ D　601通り
- ○ E　AからDのいずれでもない

正解 9通り 500円1枚（＋100円1枚or10円10枚）で2通り。100円6枚〜100円1枚（＋10円○枚）で6通り。10円60枚で1通り。2＋6＋1＝9通り

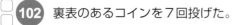 **102** 裏表のあるコインを7回投げた。

1 表が4回だけ出るような表裏の出方は何通りあるか。

○ A　24通り　　　　　○ B　35通り　　　　　○ C　70通り
○ D　840通り　　　　○ E　AからDのいずれでもない

2 裏が5回以上出るような表裏の出方は何通りあるか。

○ A　21通り　　　　　○ B　22通り　　　　　○ C　28通り
○ D　29通り　　　　　○ E　AからDのいずれでもない

103 P、Q、R、Sという4つのサイコロがある。P、Q、R、Sの順に1回ずつ振ったとき、次の各問いに答えなさい。

1 Pがほかの3つのサイコロよりも大きい目、Q、R、Sが同じ目となるような組み合わせは何通りあるか。

○ A　15通り　　　　　○ B　28通り　　　　　○ C　36通り
○ D　56通り　　　　　○ E　AからDのいずれでもない

2 P、Q、R、Sの順に小さくなっていくような組み合わせは何通りあるか。

○ A　15通り　　　　　○ B　28通り　　　　　○ C　36通り
○ D　56通り　　　　　○ E　AからDのいずれでもない

3 PとQ、RとSがそれぞれ同じ目となる組み合わせは何通りあるか。ただし、すべてのサイコロの目が同じであってもよい。

○ A　15通り　　　　　○ B　28通り　　　　　○ C　36通り
○ D　56通り　　　　　○ E　AからDのいずれでもない

12 順列・組み合わせ 【重複・円・応用】

● 頻繁には出ないが、SPIの中で最も難しいパターンのひとつ。

できれば覚えておきたい公式

- 重複順列：**n**種類から**r**個を取って並べる → n^r 通り
- 重複組み合わせ：**n**種類から**m**個を取り出す →

$$n+m-1C_m 通り$$
$$3種類から5個 → 3+5-1C_5 = {}_7C_5 = {}_7C_2 通り$$

- 円順列：n個を円に並べる → $(n-1)!$ 通り

※ SPIの問題は、これらの公式を使わなくても解けるようになっています。

例題　　　　　　　　　　　　　よくでる

①【重複順列】1から4までの数字を使って、3けたの整数は何通りできるか。ただし、同じ数字を重複して使ってもよいものとする。

○ A　14通り　　　○ B　28通り　　　○ C　64通り

②【重複組み合わせ】リンゴ、ミカン、カキ、バナナの4種類の果物がたくさん入った箱がある。ここから2個取り出すときの選び方は何通りあるか。

○ A　6通り　　　○ B　9通り　　　○ C　10通り

③【円順列】4人が手をつないで円になる。このときの並び方は何通りあるか。

○ A　6通り　　　○ B　12通り　　　○ C　24通り

それぞれの解法パターンを覚えておく

❶【重複順列】百の位の数字は1、2、3、4の4通り。十の位の数字も1、2、3、4の4通り。一の位の数字も1、2、3、4の4通り。つまり、

$$4 \times 4 \times 4 = 64通り$$

【別解】重複順列の公式を使う。4種類のものから3個を取り出して並べる。

$$n^r = 4^3 = 4 \times 4 \times 4 = 64通り$$

正解　C

❷【重複組み合わせ】リンゴとミカン、リンゴとカキ…などとパターンをすべて書いていては、時間がたりない。場合分けで考えることが大切。
【種類が同じ場合】4通り（リンゴ、ミカン、カキ、バナナの4種類）
【種類が違う場合】4種類から2個を選ぶ組み合わせで、$_4C_2 = 6$通り

$$4 + 6 = 10通り$$

【別解】重複組み合わせの公式を使う。4種類から2個を取り出す。

$$_{4+2-1}C_2 = {_5}C_2 = \frac{5 \times 4}{2 \times 1} = 10通り$$

正解　C

❸【円順列】順列では$_4P_4 = 4!$通り$= 4 \times 3 \times 2 \times 1 = 24$通り。しかし、円形なので、4人をA、B、C、Dとすると、下の4つの並びは同じものと考えられる。

同じものを4回重複して数えているので、順列4!を4で割って、

$$4! \div 4 = (4 \times 3 \times 2 \times 1) \div 4 = 6通り$$

※Ⓐを固定して考えて、他の3人ⒷⒸⒹの順列$_3P_3 = 6$通りと考えてもよい。

【別解】円順列の公式を使う。4人を円に並べる。

$$(4 - 1)! = 3 \times 2 \times 1 = 6通り$$

正解　A

▶解答・解説は別冊31ページ

練習問題 順列・組み合わせ **【重複・円・応用】** 目標時間 **21**分 /21問

104 リンゴ3個、ミカン3個、カキ2個がある。ただし、リンゴ、ミカン、カキの中で区別はないものとする。

１ ここから4個を取り出したい。選び方は何通りあるか。

○ A　6通り　　　　○ B　7通り　　　　○ C　10通り
○ D　11通り　　　○ E　12通り　　　○ F　15通り

２ ここから5個を取り出したい。選び方は何通りあるか。ただし、各種類最低1個は選ぶものとする。

○ A　4通り　　　　○ B　5通り　　　　○ C　6通り
○ D　12通り　　　○ E　20通り　　　○ F　24通り

３ 全部を横一列に並べたい。並べ方は何通りあるか。

○ A　140通り　　○ B　280通り　　○ C　560通り
○ D　650通り　　○ E　720通り　　○ F　800通り

105 10円、20円、80円の3種類の切手がたくさんある。ここから5枚を取り出して切手のセットを作りたい。選び方の組み合わせは何通りあるか。ただし、各種類最低1枚は選ぶものとする。

○ A　6通り　　　　○ B　10通り　　　○ C　12通り
○ D　14通り　　　○ E　15通り　　　○ F　20通り

106 赤、黒、青のボールペンが各色1ダースずつある。ここから4本を選ぶときの色の組み合わせは何通りあるか。

○ A　6通り　　　　○ B　10通り　　　○ C　12通り
○ D　14通り　　　○ E　15通り　　　○ F　20通り

正解 11通り 【黒石10個・白石0個】から【黒石0個・白石10個】までの組み合わせなので0〜10個で、11通り。公式→ $_{2+10-1}C_{10} = _{11}C_{10} = _{11}C_1 = 11$通り

107 赤、白、ピンクのバラが10本ずつある。ここから10本を選んで花束を作りたい。

1 2色で作るとき、10本の色の組み合わせは何通りあるか。

- ○ A　11通り
- ○ B　22通り
- ○ C　24通り
- ○ D　27通り
- ○ E　30通り
- ○ F　33通り

2 3色をそれぞれ少なくとも2本ずつ使うとき、10本の色の組み合わせは何通りあるか。

- ○ A　6通り
- ○ B　10通り
- ○ C　12通り
- ○ D　15通り
- ○ E　18通り
- ○ F　20通り

3 少なくとも赤を3本は入れるとき、10本の色の組み合わせは何通りあるか。

- ○ A　12通り
- ○ B　18通り
- ○ C　20通り
- ○ D　24通り
- ○ E　30通り
- ○ F　36通り

108 大人2人と子供6人が手をつないで、輪になりたい。

1 8人の並び方は全部で何通りあるか。

- ○ A　6! 通り
- ○ B　7! 通り
- ○ C　8! 通り
- ○ D　9! 通り
- ○ E　10! 通り
- ○ F　11! 通り

2 大人2人が向かい合うように、8人で輪になりたい。並び方は何通りあるか。

- ○ A　360通り
- ○ B　720通り
- ○ C　1080通り
- ○ D　1250通り
- ○ E　1360通り
- ○ F　1440通り

3 大人2人が手をつなぐように、8人で輪になりたい。並び方は何通りあるか。

- ○ A　360通り
- ○ B　720通り
- ○ C　1080通り
- ○ D　1250通り
- ○ E　1360通り
- ○ F　1440通り

➡次ページに続く　95

109 X、Y、Zという3つの箱に6個のミカン全部を入れる場合、入れ方のパターンは何通りあるか。ただし、使わない箱があってもよい。

- ○ A　14通り
- ○ B　28通り
- ○ C　36通り
- ○ D　44通り
- ○ E　56通り
- ○ F　68通り

110 赤皿2枚、白皿2枚、青皿1枚がある。これをA、B、C、D、Eの5つに区切られた陳列棚に1枚ずつ飾りたい。皿の並べ方は何通りあるか。ただし、同色の皿に区別はないものとする。

- ○ A　10通り
- ○ B　15通り
- ○ C　28通り
- ○ D　30通り
- ○ E　45通り
- ○ F　56通り

111 男性3人と女性3人がいる。

1 男女が交互になるように、一列に並びたい。並び方は何通りあるか。

- ○ A　72通り
- ○ B　144通り
- ○ C　154通り
- ○ D　178通り
- ○ E　288通り
- ○ F　312通り

2 男性3人が隣り合うように、一列に並びたい。並び方は何通りあるか。

- ○ A　72通り
- ○ B　144通り
- ○ C　154通り
- ○ D　178通り
- ○ E　288通り
- ○ F　312通り

3 男女が交互になるように、6人で輪になりたい。並び方は何通りあるか。

- ○ A　2通り
- ○ B　6通り
- ○ C　8通り
- ○ D　10通り
- ○ E　12通り
- ○ F　15通り

112 3種類のワインが用意されている試飲会があった。1種類について1人1回、最大3回の試飲ができる。

1 P1人が試飲するとき、ワインの種類の選び方は何通りあるか。ただし、最低1回は試飲するものとする。

○ A　3通り　　　　○ B　6通り　　　　○ C　7通り
○ D　8通り　　　　○ E　9通り　　　　○ F　12通り

2 PとQが2人であわせて4回試飲するとき、PとQが飲むワインの種類の組み合わせは何通りあるか。

○ A　3通り　　　　○ B　7通り　　　　○ C　9通り
○ D　12通り　　　○ E　15通り　　　○ F　42通り

113 洋菓子が5種類、和菓子が3種類ある。ここから何個か選んで、1箱に詰め合わせたい。

1 1種類を4個ずつ、合計12個を詰めるときの入れ方は何通りあるか。

○ A　12通り　　　○ B　14通り　　　○ C　15通り
○ D　28通り　　　○ E　30通り　　　○ F　56通り

2 1種類を同じ数ずつ選ぶようにして、洋菓子と和菓子を8個ずつ、合計16個を詰めるときの入れ方は何通りあるか。

○ A　15通り　　　○ B　30通り　　　○ C　45通り
○ D　60通り　　　○ E　81通り　　　○ F　90通り

3 洋菓子と和菓子を3個ずつ、合計6個を詰めるときの入れ方は何通りあるか。

○ A　28通り　　　○ B　56通り　　　○ C　125通り
○ D　350通り　　○ E　700通り　　○ F　1400通り

13 確率の基礎

● 確率は絶対にマスターしておくべき超頻出分野。まず基本問題から。

確率の考え方

● Aの起こる確率＝$\dfrac{\text{Aの起こる場合の数}}{\text{すべての場合の数}}$

● AかつB → Aの確率×Bの確率

● AまたはB → Aの確率＋Bの確率

● 少なくともA → 1 −（Aの起こらない確率）

サイコロXの目が1、
かつサイコロYの目が
1の確率は、
$\dfrac{1}{6}×\dfrac{1}{6}=\dfrac{1}{36}$

▌例 題　　　　　　　　　　よくでる

2つのサイコロX、Yを同時に振った。このとき、次の各問いに答えなさい。

１　【基本】積が4になる確率はどれだけか。

○ A　1/36　　○ B　1/18　　○ C　1/12　　○ D　1/6

２　【かつ】積が偶数になる確率はどれだけか。

○ A　1/12　　○ B　1/6　　○ C　2/3　　○ D　3/4

３　【または】片方だけが3の目である確率はどれだけか。

○ A　1/6　　○ B　5/18　　○ C　11/36　　○ D　1/3

４　【少なくとも】少なくとも1つのサイコロの目が1になる確率はどれだけか。

○ A　1/9　　○ B　1/6　　○ C　5/18　　○ D　11/36

５　積が3の倍数になる確率はどれだけか。

○ A　1/3　　○ B　5/9　　○ C　2/3　　○ D　3/4

かつ（×）、または（＋）、少なくともを使い分ける

1【基本】サイコロの目は1〜6の6通り。従って、2つのサイコロの出目は**6×6＝36通り**。積が4になるのは、**(1、4)(4、1)(2、2)** の**3通り**。

$$\frac{3}{36} = \frac{1}{12}$$

確率では(1、4)と(4、1)は区別する。(2、2)は1通り。

正解　C

2【かつ】積が偶数になるのは **(偶数、偶数)(偶数、奇数)(奇数、偶数)** の3つの場合。これを場合分けするより、積が奇数になる **(奇数、奇数)** の場合をすべての場合の確率1から引いた方が早い。**1－奇数かつ奇数**なので、

$$1 - \frac{3}{6} \times \frac{3}{6} = 1 - \frac{1 \times 1}{2 \times 2} = \frac{3}{4}$$

正解　D

3【または】Xが3でYが3なので1/6＋1/6＝1/3とやると間違い。片方だけが3には、**(Xが3かつYが3以外)** **または** **(Xが3以外かつYが3)** の2通りの場合がある。従って、この2つの場合の確率をたし合わせる。

$$\frac{1}{6} \times \frac{5}{6} + \frac{5}{6} \times \frac{1}{6} = \frac{10}{36} = \frac{5}{18}$$

両方3の場合(3、3)の1/36を含まない。

正解　B

4【少なくとも】少なくとも1つのサイコロの目が1になるのは**(1、1以外)(1以外、1)(1、1)**の場合だが、これを場合分けするより、両方とも1以外になる場合**(1以外かつ1以外)**をすべての場合の確率1から引いた方が早い。

$$1 - \frac{5}{6} \times \frac{5}{6} = 1 - \frac{25}{36} = \frac{11}{36}$$

両方1の場合(1、1)の1/36を含む。

正解　D

5　XとYの両方が3か6以外なら3の倍数にならないので、

$$1 - \frac{4}{6} \times \frac{4}{6} = 1 - \frac{4}{9} = \frac{5}{9}$$

正解　B

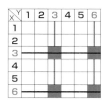

【別解1】Xが3か6、**または**Yが3か6になるのは、**2/6＋2/6**。ダブっている **(3、3)(3、6)(6、3)(6、6)** の4通り**4/36**を引く。

2/6＋2/6－4/36＝5/9

【別解2】図より、X3なら**6通り**。X6なら**6通り**。Y3ならX1、2、4、5で**4通り**。Y6でもXは同じく**4通り**。合計**20通り**で**20/36＝5/9**。

確認問題	サイコロを3回振った。3回の目の積が5の倍数になる確率はいくつか？
	解答➡次ページ下

▶解答・解説は別冊34ページ

練習問題　確率の基礎　⏰ 目標時間 14分／14問

114 PとQの2人が、大吉が出る確率が1/10、小吉が出る確率が1/5というおみくじを1回ずつ引く。PとQの一方が大吉で、もう一方が小吉を引く確率はどれだけか。

○ A　1/50　　　○ B　1/25　　　○ C　1/10　　　○ D　3/10

115 50円玉が2枚、100円玉が2枚ある。この4枚を同時に投げて、表が出たものの金額の合計が200円になる確率はどれだけか。

○ A　1/16　　　○ B　1/8　　　○ C　3/16　　　○ D　1/4

116 PとQがサイコロを振って出た目の数が大きい方が勝つゲームをする。ただし、同じ数の目が出たら引き分けとする。

1 PがQに勝つ確率はどれだけか。

○ A　1/6　　　○ B　5/12　　　○ C　1/3　　　○ D　1/2

2 Pが3以上の目でQに負ける確率はどれだけか。

○ A　1/6　　　○ B　5/12　　　○ C　1/3　　　○ D　1/2

3 Pが4以上の差でQに勝つ確率はどれだけか。

○ A　1/12　　　○ B　1/6　　　○ C　5/12　　　○ D　1/3

117 甲と乙がジャンケンを3回する。グー、チョキ、パーはそれぞれ1/3の確率とし、同じものを出したとき(アイコ)も1回と数える。

1 甲が1回だけ勝つ確率はどれだけか。

○ A　4/27　　　○ B　4/9　　　○ C　1/2　　　○ D　2/3

2 甲が少なくとも1回は勝つ確率はどれだけか。

○ A　1/6　　　○ B　8/27　　　○ C　19/27　　　○ D　8/9

正解 91/216　3回の目がすべて5以外なら5の倍数にならない。この確率を1から引く。
1−5/6×5/6×5/6=1−125/216=91/216

118 P、Q、R、S、T、Uの6人が最初にゲームをする2人をくじで決めることにした。6本のくじのうち、2本が当たりくじで、P、Q、R、S、T、Uの順にくじを引く。ただし、一度引いたくじは戻さないものとする。

❶ PとSが当たりを引く確率はどれだけか。

○ A　1/36　　　○ B　1/15　　　○ C　1/9　　　○ D　4/9

❷ PとRのうちどちらか1人だけが当たりを引く確率はどれだけか。

○ A　1/36　　　○ B　4/15　　　○ C　1/2　　　○ D　8/15

119 赤玉と白玉が5個ずつ入った箱がある。ここから1個ずつ3個を取り出す。

❶ 3個とも赤玉が出る確率はどれだけか。ただし、1度取り出した玉は箱に戻さないものとする。

○ A　1/36　　　○ B　1/12　　　○ C　1/10　　　○ D　1/6

❷ 赤・白・赤の順に出る確率はどれだけか。ただし、赤玉であれば箱に戻し、白玉であれば戻さないものとする。

○ A　1/36　　　○ B　1/12　　　○ C　1/9　　　○ D　5/36

120 スペード、ハート、ダイヤ、クラブの4種類のカードが4枚ずつ、計16枚ある。ここから甲と乙が同時に1枚ずつカードを引く。

❶ 2人ともハートを引く確率はどれだけか。

○ A　1/20　　　○ B　1/16　　　○ C　1/8　　　○ D　1/2

❷ 2人ともダイヤを引かない確率はどれだけか。

○ A　1/4　　　○ B　9/16　　　○ C　5/11　　　○ D　11/20

❸ 2人のうち、少なくとも1人がクラブを引く確率はどれだけか。

○ A　1/4　　　○ B　9/20　　　○ C　9/16　　　○ D　11/20

確認問題 1から4までの4枚のカードを横一列に4枚並べるとき、左から2番目が2、左から3番目が3になる確率はどれだけか？　解答➡次ページ下

14 確率の応用

● 頻出の難問を紹介した。解法パターンを覚えておくとだんぜん有利になる。

例題　　よくでる

1 12人で、3人部屋、4人部屋、5人部屋の3つの部屋に分かれて泊まることになり、くじで部屋割りを決めることにした。くじは12本あり、1度引いたくじは戻さないものとする。

1 最初にくじを引いた2人が、どちらも4人部屋になる確率はどれだけか。

○ A　1/24　　○ B　1/12　　○ C　1/11　　○ D　1/9

2 最初にくじを引いた3人が、4人部屋1人と5人部屋2人になる確率はどれだけか。

○ A　2/33　　○ B　1/11　　○ C　1/9　　○ D　2/11

2 赤玉が2個、白玉が3個、青玉が5個、計10個の玉が入っている袋から2個を取り出す。ただし、1度取り出した玉は袋に戻さないものとする。

1 赤玉、白玉の順番で取り出す確率はどれだけか。

○ A　3/50　　○ B　1/15　　○ C　2/15　　○ D　8/15

2 同時に2個を取り出すとき、赤玉と白玉を1個ずつ取り出す確率はどれだけか。

○ A　3/50　　○ B　1/15　　○ C　2/15　　○ D　8/15

正解 1/12 1～4の4枚のうちで2が2番目になる確率は1/4、残り3枚から3が3番目になる確率は1/3。1/4×1/3＝1/12

別解も覚えておくことが大切

❶ **1** 題意の組み合わせの数を「すべての組み合わせの数」で割ればよい。分母になる「すべての組み合わせの数」は12本から2本を引くので $_{12}C_2$ **通り**。分子になる「4人部屋（4本）から2本を引く組み合わせの数」は $_4C_2$ **通り**。

$$\frac{_4C_2}{_{12}C_2} = \frac{4 \cdot 3 / 2 \cdot 1}{12 \cdot 11 / 2 \cdot 1} = \frac{1}{11}$$

・は掛け算の記号（×）を表す

正解 C

【別解】1人目が4人部屋を引く確率は4/12。2人目が4人部屋を引く確率は分母・分子が1減って3/11。掛け合わせて、4/12×3/11＝1/11。

2 12本から3本を引く組み合わせの数は $_{12}C_3$ **通り**（分母）。4人部屋から1本を引くのは $_4C_1$ **通り**で、5人部屋から2本を引くのは $_5C_2$ **通り**。

$$\frac{_4C_1 \times _5C_2}{_{12}C_3} = \frac{4 \times 5 \cdot 4 / 2 \cdot 1}{12 \cdot 11 \cdot 10 / 3 \cdot 2 \cdot 1} = \frac{2}{11}$$

正解 D

【別解】「1人目が4人部屋で、2人目、3人目が5人部屋を引く確率」は、4/12×5/11×4/10＝**2/33**。2人目、3人目も同じ確率になるので、**2/33を3倍**する。2/33×3＝2/11。

❷ **1** 1番目に赤玉を取り出し、かつ2番目に白玉を取り出すので、2つの確率を掛け合わせる。2番目は玉の数が9個に減ることに注意。

$$\frac{2}{10} \times \frac{3}{9} = \frac{1}{5} \times \frac{1}{3} = \frac{1}{15}$$

正解 B

2 すべての場合の数は10個から2個を取り出すので $_{10}C_2$ **通り**（分母）。赤2個から1個を選ぶのは $_2C_1$ **通り**で、白3個から1個を選ぶのは $_3C_1$ **通り**。

$$\frac{_2C_1 \times _3C_1}{_{10}C_2} = \frac{2 \times 3}{10 \cdot 9 / 2 \cdot 1} = \frac{2}{15}$$

正解 C

【別解】順番に関係なく赤玉と白玉を1個ずつ取り出すことなので、（赤→白）と（白→赤）の場合がある。（赤→白）の場合は**1**の通り1/15。（白→赤）の場合も3/10×2/9で、やはり1/15。これらを合計して2/15。

確認問題 裏表が同じ確率で出るコインを3回投げるとき、表が1回だけ出る確率はどれだけか？ 解答➡次ページ下

103

▶解答・解説は別冊36ページ

練習問題 **確率の応用**

目標時間 **13** 分 / 13問

121 　1袋の中に商品PまたはQが1つと、商品XまたはYが1つの合計2個が入っている福袋が100袋ある。すべての福袋に入っている商品の個数を合わせると、P80個、Q20個、X70個、Y30個で計200個になる。この福袋を1袋購入するとき、商品QもYも入っていない確率はどれだけか。

○ A　1/4　　　　○ B　11/25　　　○ C　14/25　　　○ D　47/50

122 　白い碁石が2個、黒い碁石が4個入っている袋がある。

1　同時に3個を取り出すとき、黒い碁石が3個になる確率はどれだけか。

○ A　1/9　　　　○ B　1/5　　　　○ C　1/4　　　　○ D　1/3

2　同時に3個を取り出すとき、黒い碁石が2個以上になる確率はどれだけか。

○ A　1/5　　　　○ B　1/2　　　　○ C　3/5　　　　○ D　4/5

3　1個を取り出したら、色を確認して袋に戻すことにする。これを3回繰り返したとき、白い碁石が1度だけ出る確率はどれだけか。

○ A　1/9　　　　○ B　4/27　　　○ C　8/27　　　○ D　4/9

4　1個を取り出したら、色を確認して袋に戻すことにする。これを4回繰り返したとき、最後の4回目で3度目の黒い碁石が出る確率はどれだけか。

○ A　1/9　　　　○ B　4/27　　　○ C　8/27　　　○ D　4/9

123 　千円札、二千円札、五千円札、一万円札がそれぞれ2枚ずつ、合計8枚の紙幣が入った袋がある。

1　同時に2枚取り出したとき、合計7000円になる確率はどれだけか。

○ A　1/14　　　○ B　1/7　　　　○ C　3/14　　　○ D　2/7

2　同時に3枚取り出したとき、合計20000円になる確率はどれだけか。

○ A　1/28　　　○ B　1/24　　　○ C　1/12　　　○ D　1/8

　正解 3/8 　【表裏裏】【裏表裏】【裏裏表】の3通りで、3通りそれぞれが1/2×1/2×1/2＝1/8の確率なので、1/8＋1/8＋1/8＝3/8

124 Pが1、3、5、7という4枚のカード、Qが2、4、6という3枚の
カードを持っている。

1 2人が自分のカードを1枚ずつ出すとき、Pの方が大きい数字を出す確率は
どれだけか。

○ A　1/8　　　　　○ B　1/4　　　　　○ C　1/2　　　　　○ D　2/3

2 2人が自分のカードを2枚ずつ出すとき、互いの出した数字の和が等しくな
る確率はどれだけか。

○ A　1/8　　　　　○ B　1/3　　　　　○ C　2/9　　　　　○ D　5/8

125 赤玉と白玉が3：2の比率で入っている抽選器がある。赤玉の20%、白
玉の10%には当たりマークがある。1回の抽選で1個玉が出て、そのつど
玉は抽選器の中に戻す。これについて、次の質問に答えなさい（必要なときは、
最後に小数第1位を四捨五入すること）。

1 1回抽選をしたとき、当たりマークがある赤玉が出る確率はどれだけか。

○ A　6%　　　　　○ B　12%　　　　　○ C　15%　　　　　○ D　20%

2 2回抽選をして2回とも当たりマークがない玉が出る確率はどれだけか。

○ A　3%　　　　　○ B　60%　　　　　○ C　71%　　　　　○ D　84%

126 PとQがジャンケンをする。Pはグーを1/2、チョキを1/4、パーを
1/4の確率で出す。Qはグーを1/4 、チョキを1/4、パーを1/2の確率で
出す。1回のジャンケンで、勝ち、負け、アイコの結果がある。

1 2回ジャンケンしたとき、少なくとも1回はPがグーで勝つ確率はどれだけか。

○ A　7/32　　　　　○ B　15/64　　　　　○ C　49/64　　　　　○ D　25/32

2 2回ジャンケンしたとき、少なくとも1回はPがチョキかパーを出して、勝
つかアイコになる確率はどれだけか。

○ A　3/8　　　　　○ B　25/64　　　　　○ C　39/64　　　　　○ D　25/32

15 割合と比

● SPIはもちろん、就職試験全般で最も頻出する分野。速解が求められる。

10%は1/10か0.1で計算

● 60は200の何%かを暗算する計算例

$$60 \div 200 = \frac{60}{200} = \frac{30}{100} = 30\%$$

● 50が25%に相当するときの全体数を暗算する計算例

$$50 \div 0.25 = 50 \div \frac{1}{4} = 50 \times 4 = 200$$

例題　よくでる

❶ 【%】ある中学では、全校生徒の60%が甲小学校出身で、その数は300人である。このとき、全校生徒の15%である乙小学校出身者は何人か。

○ A　30人　　○ B　45人　　○ C　60人　　○ D　75人

❷ 【分数】ある県では、修学旅行の行き先が海外である高校が全体の1/6を占めている。行き先が海外でない高校のうち、1/3は行き先が京都で、その3/4は公立高校である。京都が行き先の公立高校は全体のどれだけか。

○ A　1/24　　○ B　1/12　　○ C　5/24　　○ D　5/12

❸ 【比】薬品PとQを1：3で混ぜた混合液Xと、2：3で混ぜた混合液Yを同量混ぜて薬品Rを作った。Rに含まれるPの割合はどれだけか。

○ A　32.5%　　○ B　33.3%　　○ C　40%　　○ D　45%

文章を正確に読み取ることが一番のコツ

❶【%】300人が全体の60%に相当するので、全体は300÷0.6。

全校生徒 = 300÷0.6 = 3000÷6 = 500人

求める乙小学校出身者は、全校生徒500人の15%(=0.15)なので、

500×0.15 = 5×15 = 75人

【別解】「内積＝外積」で、

甲：乙 = 300：乙 = 60：15 → 乙×60 = 300×15より、

乙＝300×15÷60＝75人　　　　　　　　　　　| 正解　D |

❷【分数】行き先が海外でない高校は5/6で、そのうちの1/3が京都で、さらにそのうちの3/4が公立高校なので、これらを掛け合わせる。

$$\frac{5}{6}\times\frac{1}{3}\times\frac{3}{4}=\frac{5}{24}$$

| 正解　C |

❸【比】混合液X… P：Q=1：3 なので、X全体を4とするとPは1/4。

混合液Y… P：Q=2：3 なので、Y全体を5とするとPは2/5。

RはXとYを同量混ぜているので、Rに含まれるPの割合は、

$$\left(\frac{1}{4}+\frac{2}{5}\right)\div2=\frac{13}{20}\div2=\frac{13}{40}=0.325$$

| 正解　A |

試験場では▶図解で整理

文章が込み入っていて混乱したときは、サッと図解して問題文を整理すると、落ち着いて解ける。ただし、メモの目的は、数値の関係を明らかにすることだけなので、なるべくシンプルな書き方にすること。

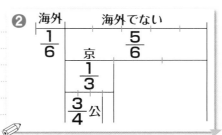

確認問題 次の比を最も簡単な整数の比にせよ。①24：16：40　②1/4：0.3

解答➡次ページ下

107

▶解答・解説は別冊38ページ

練習問題 **割合と比**

🕐 目標時間 **20**分 / 20問

127 ある遊園地で入場料金を20%アップしたら入場者数が15%減った。このとき入場料金の売上額は何%増加したか（必要なときは、最後に小数第2位を四捨五入すること）。

○ A 1.0%　　○ B 1.5%　　○ C 2.0%　　○ D 2.5%

128 ある動物園で3連休の客数を調査したところ、連休3日目は2日目の客数の1.2倍で、3日間合計の42%に相当した。1日目の客数は3日間合計の何%か（必要なときは、最後に小数第1位を四捨五入すること）。

○ A 21%　　○ B 23%　　○ C 25%　　○ D 27%

129 サークルXには男性50人、女性35人がいた。新たに20人が入り、女性の割合がX全体の40%になった。新たに入った人のうち、女性の割合は何%だったか（必要なときは、最後に小数第1位を四捨五入すること）。

○ A 20%　　○ B 25%　　○ C 30%　　○ D 35%

130 ある美術館では、先週の土日の合計来場者数が600人だった。今週の土曜日は先週の土曜日の5%減だったが、今週の日曜日は快晴で、先週の日曜日の25%増となり、結局土日の合計では7%増となった。今週の日曜日の来場者は何人だったか。

○ A 80人　　○ B 240人　　○ C 280人　　○ D 300人

131 週末に読書をした。金曜日に全体の4/15を読んだ。土曜日は、残ったうちの2/9を読んだ。日曜日には、73ページ読んで81ページ残った。残りのページは、全体の何割か。

○ A 1.5割　　○ B 3割　　○ C 3.6割　　○ D 4割

正解 （①3：2：5 ②5：6）　①最大公約数の8で割る。
②小数にそろえると、0.25 : 0.3 = 5 : 6

132 劇団PはPの倍の人数の劇団Qと合併して劇団Rとなった。劇団Pのときには48%だった男性の割合は、劇団Rになって42%に減った。さらに、5人の男性が劇団をやめたため、男性の割合が40%に減った。合併前の劇団Pの人数は何人だったか。

○ A　40人　　　○ B　49人　　　○ C　50人　　　○ D　83人

133 ある製品に関するアンケート調査を行ったところ、東日本で850人、西日本で650人から回答を得た。回答者のうち、この製品の購入者の割合は、全体で27%、東日本では40%だったが、西日本では何%だったか（必要なときは、最後に小数第1位を四捨五入すること）。

○ A　10%　　　○ B　22%　　　○ C　52%　　　○ D　62%

134 ある会社の従業員数は300人であり、そのうちの60%は正社員である。新規雇用で正社員を今より25人増やした場合、正社員は従業員数の何%になるか（必要なときは、最後に小数第1位を四捨五入すること）。

○ A　63%　　　○ B　68%　　　○ C　70%　　　○ D　74%

135 あるスポーツクラブの利用者数は150人である。利用者の男女比は2：3で、女性の方が多い。また利用者のうち、男性の30%、女性の40%が会員になっている。このとき、会員数は利用者数の何%にあたるか（必要なときは、最後に小数第1位を四捨五入すること）。

○ A　32%　　　○ B　34%　　　○ C　36%　　　○ D　38%

136 ある会社の今年の従業員数は、昨年より35%減って、520人になった。これについて、次の各問いに答えなさい。

❶ 昨年の従業員数は何人か。

○ A　390人　　　○ B　702人　　　○ C　750人　　　○ D　800人

❷ 男女別では、女性が昨年より40%減り、男性が昨年より30%減った。今年の女性従業員は何人か。

○ A　220人　　　○ B　230人　　　○ C　240人　　　○ D　400人

➡次ページに続く

137 ある図書館で1週間の利用状況を調べたところ、図書館を利用した人は1450人で、貸出冊数は696冊だった。また、1冊以上本を借りた人の貸出冊数の平均は1.5冊だった。これについて、次の各問いに答えなさい（必要なときは、最後に小数第1位を四捨五入すること）。

1 この1週間に図書館を利用した人のうち、1冊も本を借りなかった人は何%だったか。

○ A　27%　　　○ B　32%　　　○ C　64%　　　○ D　68%

2 次の週についても利用状況を調べたところ、1週間の貸出冊数は25%増加していた。また、1冊以上本を借りた人は600人だった。このとき、1冊以上借りた人の貸出冊数の平均は、前の週に比べて何%増加または減少したか。

○ A　3%増加　　○ B　5%増加　　○ C　3%減少　　○ D　5%減少

138 赤ワインPと白ワインQを2：3で混ぜたロゼワインXと、赤ワインPと白ワインRを3：7で混ぜたロゼワインYがある。これについて、次の各問いに答えなさい（必要なときは、最後に小数第1位を四捨五入すること）。

1 ロゼワインXとロゼワインYを2：1で混ぜて、ロゼワインZを作った。Zに含まれる赤ワインPの割合はどれだけか。

○ A　10%　　　○ B　27%　　　○ C　37%　　　○ D　42%

2 ロゼワインZの試飲を7人で行うので用意したワインを7等分したが、直前で1人が欠席になったため、ワインを6等分した。6等分した量は7等分した量より1杯あたり20cc多くなった。用意したワインの量はどれだけか。

○ A　420cc　　○ B　720cc　　○ C　760cc　　○ D　840cc

139 ある英文中に含まれる単語の数とアルファベットの数を調べたところ、アルファベットのsが132字、rが150字含まれていた。

1 sを含む単語のうち、20%にはsが2字含まれており、残りの単語にはsが1字しか含まれていなかった。sを含む単語の数はいくつあるか。

○ A　106　　　　○ B　110　　　　○ C　122　　　　○ D　125

2　rを含む単語のうち5％にはrが3字、15％にはrが2字含まれており、残りの単語にはrが1字しか含まれていなかった。rを含む単語の数はいくつあるか。

○ A　110　　　○ B　112　　　○ C　120　　　○ D　138

140　ある大学ではスポーツ実習として、前期と後期に、卓球、テニス、サッカー、野球の中から1種目ずつを自由に選択する。下表は、ある学科の学生200人の選択状況を示したものの一部である。例えば、前期に野球を選択、後期に卓球を選択した者は11人いることがわかる。

前期 後期	卓球	テニス	サッカー	野球	合計
卓球	8	17	12	11	48
テニス	15	12	14	(　　)	56
サッカー	12	16	12	(　　)	50
野球	(　　)	(　　)	10	(　　)	(　　)
合計	(　　)	(　　)	48	45	200

1　前期か後期に少なくとも1度はサッカーを選択した学生は、全体の何％か（必要なときは、最後に小数第1位を四捨五入すること）。

○ A　6％　　　○ B　24％　　　○ C　38％　　　○ D　43％

2　前期に卓球を選んだ学生のうちの30％が後期に野球を選択した。その人数は何人か。

○ A　10人　　　○ B　15人　　　○ C　17人　　　○ D　20人

3　**2**の条件のとき、前後期で少なくとも1度は卓球かテニスを選択した学生は全体の何％か（必要なときは、最後に小数第2位を四捨五入すること）。

○ A　69.5％　　　○ B　75.2％　　　○ C　79.5％　　　○ D　80.5％

16 損益算

● 原価（仕入れ値）、売値、利益、定価の関係を覚えておけば解ける。

3割引は（1 − 0.3）

売値＝定価 ×（1 − 割引率）

定価1000円の3割引の売値は、1000 × 0.7 ＝ 700円

売値＝原価 ×（1 ＋ 利益率）

原価500円で4割の利益の売値は、500 × 1.4 ＝ 700円
※原価500円 × 0.4 ＝ 利益200円なので、
　原価500円 ＋ 利益200円 ＝ 売値700円

定価1000円		
売値700円＝原価＋利益＝原価×（1＋利益率）		定価の3割引（300円）
原価500円＝売値−利益	利益4割（200円）	 利益4割は、原価×0.4。

※定価販売なら、売値＝定価。

例 題　よくでる

　ある店では、定価の3割引で販売したときに200円の利益が出るように定価を設定してある。

1　600円の定価で品物Pを売ると利益はいくらか。

○ A　180円　　　○ B　200円　　　○ C　300円　　　○ D　380円

2　品物Qを定価の2割引で売ったら350円の利益があった。仕入れ値はいくらか。

○ A　650円　　　○ B　850円　　　○ C　1200円　　　○ D　1500円

問題文を式に当てはめていけば解ける

1 定価600円で売ると、定価の3割＋200円の利益が出るので、

$$600 × 0.3 + 200 = 180 + 200 = 380円$$

【別解】定価600円の3割引の売値は、

$$売値 = 600 × (1 - 0.3) = 600 × 0.7 = 420円$$

420円の売値のとき、200円の利益が出るので、原価（仕入れ値）は、

$$原価 = 420 - 200 = 220円$$

原価220円の品物を定価の600円で売るので、利益は、

$$利益 = 600 - 220 = 380円$$ 　　正解　D

2 定価の3割引のとき利益が200円で、2割引のとき利益が350円なので、定価の1割がその差額となる。

$$定価の1割 = 350 - 200 = 150円$$

> 全体の1割（10％、0.1）がXに相当するときは、
> **X÷0.1＝全体**
> SPIの問題解法で最重要の考え方の1つ。

150円が定価の1割に相当するので、定価は、

$$定価 = 150 ÷ 0.1 = 1500円$$

定価1500円の3割引のとき利益が200円なので、原価（仕入れ値）は

$$原価 = 1500 × 0.7 - 200 = 850円$$

【別解】定価をx円、原価をy円とおくと、

$$0.8x - y = 350 …①$$
$$0.7x - y = 200 …②$$

①－②で、0.1x＝150。xは1500円。yは850円。　　正解　B

試験場では▶図式化で整理

混乱したら、サッと図式化して問題文を整理すると、落ち着いて解ける。ただし、図式化するだけでも時間を取られるので、なるべく簡単な図でメモするようにしよう。

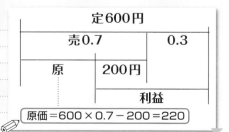

定600円	
売0.7	0.3
原　200円	
	利益

原価＝600×0.7－200＝220

確認問題　原価の4割の利益を見込んで、700円の定価をつけた。原価はいくらか。
解答➡次ページ下

練習問題 損益算

目標時間 **11**分 / 11問

141 原価500円の商品が300個ある。100個を1割引、200個を2割引で売ったときに利益を合計125000円にしたい。定価はいくらにすればよいか。

○ A　450円　　○ B　600円　　○ C　1100円　　○ D　1200円

142 コーヒーカップを1個100円で400個仕入れた。このうちの1割が割れたとしても、全体で1割以上の利益が出るようにしたい。1個の定価をいくら以上に設定すればよいか。

○ A　99円　　○ B　110円　　○ C　122円　　○ D　123円

143 1個の原価が400円の品物を150個仕入れ、原価の2割5分の利益を見込んで定価をつけたが80個しか売れなかった。そこで、残りは定価の1割引にして売りつくした。利益は全部でいくらか。

○ A　7500円　　○ B　8500円　　○ C　10500円　○ D　11500円

144 品物Pと品物Qをそれぞれ10個ずつ仕入れたところ、18000円かかった。品物Pは原価の2割、品物Qは原価の4割の利益を見込んで販売したところ、完売して売上総額が24000円になった。品物Pの定価はいくらか。

○ A　600円　　○ B　720円　　○ C　1000円　　○ D　1680円

145 1個250円で仕入れた品に2割の利益を見込んで定価をつけたが、売れないので、定価の1割引にして売った。1個あたりの利益はいくらか。

○ A　10円　　○ B　20円　　○ C　30円　　○ D　40円

正解 500円 原価に1.4を掛けたら700円になったので、700円を1.4で割れば原価。700÷1.4=500円

146 ある店では、定価の１割引で売っても原価の２割の利益が出るように定価を設定している。定価が600円の品物の原価はいくらか。

○ A　450円　　　○ B　480円　　　○ C　500円　　　○ D　540円

147 売値が100円の商品Ｐの仕入れ値が15％上がったために、利益が１割減った。元の仕入れ値はいくらだったか。

○ A　35円　　　○ B　36円　　　○ C　40円　　　○ D　45円

148 ある店では、定価の３割引で販売したときに200円の利益が出るように定価を設定してある。

1 仕入れ値850円の品物Ｐを定価で売ったときの利益はいくらか。

○ A　200円　　　○ B　350円　　　○ C　650円　　　○ D　1050円

2 品物Ｑは、定価の１割引きで売ると560円の利益がある。品物Ｑの定価はいくらか。

○ A　760円　　　○ B　1060円　　　○ C　1600円　　　○ D　1800円

149 仕入れ値350円のＰを40個仕入れて、仕入れ値の３割の利益が出るように定価をつけた。また、仕入れ値280円のＱを80個仕入れて、仕入れ値の４割の利益が出る定価をつけて売った。

1 ＰとＱが全部売れたときの利益はいくらか。

○ A　4760円　　　○ B　13160円　　○ C　31360円　　○ D　49560円

2 Ｐは全部売れて、Ｑは20個売れ残った。Ｑ全部の利益が、Ｐ全部の利益以上になるように、売れ残った20個のＱを値下げするとき、Ｑの売値は何円まで値下げできるか。

○ A　154円　　　○ B　182円　　　○ C　203円　　　○ D　238円

17 料金割引

● 人数や時間によって割引率が異なるときの代金や総額を求める問題。

人数×料金×（1−割引率）＝総額

割引される額＝料金×割引率

400円の2割5分引の額→400×0.25＝100円割引
※400×1/4＝100と計算してもよい。

割引後の代金＝代金×（1−割引率）

600円で2割引後の料金→600×0.8＝480円

例題 よくでる

ある施設の入場料は1人600円であるが、1つの団体で20人を超えた分については1割引に、100人を超えた分については2割引になる。

1　100人の団体が入場するとき、入場料の総額はいくらか。

○ A　50280円　　○ B　50400円　　○ C　55200円　　○ D　58340円

2　50人が25人ずつ、2つの団体に分かれて入場するときと、50人がまとまって1つの団体で入場するときでは、総額はいくら異なるか。

○ A　1000円　　○ B　1100円　　○ C　1200円　　○ D　1240円

3　団体旅行で、入場料の総額を全員で割って全員が同じ料金を支払うことにした。このとき、1人分の入場料が540円になるのは何人の団体のときか。

○ A　105人　　○ B　110人　　○ C　115人　　○ D　120人

で解ける超解法!!

割引になる境界さえ間違えなければ簡単

1 1～20人まで600円。21～100人まで1割引なので、100人では、

$$20 × 600 + 80 × 600 × 0.9 = 55200円$$

正解　C

2 25人ずつ2つの団体に分かれて入場するとき、割引の対象になるのは、

$(25 - 20) × 2 = 10$人

50人で入場するとき、割引の対象になるのは、

$(50 - 20) = 30$人

その人数の差は、30 - 10 = 20（人）。割引額は1人、600 × 0.1 = 60円で、割引額の差＝総額の差なので、割引額の差だけ計算すればよい。

$$20 × 60 = 1200円$$

正解　C

3 100人分の総額は**1**の通り、55200円で1人分552円。1人分540円になるのは、より割引の多い100人を超える人数であることがわかる。100人を超える分の1人分は2割引なので、600 × 0.8 = 480円。

入場料金が**600円（540＋60）、540円、480円（540－60）**の3種類あり、上下から同じ**60円**違いの540円が平均なので、**600円の人（20人）と480円の人は同数**いたということになる。従って全員の人数は、

$$20 + 80 + 20 = 120人$$

【別解】全員でx人とすると、100人を超える分は、**(x－100)×480円**。

総額は、**55200＋(x－100)×480 = 480x＋7200円**

また設問から、x人の総額は**540x円**

$$540x = 480x + 7200$$
$$540x - 480x = 7200$$
$$x = 120人$$

正解　D

試験場では▶少しでも速く計算するために

組問題（小問が複数ある問題）では前問の計算結果を使うことも多いので、何を計算したかわかるようにメモしていく。

確認問題 次のうち、どちらの総額が安いか？ ①400円の2割5分引で50個を買う ②200円の2割引で100個を買う　解答➡次ページ下　**117**

▶解答・解説は別冊43ページ

練習問題 料金割引

目標時間 10分 / 10問

150 ある空気清浄機のリース料は1か月1万円が基本料金となっている。ただし、4か月以上リースをすると、4か月目以降のリース料が基本料金の10%引き、また13か月目以降のリース料は基本料金の20%引きになる。18か月リースをすると、リース料金は合計いくらか。

○ A　14.4万円　　○ B　15.8万円　　○ C　15.9万円　　○ D　16.2万円

151 あるコピー機のリース料は1か月5万円が基本料金となっている。ただし、6か月以上リースをすると、6か月目以降のリース料が基本料金の20%引き、また、1年以上リースをすると、12か月目以降のリース料が基本料金の40%引きになる。20か月リースをすると、リース料金は合計いくらか。

○ A　74万円　　　○ B　76万円　　　○ C　78万円　　　○ D　80万円

152 ある旅館では2泊以上泊まると料金が1泊目10%、2泊目20%、3泊目25%、4泊目以降30%引きとなる。1泊1人9000円の部屋に1人で7泊したい。「7連泊」する場合と、「2連泊・5連泊」に分ける場合では、料金の差はいくらになるか。

○ A　1200円　　○ B　2700円　　○ C　3600円　　○ D　5400円

153 ある飲食店のメニューは、パスタが880円、ランチプレートが1050円で、どちらも200円をたせば飲み物を、300円をたせばデザートを追加することができる。またクーポンを利用すると、1枚につき飲み物1杯が無料になる。9人の客がそれぞれパスタ、ランチプレートのいずれかを注文し、追加で3人は飲み物だけ、2人はデザートだけ、4人は飲み物とデザートを注文した。クーポン4枚を利用して、合計金額が11510円だったとき、パスタを頼んだのは何人か。

○ A　1人　　　　○ B　2人　　　　○ C　3人　　　　○ D　4人

正解 ① ①400円2割5分引50個→400×3/4×50=300×50=15000
②200円2割引100個→200×8/10×100=160×100=16000

154 1個120円の植木ポットがある。11個目からは1個について1割引に、31個目からは1個について3割引になる。

1 35個買ったときの代金は、全部でいくらか。

○ A　2940円　　○ B　3360円　　○ C　3780円　　○ D　4200円

2 平均購入価格が1個あたり113円になった。このとき、植木ポットを合計で何個買ったか。

○ A　20個　　　○ B　24個　　　○ C　30個　　　○ D　35個

155 ある博物館の入場券はx円である。また、切り離して使用できる20枚つづりの入場回数券を15x円で販売している。ただし、余った回数券の払い戻しはしないものとする。

1 50人で入場したい。最も安くすむ場合の総額はいくらになるか。

○ A　30x円　　○ B　35x円　　○ C　40x円　　○ D　45x円

2 45人で入場する団体Pと、56人で入場する団体Qがある。最も安くすむ場合、PとQの1人あたりの差額はいくらか。

○ A　13/504 × x円　　　　　　○ B　7/252 × x円
○ C　11/252 × x円　　　　　　○ D　1/2 × x円

156 ある体育館は、基本使用料が1時間あたり25000円で9時から24時まで使用できる。ただし、使用する時間帯によって割引があり、9時から12時までは20%引き、12時から15時までは15%引き、15時から17時までは10%引きとなっている。

1 13時から4時間使用するとき、使用料はいくらか。

○ A　85000円　○ B　86250円　○ C　87500円　○ D　90000円

2 この体育館を連続して6時間使用したところ使用料は128750円であった。何時から何時まで借りていたか。

○ A　9〜15時　○ B　10〜16時　○ C　11〜17時　○ D　12〜18時

18 仕事算

● 仕事算、水槽算、分割払い問題など、全体を1とする分数の問題をまとめた。

全体を1として分数計算する

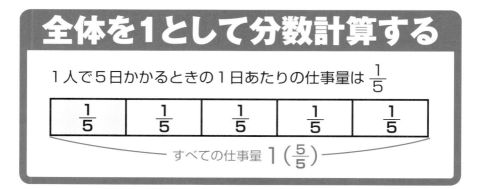

1人で5日かかるときの1日あたりの仕事量は $\frac{1}{5}$

| $\frac{1}{5}$ | $\frac{1}{5}$ | $\frac{1}{5}$ | $\frac{1}{5}$ | $\frac{1}{5}$ |

すべての仕事量 $1\left(\frac{5}{5}\right)$

例題　よくでる

1 【仕事算】P1人では8日間、Q1人では12日間かかる仕事がある。この仕事をPとQの2人で3日間行い、残りをQ1人で行った。この仕事を仕上げるまでに合わせて何日かかったか。

◯ A　5日　　　　◯ B　7日　　　　◯ C　8日　　　　◯ D　10日

2 【水槽算】空の水槽を満たすのに、P管1本では6分、Q管1本では18分かかる。P管1本とQ管2本を使うと、満水までにどのくらいかかるか。

◯ A　3分20秒　　◯ B　3分36秒　　◯ C　4分30秒　　◯ D　4分36秒

3 【分割払い】ある商品を分割払いで購入したい。購入時に頭金としていくらか支払い、次からは、購入価格から頭金を引いた残額を4回均等払いで支払う。その際は、分割手数料として残額の1/8が加算され、それを残額に加えた額を4等分して支払うことになる。分割払いの1回分の支払額を購入価格の3/16にするためには、頭金として購入価格のどれだけを支払えばよいか。

◯ A　11/16　　◯ B　1/3　　　◯ C　1/2　　　◯ D　2/3

最初に各人の１日の仕事量を求める

❶ 【仕事算】仕事の全体量を１として考える。１日あたりの仕事量は、１人だと８日間かかるＰが1/8、１人だと12日間かかるＱが1/12である。

２人を合計した１日あたりの仕事量は、$\dfrac{1}{8} + \dfrac{1}{12} = \dfrac{3+2}{24} = \dfrac{5}{24}$

２人で行った３日間の仕事量は、$\dfrac{5}{24} \times 3 = \dfrac{5}{8}$

残りの仕事量は、$1 - \dfrac{5}{8} = \dfrac{3}{8}$

残りの仕事をＱ１人で行うのにかかる日数は、$\dfrac{3}{8} \div \dfrac{1}{12} = \dfrac{9}{2} = 4.5$日

２人で行った最初の３日間をたして、**３＋4.5＝7.5日間**

８日目に終わるので、かかった日数は、**８日**　　　　　　正解　C

❷ 【水槽算】水槽の満水量を１として考える。１分あたりの注水量はＰ管が1/6、Ｑ管が1/18。Ｐ管１本とＱ管２本の１分あたりの注水量は、

$\dfrac{1}{6} + \dfrac{1}{18} \times 2 = \dfrac{3+2}{18} = \dfrac{5}{18}$　　P管はQ管の3倍の注水量（3本分）なので、全部でQ管5本分とも考えられる。

満水までにかかる時間は、$1 \div \dfrac{5}{18} = \dfrac{18}{5} = 3\dfrac{3}{5}$分 ＝ ３分36秒

正解　B

❸ 【分割払い】購入価格を１として考える。残額をxとすると手数料は$\dfrac{1}{8}x$。１回の支払額は、（残額＋分割手数料）÷４で、これを購入価格の3/16にしたい。これらを式にまとめる。

$(x + \dfrac{1}{8}x) \div 4 = \dfrac{3}{16} \rightarrow \dfrac{8}{8}x + \dfrac{1}{8}x = \dfrac{3}{16} \times 4 \rightarrow$

$\dfrac{9}{8}x = \dfrac{3}{4} \rightarrow x = \dfrac{3}{4} \div \dfrac{9}{8} = \dfrac{3}{4} \times \dfrac{8}{9} = \dfrac{2}{3}$

頭金は、購入価格１から残額を引いて、$1 - \dfrac{2}{3} = \dfrac{1}{3}$　　　正解　B

確認問題　６万円の品物を分割払いで購入したい。「購入金額＋購入金額に対して5%の利子」を６等分して支払う。１回分の支払いはいくらか。　解答➡次ページ下

▶解答・解説は別冊45ページ

練習問題 仕事算

目標時間 8分／8問

157 あるデータをパソコンに入力する作業に、XとYの2人では9時間かかる。X1人で3時間作業をしたところ、残りの入力にY1人で18時間かかった。

1 このデータ入力をY1人で行うと、どれくらいかかるか。

○ A　10時間30分　　○ B　15時間30分　　○ C　18時間30分
○ D　20時間30分　　○ E　22時間30分

2 このデータ入力をX1人で行うと、どれくらいかかるか。

○ A　10時間　　○ B　12時間　　○ C　14時間
○ D　15時間　　○ E　16時間

158 ある図書館で1階と2階の書庫に収納する本を整理する作業を行うことになった。

1 1階書庫での作業は、Xが1人で行うと30日かかり、Yが1人で行うと20日かかる。Xが作業を始め、途中からYに交代して作業を進めたところ、Xの作業開始からちょうど25日で完了した。このとき、Xの働いた日数はどれだけか。

○ A　8日　○ B　10日　○ C　12日　○ D　15日　○ E　20日

2 2階書庫での作業は、P、Q、Rの3人で行うと4日かかり、Pが1人で行うと10日かかり、Qが1人で行うと15日かかる。このとき、Rが1人で行うと何日かかるか。

○ A　8日　○ B　10日　○ C　12日　○ D　15日　○ E　20日

正解 10500円　6万円の5％の利子は、60000×0.05＝3000円。従って、63000円を6等分した10500円が1回分の支払いとなる。

159 空の水槽を満たすのに、P管では3時間、Q管では5時間かかる。また、満水の水槽から水を流し出して空にするのに、R管では6時間、S管では10時間かかる。

1 空の水槽にP管で1時間注水し、その後、P管とQ管で同時に注水する。このとき、空の水槽を満水にするまでにどれだけかかるか。

○ A　1時間15分　　　○ B　1時間30分　　　○ C　2時間
○ D　2時間15分　　　○ E　2時間20分

2 空の水槽にP管とQ管で注水しながら、同時にR管とS管で排水すると、満水にするまでにどれだけかかるか。

○ A　2時間15分　　　○ B　2時間30分　　　○ C　3時間
○ D　3時間15分　　　○ E　3時間45分

160 ある商品を分割払いで購入したい。購入時に頭金としていくらか支払い、次の支払いからは、購入価格から頭金を引いた残額を11回均等払いで支払う。その際は、購入時の残額の10%の利子がつき、それを残額に加えた額を11等分して支払うことになる。

1 頭金として購入価格の25%を支払うものとすると、分割払いの1回分の支払額は購入金額のどれだけにあたるか。

○ A　1/20　○ B　3/40　○ C　1/11　○ D　1/8　○ E　11/40

2 分割払いの1回分の支払額を購入価格の1/20にするためには、頭金として購入価格のどれだけを支払えばよいか。

○ A　1/8　○ B　1/5　○ C　1/4　○ D　1/3　○ E　1/2

19 代金精算

● 貸し借りや支払いの精算額を計算する問題。SPIでは簡単な部類に入る。

合計額÷人数＝平均額

❶ 「平均額＝１人分の負担額」を求める

❷ １人が出した金額をプラスマイナスで計算する

❸ 平均額との差額を求める

▌例 題 　　　　　　　　　　　よくでる

　PはQに3500円、Rに2000円の借金があり、RはQに1000円の借金がある。ある日、友人の誕生会に行くことになったので、Pが10000円でプレゼントを、Qが2000円で花束を買い、これらの代金はP、Q、Rの3人で同額ずつ負担することにした。

1 　3人の貸し借りがすべてなくなるように次の方法で精算する場合、（ a ）はいくらか。

・RがQに（ a ）円を払い、その後で、QがPに（ b ）円を払う。

○ A　1500円　　○ B　2000円　　○ C　2500円　　○ D　3000円
○ E　3500円　　○ F　AからEのいずれでもない

2 　誕生会の後、3人でタクシーに乗って帰り、その代金をRが支払った。3人の貸し借りがすべてなくなるように次の方法で精算する場合、タクシー代はいくらか。

・PがQに500円を払い、RがQに1000円を払った。

○ A　1000円　　○ B　1500円　　○ C　2000円　　○ D　3000円
○ E　6000円　　○ F　AからEのいずれでもない

1人だけに着目して計算することがコツ!

1 3人の貸し借りの状況を図にまとめたりすると、時間がたりなくなるばかりか、混乱するもと。設問で問われた「Rの支払い」にまとをしぼって計算する方法がいちばん確実で速い。

1. 平均額は、(プレゼント代+花束代)を3人で割った額

$(10000 + 2000) \div 3 = 4000$円

2. Rが貸し借りで出していた額は、

Pに貸した額	**+2000円**
Qに借りた額	**−1000円**
合計	**1000円**

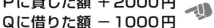

支払った(貸した)額は+(プラス)、借りた額は−(マイナス)で計算。

3. RがQに払う精算額は、平均額とRが出した額との差額

$4000 − 1000 = 3000$円

| 正解 D |

2 **1**1. での平均額は4000円。**2**でタクシー代を含めたPの負担額は、

$−3500 − 2000 + 10000 + 500 = 5000$円

1000円増えたので、1人あたりのタクシー代は1000円。3人なので、

タクシー代…$1000 \times 3 = 3000$円

【別解1】Rは「Pに貸した2000円−Qに借りた1000円=1000円」+「タクシー代x円」+「精算でRがQに払った1000円」を払ったので、

Rの負担額…$1000 + x + 1000 = 2000 + x$

RとPの負担額は等しくなるので、$2000 + x = 5000$ → $x = 3000$円

【別解2】Rの負担額は3人の平均額(各人の負担額)と等しくなる。平均額は、

(プレゼント代+花束代+x)÷3=$(12000 + x) \div 3 = 4000 + x / 3$

$2000 + x = 4000 + x / 3$ → $x = 3000$円

| 正解 D |

試験場では▶計算のポイント

1 支払った(貸した)金額は+、借金は−で個別に計算する
2 割り勘にする代金を人数で割って1人分の負担額を出す
3 1人分の負担額と個人が支払っている金額との差額が精算額

確認問題 Rに2000円の借金があるPが、Qと折半で9000円のものを買い、これをPQR3人で同額ずつ負担する。精算時にRが払う額は? 解答➡次ページ下

▶解答・解説は別冊 46 ページ

練習問題 | 代金精算

目標時間 **6**分 / 6問

161 X、Y、Zの3人で食事をした。食事代は12000円だったが、その場でXが10000円、Yが2000円を支払った。その後、喫茶店に入り、ここではコーヒー代900円をZがまとめて支払った。3人が同額ずつ負担するためには、YとZはXにそれぞれいくら支払えばよいか。

- ◯ A　Yは3000円、Zは4400円
- ◯ B　Yは2300円、Zは2400円
- ◯ C　Yは2500円、Zは3500円
- ◯ D　Yは1400円、Zは2400円
- ◯ E　Yは2300円、Zは3400円
- ◯ F　Yは2400円、Zは1300円
- ◯ G　AからFのいずれでもない

162 SとTの2人が、半分ずつお金を出し合って、レストランで友人の送別会を開くことになった。店から出るときに、SはTから10000円を預かって支払いに向かったが、支払いは13000円だったので、Sが3000円を上乗せして支払いを済ませた。この後で、TはSにもともと6000円の借金があったことがわかった。

1 精算のとき、SがTに「あなたから10000円を預かっていたが、もともと6000円貸していたので、4000円をもらったことになる。支払いでは私が3000円出したので、差額の1000円を折半して500円をあなたに払えば精算できるね」と言った。このように精算すると、Sはいくら得をするか、または損をするか？

- ◯ A　500円得をする
- ◯ B　1500円損をする
- ◯ C　2000円損をする
- ◯ D　2500円損をする
- ◯ E　3000円損をする
- ◯ F　AからEのいずれでもない

2 本当はどのように精算をすれば、貸し借りがなくなるか。

- ◯ A　SがTに500円払う
- ◯ B　TがSに500円払う
- ◯ C　TがSに1500円払う
- ◯ D　TがSに2000円払う
- ◯ E　TがSに2500円払う
- ◯ F　AからEのいずれでもない

正解 1000円 9000円を3人で同額負担するので、1人分の負担額は9000÷3＝3000円。Rは2000円＋精算額＝3000円。従って、精算額は1000円。

163 XがYから5000円を預かって、Yのネクタイを1本買うことになった。Xは3500円の青のネクタイ1本と3000円のグレーのネクタイ1本を買い、Yが選ばなかった方を自分のものにすることにした。もともとYはXから4000円の借りがあった。Yが青のネクタイを選んだとき、これまでの貸し借りもなくなるように精算するには、どのようにすればよいか。

- ○ A　XがYに1500円払う
- ○ B　XがYに2500円払う
- ○ C　XがYに3500円払う
- ○ D　YがXに1500円払う
- ○ E　YがXに2500円払う
- ○ F　YがXに3500円払う
- ○ G　AからFのいずれでもない

164 L、M、Nの3人が同額ずつお金を出し合って友人にプレゼントをすることにした。3人には、もともと次のような貸し借りがあった。LはMに1500円を貸していた。NはMに2000円を貸していた。プレゼントはMが買いに行くことになっていたが、病気で行けなかったため、NがMから10000円を預かって買いに行った。

1 Nが9000円でプレゼントを買ってお釣りは自分でもらった場合、後で全員の貸し借りがなくなるように精算するためには、Nはいくら払えばよいか。

- ○ A　1000円　○ B　1500円　○ C　2000円　○ D　2500円
- ○ E　3000円　○ F　AからEのいずれでもない

2 Nがいくらかを上乗せして10000円以上のプレゼントを買ったところ、精算時にはLがMに2000円、Nに1000円を支払うことになった。この場合、プレゼントの値段はいくらだったか。

- ○ A　11500円
- ○ B　12000円
- ○ C　12500円
- ○ D　13000円
- ○ E　13500円
- ○ F　14500円
- ○ G　AからFのいずれでもない

20 速度算

● 平均速度や電車のすれ違いなど、ひねった問題が出ることが多い。

速度×時間＝距離

速度×時間＝距離 → 速度5km/時×2時間＝距離10km

距離÷時間＝速度 → 距離10km÷2時間＝速度5km/時

距離÷速度＝時間 → 距離10km÷速度5km/時＝2時間

例題　よくでる

❶ 【平均速度】行きはP地点からQ地点まで3km/時の速さで歩いた後、Q地点で1時間休んだ。帰りはQ地点からP地点まで5km/時の速さで歩いて、往復に全部で5時間かかった。往復の平均時速はいくらか。ただし、休んでいる時間は含めないものとする（必要なときは、最後に小数第2位を四捨五入すること）。

- ○ A　1.87km/時
- ○ B　3.0km/時
- ○ C　3.8km/時
- ○ D　4.0km/時
- ○ E　4.2km/時

❷ 甲は2.7km/時で、乙は3.6km/時で歩くものとする。甲がX地点からY地点まで歩いて42分かかるとき、次の各問いに答えなさい（必要なときは、最後に小数第1位を四捨五入すること）。

１ 【出会い】甲がX地点からY地点に向かって、乙がY地点からX地点に向かって同時に歩き始めた。何分後に2人は出会うか。

- ○ A　12分
- ○ B　15分
- ○ C　18分
- ○ D　20分
- ○ E　24分

２ 【追いつき】甲がX地点から歩き始めた5分後に、乙が甲を追ってX地点を出発した。乙は何分後に甲に追いつくか。

- ○ A　12分
- ○ B　15分
- ○ C　18分
- ○ D　20分
- ○ E　24分

で解ける超解法!!

平均時速＝全行程の距離÷全行程の所要時間

❶【平均速度】(3＋5)÷2＝4と、速度の和を2で割るのは間違い。PQ
間の片道の距離をxkmとおくと、行きにかかった時間はx÷3。帰りはx÷5。
往復の所要時間は5時間－休憩1時間＝4時間。これらをまとめると、

$x÷3＋x÷5＝4$

$$\frac{x}{3}＋\frac{x}{5}＝4 → \frac{8x}{15}＝4 → 8x＝60$$

$x＝60÷8＝7.5km$

片道距離xが7.5kmなので往復では15km。往復4時間かかっているので、

$15÷4＝3.75 → 3.8km／時$ 　　　　　　　　 | 正解　C |

❷ ❶【出会い】出会い算では、「2人の速度の和」の速度で近づく。

速度の和＝2.7＋3.6＝6.3km／時

距離＝$2.7×\frac{42}{60}＝1.89km$ 👊 2.7km／時の甲が
42分かかる距離。

距離÷速度＝1.89÷6.3＝0.3時間 → 18分

【別解】甲の速度と2人の速度の和を比にすると、**2.7：6.3＝3：7**。
速度**3**×42分＝距離126を速度**7**で近づくわけだから、
126÷**7**＝18。つまり、**18分**で出会う。　　 | 正解　C |

❷【追いつき】追いつき算では、「2人の速度の差」の速度で近づく。

速度の差＝3.6－2.7＝0.9km／時

甲は5分(5/60時間＝1/12時間)で$2.7×\frac{1}{12}＝\frac{0.9}{4}km$ 進んでいる。

この差を0.9km／時の速度でうめるので、$\frac{0.9}{4}÷0.9＝\frac{1}{4}$時間＝15分。

【別解】比で考えると、**2.7：0.9＝3：1**。甲は5分で**3**×**5**＝**15**進んでいる。
乙はこの差**15**を**1**の速度でうめるので、**15分**で追いつく。 | 正解　B |

1章
速度算

▶解答・解説は別冊47ページ

練習問題 速度算

目標時間 **8**分 / 8問

165 4人で駅伝の区間を走った。第1区と第4区はそれぞれ6.5㎞、第2区は5㎞、第3区は6㎞である。各区間での通過時間は次の通りだった。

10:15 →	10:37 →	10:52 →	11:15 →	（　）

| スタート | 第1区 6.5km | 第2区 5km | 第3区 6km | 第4区 6.5km | ゴール |

❶ 第2区の走者の平均時速はいくらか（必要なときは、最後に小数第2位を四捨五入すること）。

○ A　0.3km／時　　　○ B　15.0km／時　　　○ C　18.0km／時
○ D　20.0km／時　　　○ E　21.0km／時　　　○ F　AからEのいずれでもない

❷ 第4区の走者は平均時速19.5㎞／時で走った。このとき、全区間の平均時速はいくらか（必要なときは、最後に小数第2位を四捨五入すること）。

○ A　16.0km／時　　　○ B　17.5km／時　　　○ C　18.0km／時
○ D　18.5km／時　　　○ E　24.0km／時　　　○ F　AからEのいずれでもない

166 1周1.5㎞の池の周りをPは時速5.4㎞、Qは時速3.6㎞で歩く。今、PとQは池の周りの同じ地点にいて、2人の速度はそれぞれ常に一定とする。

❶ 池の周りを同時に反対方向に歩き出すと、2人が再び出会うまでにかかる時間は何分か。

○ A　6分　　　　　　○ B　8分　　　　　　○ C　10分
○ D　11分　　　　　○ E　12分　　　　　　○ F　AからEのいずれでもない

❷ Pが出発してから9分後に、QがPと同じ方向に歩き出すと、Pが最初にQに追いつくのは、Pが歩き出してから何分後か。

○ A　23分　　　　　○ B　27分　　　　　○ C　30分
○ D　32分　　　　　○ E　35分　　　　　○ F　AからEのいずれでもない

正解 5分後 先行者の速度：2人の速度の差＝4：（12－4）＝**1：2**。**1**×10＝10の距離の差を**2**の速度でうめるので10÷2で5分。

167 R駅とS駅の間は50kmである。50km／時で走行する電車XがR駅を10時5分に出発して、RS間の中間地点でS駅を10時15分に出発した電車Yとすれ違った。Yの速度は何km／時か。各電車の速度は常に一定とする。

- ○ A　45km／時　　　○ B　50km／時　　　○ C　55km／時
- ○ D　60km／時　　　○ E　75km／時　　　○ F　AからEのいずれでもない

1章

速度算

168 時速3kmで進む動く歩道の上を時速2.4kmで歩いたら、動く歩道に乗ってから40秒で降りることになった。この動く歩道は、何mあったか。

- ○ A　30m　　　○ B　40m　　　○ C　50m
- ○ D　60m　　　○ E　70m　　　○ F　AからEのいずれでもない

169 次の表は、PR間を並行に走行する路線の列車甲と列車乙の時刻表である。甲はP駅を出発し、Q駅に停車した後、R駅に着く。乙はR駅を出発し、Q駅に停車した後、P駅に着く。なお、PQ間は50km、QR間は20kmで、列車の速度は常に一定とする。

1 甲と乙がともに48km／時で走行するとき、甲は何時何分にQR間で乙とすれ違うか。

- ○ A　11時20分　　　○ B　11時25分
- ○ C　11時28分　　　○ D　11時30分
- ○ E　11時35分
- ○ F　AからEのいずれでもない

	甲	乙	
P駅発	10:10	12:40	着
	↓	↑	
Q駅着 発	（　　　） 11:15	（　　　） （　　　）	発 着
	↓	↑	
R駅着	（　　　）	11:10	発

2 乙が甲の1.5倍の速度で走行するとき、11時20分にQR間で甲と乙がすれ違った。乙の速度は何km／時か。

- ○ A　60km／時　　　○ B　75km／時　　　○ C　90km／時
- ○ D　100km／時　　　○ E　120km／時　　　○ F　AからEのいずれでもない

21 集合

● 難問が多い分野だが、解法パターンを覚えておけば確実に得点できるだろう。

3つの円のベン図

英語が話せる人の円

仏語が話せる人の円

独語が話せる人の円

① 英語だけ話せる人
② 仏語（フランス語）だけ話せる人
③ 独語（ドイツ語）だけ話せる人
④ 3カ国語がすべて話せる人
⑤ 英語と仏語だけ話せる人
⑥ 英語と独語だけ話せる人
⑦ 仏語と独語だけ話せる人
④+⑤ 英語と仏語が話せる人
④+⑥ 英語と独語が話せる人
④+⑦ 仏語と独語が話せる人
3つの円の外は、いずれも話せない人

例題　よくでる

　外国人200人にアンケートを行ったところ、英語が話せる人は120人、フランス語が話せる人は40人、ドイツ語が話せる人は60人いた。

1　英語とフランス語の両方が話せる人が25人いた。英語とフランス語のどちらか片方だけ話せる人は何人か。ただし、ドイツ語は関係ないものとする。

○ A　100人　　　　○ B　110人　　　　○ C　115人
○ D　120人　　　　○ E　135人

2　**1**の条件に加えて、ドイツ語だけ話せる人が20人いた。英語、フランス語、ドイツ語のいずれも話せない人は何人か。

○ A　30人　　　　○ B　35人　　　　○ C　40人
○ D　45人　　　　○ E　50人

3　**1**と**2**の条件に加えて、フランス語だけ話せる人は、英語は話せないがフランス語とドイツ語を話せる人の2倍いた。フランス語だけ話せる人は何人か。

○ A　5人　　　　○ B　10人　　　　○ C　15人
○ D　20人　　　　○ E　25人

で解ける超解法!!

ベン図の重なりを間違えないことが大切!

1 英語と仏語の両方が話せる25人は斜線部分。求める「英語と仏語のどちらか片方だけ話せる人」は右図の赤い部分。

英語だけ→ 120 − 25 = 95人

仏語だけ→ 40 − 25 = 15人

合計 → **95 + 15 = 110人**

※ 120 + 40 − 25 =135人ではない。英語が話せる120人の中にも、仏語が話せる40人の中にも、25人がカウントされているので、25人を2回引くことがポイント。

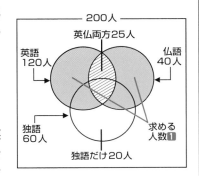

| 正解 | B |

2 **1**で求めた「英語と仏語のどちらか片方だけ話せる110人」+「英仏両方25人」+「独語だけ話せる20人」の合計を、200人から引けば求められる。

200 − (110 + 25 + 20) = 45人

| 正解 | D |

3 仏語だけ話せる人と英語は話せないが仏独が話せる人の合計は右図の赤い部分。これは、**1**で求めた通り15人。

「仏だけ」の人は「仏独だけ」の2倍なので、「仏だけ:仏独だけ= 2:1」。つまり、全体（2 + 1 =）**3**のうちの**2**が仏語だけの人数。

$15 \times \dfrac{2}{3} = 10$人

| 正解 | B |

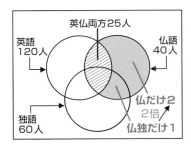

【別解】仏語だけの人数を x 人とすれば、 x + 1/2 x =15。 x =10人

試験場では▶ベン図のメモの注意点

ベン図は、問題を解くうちにゴチャゴチャになることが多いので、書き込めるスペースが残るように、大きな円で書く。また、線の太さや線の向きで、囲みの区別をつけるようにするとよい。

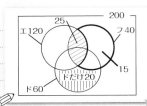

確認問題 硬式テニスの経験者は50%、軟式テニスの経験者は20%、どちらも経験があるのは15%のとき、どちらの経験もないのは何%か？ 解答➡次ページ下

▶解答・解説は別冊48ページ

練習問題 **集合**

目標時間 **11**分／11問

170 ある高校の1年生60人に、通学時における電車とバスの利用状況について調査した。電車を利用する人は27人、バスを利用する人は45人で、電車とバスの両方を利用する人はどちらも利用しない人の3倍だった。 電車とバスの両方を利用する人は何人か。

○ A　6人　　○ B　8人　　○ C　10人　　○ D　12人　　○ E　18人

171 50人が20問のテストを2回受けた。10問以上正解した人は1回目が42人、2回目が43人だった。1回目も2回目も正解が10問未満だった人が3人だったとき、1回目も2回目も10問以上正解した人は何人か。

○ A　25人　　○ B　36人　　○ C　38人　　○ D　42人　　○ E　47人

172 ある家電量販店で来店客240名を対象に、満足度の調査を行った。下表は調査項目と集計結果の一部である。

	満足	不満足
商品	200	40
販売員	185	55
配送員	160	80

(人)

1 販売員にも配送員にも「満足」と答えた人が140人いた。販売員に「満足」で配送員に「不満足」と答えた人は何人か。

○ A　20人　　○ B　45人　　○ C　65人　　○ D　80人　　○ E　95人

2 商品に「満足」、販売員に「不満足」と答えた人が30人いた。商品にも販売員にも「不満足」と答えた人は何人か。

○ A　15人　　○ B　20人　　○ C　25人　　○ D　30人　　○ E　35人

正解 45% 硬式と軟式の合計は50＋20＝70%。どちらも経験がある15%を除いて70－15＝55%。これを全体の100%から引く。100－55＝45%

173 会員100人のうち、土曜日の集会の参加者は56人、不参加者は44人である。また、日曜日の集会の参加者は69人、不参加者は31人である。

1 土日の両日とも参加できない人は最も多くて何人か。

○ A　13人　　○ B　31人　　○ C　44人　　○ D　57人　　○ E　75人

2 土曜日は参加できず、日曜日だけ参加できる人が13人のとき、両日とも参加できる人は何人か。

○ A　18人　　○ B　31人　　○ C　43人　　○ D　49人　　○ E　56人

174 社内の50人のうち、P新聞を読む人は28人、Q新聞を読む人は20人、R新聞を読む人は14人で、どれも読まないという人はいなかった。

1 P新聞もQ新聞も読む人は8人だった。R新聞だけ読む人は何人か。

○ A　8人　　○ B　9人　　○ C　10人　　○ D　11人　　○ E　12人

2 **1**の条件に加えて、3紙全部を読む人が1人だけいた。2紙以上を読む人は何人か。

○ A　4人　　○ B　7人　　○ C　10人　　○ D　11人　　○ E　12人

175 150冊の本を分類したところ、心理学に分類できる本が70冊、教育学に分類できる本が40冊、社会学に分類できる本が64冊あった。

1 心理学と教育学の両方に分類できる本が15冊あった。心理学には分類できないが教育学に分類できる本は何冊か。

○ A　5冊　　○ B　10冊　　○ C　25冊　　○ D　40冊　　○ E　55冊

2 **1**の条件に加えて、社会学だけに分類できる本は34冊あった。心理学、教育学、社会学のいずれにも分類できない本は何冊か。

○ A　6冊　　○ B　10冊　　○ C　20冊　　○ D　21冊　　○ E　36冊

3 **1**と**2**の条件に加えて、心理学、教育学、社会学のすべてに分類できる本は、心理学と社会学だけに分類できる本の3倍、教育学と社会学だけに分類できる本の半分であった。すべてに分類できる本は何冊か。

○ A　6冊　　○ B　7冊　　○ C　8冊　　○ D　9冊　　○ E　10冊

22 表の解釈

● 出題される表のバリエーションが非常に多いSPI頻出の難問分野。

いろいろな表の形を覚える

- 本書で表の見方、計算の仕方を覚える
- 基準になる項目と比較する
- できるだけ簡単な計算で手早く解く

例題 よくでる

飲食店P、Q、Rは、3店で食材の一括仕入れをしている。下表は、タマネギ、ジャガイモ、ニンジン、レタスの4種類について各店の仕入れ量（重量）の割合を示したものの一部である。なお、（　）内はレタスを1としたときの3店合計の仕入れ量の割合を示している。

	タマネギ（2）	ジャガイモ（□）	ニンジン（1.4）	レタス（1）
P店	20%	□	□	30%
Q店	25%	10%	□	□
R店	55%	□	X %	□
合計	100%	100%	100%	100%

1 Q店のジャガイモの仕入れ量は、P店のタマネギの仕入れ量と同じだった。このとき、全店合計のジャガイモの仕入れ量はレタスの何倍か。

○ A　0.25倍　　○ B　0.5倍　　○ C　2倍　　○ D　4倍

2 R店では、Q店と同じ量のレタスを仕入れたが、その量はちょうどR店のニンジンと同じ量になった。このとき、R店のニンジンの仕入れ割合Xは何%か。

○ A　20%　　○ B　25%　　○ C　30%　　○ D　35%

%をそのままで計算してよい問題も多い

1 全店合計での仕入れ割合の基準はレタスの1なので、レタスに換算して計算することがポイント。レタス1に対してタマネギは2なので、P店のタマネギ20%は、レタスに換算すれば、

20 × 2 ＝ 40% 👉 比率さえわかればよいので、20%を0.2にする必要はない。

になる。このP店のタマネギ40%が、全店合計のジャガイモ仕入れ量のうちのQ店10%と同じ量に相当するので、全店合計のジャガイモ仕入れ量は、

40 ÷ 10 ＝ 4

レタス1を基準にした4なので、ジャガイモの仕入れ量はレタスの4倍。

正解 D

2 これもレタスに換算して計算する。R店のレタスは、Q店のレタスと同じ量なので、RとQのレタスの%は同じになる。従って、どちらも

(100 − 30) ÷ 2 ＝ 35% 👉 下表より、100−30がQRの合計。Q＝Rなので、70÷2＝35%

	タマネギ（2）	ジャガイモ（4）	ニンジン（1.4）	レタス（1）
P店	20%	□	□	30%
Q店	25%	10%	□	35%
R店	55%	□	X ％	35%
合計	100%	100%	100%	100%

「レタス（1）の**35%**が、ニンジン（1.4）の**X%**と同じ量」なので、

1 × 35 ＝ 1.4 × X
X ＝ 35 ÷ 1.4 ＝ 25%

正解 B

確認問題 次のとき、全体はいくつか？ ①2%が50個のとき。 ②3kgが25%に相当するとき。 解答➡次ページ下

▶解答・解説は別冊50ページ

練習問題 表の解釈

目標時間 **22**分／22問

176 ある有機化合物P、Q、Rは、水素、炭素、酸素、窒素、その他の元素で構成されている。P、Q、Rの1分子中の各元素の原子個数比は下表の通りである。なお、各元素の重量比は、水素を1としたとき、炭素は12、酸素は16、窒素は14であるとする。

	水素	炭素	酸素	窒素	その他	合計
P	62.3%	22.1%	10.8%	3.5%	1.3%	100%
Q	60.9%	24.6%	12.1%	1.6%	0.8%	100%
R	58.9%	25.0%	11.5%	4.0%	0.6%	100%

1 化合物P1分子中に占める水素、炭素、酸素、窒素の各元素のうちで、重量が最大のものはどれか。

○ A 水素 　　　○ B 炭素 　　　○ C 酸素 　　　○ D 窒素
○ E 上の表からは決まらない

2 化合物R1分子中の窒素の原子の個数が、化合物Qのそれの1/2であるとき、化合物R1分子中の炭素の原子の個数は、化合物Qのそれの何倍か（必要なときは、最後に小数第3位を四捨五入すること）。

○ A 0.18倍 　　○ B 0.20倍 　　○ C 1.03倍 　　○ D 2.00倍
○ E AからDのいずれでもない

正解 ①2500個 ②12kg 　①50÷0.02＝2500個
　　　　　　　　　　　　②3÷0.25＝3×4＝12kg

177 3種類の水溶液X、Y、Zに含まれる薬品a、b、c、dの重量百分率（%）は、下表の通りである。

	薬品a	薬品b	薬品c	薬品d
水溶液X	3.0	1.8	2.5	0.8
水溶液Y	2.0	8.5	1.0	1.8
水溶液Z	1.5	4.2	1.4	1.2

1 ある一定量の水溶液Xに含まれる薬品aの重さが20gのとき、同水溶液に含まれる薬品bの重さは何gか（必要なときは、最後に小数第1位を四捨五入すること）。

○ A　6g　　　　○ B　12g　　　　○ C　16g　　　　○ D　18g
○ E　AからDのいずれでもない

2 水溶液XとYを混合してできる新しい水溶液に含まれる薬品dの重量百分率を、水溶液Zのそれと等しくしたい。水溶液XとYを、どのような割合で混ぜればよいか。

○ A　1：2　　　○ B　2：3　　　○ C　3：2　　　○ D　4：3
○ E　AからDのいずれでもない

3 水溶液XとYを混合して水溶液Pを作った。水溶液Pに含まれる薬品aは16g、薬品cは10gであったとき、水溶液Xは何g混合したか（必要なときは、最後に小数第1位を四捨五入すること）。

○ A　100g　　　○ B　200g　　　○ C　300g　　　○ D　400g
○ E　AからDのいずれでもない

➡次ページに続く　139

178 混合気体X、Y、Zがそれぞれ封入されている3つの容器がある。各容器に含まれる気体の構成体積比率（％）は、下表の通りである。なお、メタンを1としたときの比重は（　）内の通りとする。

	気体X	気体Y	気体Z
メタン（1.0）	80.0	90.0	84.0
エタン（1.8）	10.0	5.5	6.0
プロパン（2.8）	3.8	3.5	4.8
ブタン（3.6）	2.6	0	2.9
ペンタン（4.5）	2.2	1.0	0.25
その他	1.4	0	2.05
合計	100	100	100

1 気体Xのメタンの重量は56gだった。気体Xのエタンの重量はどれだけか（必要があれば、最後に小数第3位を四捨五入すること）。

○ A　0.70 g　　○ B　1.32 g　　○ C　5.60 g　　○ D　12.60 g
○ E　AからDのいずれでもない

2 気体Yからメタンを除いたときの重量は72.6gだった。気体Yのペンタンの重量はどれだけか（必要があれば、最後に小数第2位を四捨五入すること）。

○ A　4.5 g　　○ B　9.9 g　　○ C　13.5 g　　○ D　32.7 g
○ E　AからDのいずれでもない

179 下表は、W、X、Y、Zの4県における年代別の人口割合を百分率（%）で示したものである（2020年調べ）。ただし、最下欄の数字は、各県の人数が全4県の人数に対して占める百分率である。

	W県	X県	Y県	Z県	全4県
① 0 ～ 14 歳	15	10	15	20	14.5
② 15 ～ 39 歳	30	30	35	40	☐
③ 40 ～ 64 歳	40	35	30	20	☐
④ 65 歳以上	15	25	20	20	☐
県 / 全4県 (W+X+Y+Z)	40	20	30	10	100

1 Y県では10年前に比べて、0～14歳の人口が3/4に減り、65歳以上の人口が2倍に増え、そのほかの人口は横ばいだった。10年前の時点で、Y県の人口に対して65歳以上の人口が占める比率は何％であったか（必要があれば、最後に小数第2位を四捨五入すること）。

○ A　5.0%　　　○ B　10.5%　　　○ C　12.0%　　　○ D　15.8%
○ E　AからDのいずれでもない

2 右図は2000年、2010年、2020年のX県の各年代別人口の推移を2020年を100とした指数で示したものである。2000年におけるX県の各年代別人口を多い順に並べた結果を、AからJまでの中で選びなさい。ただし、①は0～14歳、②は15～39歳、③は40～64歳、④は65歳以上とする。

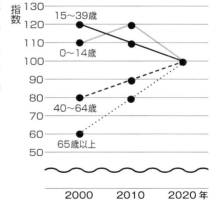

○ A　①、②、③、④
○ B　①、②、④、③
○ C　①、③、②、④
○ D　②、③、④、①　　　　○ E　②、④、③、①
○ F　③、②、①、④　　　　○ G　③、②、④、①
○ H　④、②、③、①　　　　○ I　④、③、②、①
○ J　AからIのいずれでもない

➡次ページに続く　141

180 ある施設では、毎年2日連続で開催されるイベントがある。表1は、過去3年間のイベントの延べ入場者数とその内訳を示したものである。表2は、イベントで発売された「1日入場券」と「2日入場券」の購入者数を示したものである。なお、「2日入場券」を購入しても2日間とも入場したとは限らないが、入場券を購入して1日も入場しなかった人はいなかったものとする。

【表1】過去3年間の延べ入場者数とその内訳

	一昨年	昨年	今年
延べ入場者数	ア	2800人	3200人
1日目	30%	60%	52%
2日目	70%	40%	48%
計	100%	100%	100%

【表2】入場券の購入者数

	一昨年	昨年	今年
「1日入場券」購入者	500人	イ	1300人
「2日入場券」購入者	800人	1000人	ウ

1 一昨年の2日目の入場者数は、昨年の2日目の入場者数と同じだった。一昨年の延べ入場者数アは何人か。

○ A　1120人　　○ B　1600人　　○ C　2400人　　○ D　5600人
○ E　AからDのいずれでもない

2 昨年の「2日入場券」購入者は、全員2日間とも入場した。昨年の「1日入場券」購入者数イは何人か。

○ A　240人　　○ B　360人　　○ C　600人　　○ D　800人
○ E　AからDのいずれでもない

3 今年の「2日入場券」購入者のうち、90%が2日間とも入場した。今年の「2日入場券」購入者ウは何人か。

○ A　947人　　○ B　1000人　　○ C　1258人　　○ D　1500人
○ E　AからDのいずれでもない

181 ある列車Aは、始発駅のP駅を出発した後、順にQ駅、R駅の2駅に停車
して、終点のS駅に到着する。表1は、P駅からQ駅、R駅、S駅までの距
離と、乗車駅別にみた各駅での下車人数を示したものである。また、表2は、
乗車駅からの距離別の運賃を示している。

【表1】 各駅での下車人数

P駅からの距離 \ 乗車／下車		P駅	Q駅	R駅
38km	Q駅	28人	—	—
60km	R駅	18人	20人	—
108km	S駅	32人	15人	23人

【表2】 距離別運賃

距離	10kmまで	30kmまで	50kmまで	80kmまで	110kmまで
運賃	140円	400円	600円	800円	1000円

1 Q駅からR駅の間、列車Aに乗っている人は何人か。

○ A　20人　　　○ B　38人　　　○ C　70人　　　○ D　85人
○ E　AからDのいずれでもない

2 S駅で下車した人の乗車運賃の合計はどれだけか。

○ A　46800円　　　○ B　48400円　　　○ C　51400円
○ D　57800円　　　○ E　AからDのいずれでもない

3 列車Aの乗車定員数を100人としたとき、P駅からS駅までの3区間の乗車
率（乗車人数÷乗車定員数）の平均はどれだけか（必要なときは、最後に小数
第2位を四捨五入すること）。

○ A　45.3%　　　○ B　70.0%　　　○ C　77.7%　　　○ D　136.0%
○ E　AからDのいずれでもない

➡次ページに続く　143

182 ある学校の３年生は１クラス40人で、P、Q、R、Sの４クラスがあり、各クラスの全員が物理、化学、生物のいずれかの科目を選択して受験している。下表は各科目の受験者数と平均点を表したものの一部である。

【表１】各クラス・各科目別受験者数　１クラスは40人

	Pクラス	Qクラス	Rクラス	Sクラス
物理	8人	16人	10人	11人
化学	20人	12人	（　　）	15人
生物	12人	12人	（　ア　）	14人

【表２】各クラス・各科目別平均点

	Pクラス	Qクラス	Rクラス	Sクラス
物理	72.0点	64.5点	65.0点	64.0点
化学	70.7点	69.5点	70.0点	72.2点
生物	69.5点	70.0点	63.0点	59.5点

❶ Pクラスの３科目を合わせた平均点はいくつか（必要なときは、最後に小数第２位を四捨五入すること）。

○ A　70.0点　　○ B　70.2点　　○ C　70.6点　　○ D　70.7点
○ E　　AからDのいずれでもない

❷ 物理の全クラスの平均点はいくつか（必要なときは、最後に小数第２位を四捨五入すること）。

○ A　65.8点　　○ B　67.6点　　○ C　70.2点　　○ D　71.9点
○ E　　AからDのいずれでもない

❸ Rクラスの３科目を合わせた平均点が67.0点のとき、Rクラスの生物の受験者数（　ア　）は何人か。

○ A　8人　　　○ B　9人　　　○ C　10人　　　○ D　11人
○ E　　AからDのいずれでもない

144

183 ある町の4つのスキー場W、X、Y、Zで調査を行い、主に利用した交通手段を1つだけ挙げてもらった。表1は、回答結果にもとづいて、スキー場ごとに利用した交通手段の割合を示したものである。また表2は、スキー場ごとの回答者数が回答者数全体に占める割合を示している。

【表1】利用した交通手段

交通手段＼スキー場	W	X	Y	Z	合計
乗用車	（　　）	50%	20%	20%	34%
バス	30%	20%	30%	60%	（　　）
電車	（　　）	20%	30%	10%	（　　）
その他	10%	10%	20%	10%	13%
合計	100%	100%	100%	100%	100%

【表2】スキー場ごとの回答者数の割合

	W	X	Y	Z	合計
回答者の割合	25%	30%	30%	15%	100%

1 スキー場Xで「電車」と答えた人は、4つのスキー場での回答者数全体の何%か（必要なときは、最後に小数第1位を四捨五入すること）。

○ A　3%　　　　○ B　6%　　　　○ C　9%　　　　○ D　12%

2 スキー場Zで「バス」と答えた人は、スキー場Xで「バス」と答えた人の何倍か（必要なときは、最後に小数第2位を四捨五入すること）。

○ A　0.7倍　　　○ B　1.1倍　　　○ C　1.5倍　　　○ D　1.7倍

3 スキー場Wで「乗用車」と答えた人は、スキー場Wでの回答者数の何%か（必要なときは、最後に小数第1位を四捨五入すること）。

○ A　16%　　　○ B　24%　　　○ C　30%　　　○ D　40%

4 スキー場Yで「その他」と答えた人は84人であった。4つのスキー場での回答者数の合計は何人か。

○ A　420人　　　○ B　560人　　　○ C　1400人　　　○ D　2800人

23 特殊算

● 鶴亀算、年齢算、過不足算、数列など、数の規則性を使った問題をまとめた。

様々な解法を覚えておく

鶴と亀が合計5匹いる。足の数が14本のとき鶴は何羽か。
【鶴亀算での解法】5匹すべてが亀なら足の数は4×5＝20本。
ところが足の数は14本なので、20－14＝6本の差がある。
亀1匹を鶴1羽にかえていくと、足の数は4－2＝2本ずつ
減るので、6÷2＝3で、鶴は3羽。
【方程式での解法】合計5匹なので、鶴をx羽、亀を(5－x)匹
として式を立てる。
$$2x+4(5-x)=14$$
これを解いて、x＝3

例題 ❨よ❩❨く❩❨で❩❨る❩

❶【鶴亀算】80円切手と20円切手を合わせて30枚で、2000円以内におさ
まるように購入したい。80円切手ができるだけ多くなるようにするには、
80円切手を何枚にすればよいか。

○ A　22枚　　　○ B　23枚　　　○ C　24枚　　　○ D　25枚
○ E　26枚　　　○ F　AからEのいずれでもない

❷【年齢算】現在、母親は30歳で、子供は2歳である。母親の年齢が子供の
年齢の3倍になるのは今から何年後か。

○ A　10年後　　　○ B　11年後　　　○ C　12年後　　　○ D　13年後
○ E　14年後　　　○ F　AからEのいずれでもない

方程式の立て方、解き方は必ず覚えておくこと

❶【鶴亀算】30枚全部が20円切手だとすると、20×30＝600円になる。しかし、実際の金額は2000円以内なので、2000－600＝1400円余る。20円切手と80円切手の差額は60円なので、20円切手を80円切手と1枚入れかえるごとに、金額は60円増えることになる。従って、

1400÷60＝23.33…枚が80円切手の数。

23.33…枚は24枚ではなくて**23枚**と考えれば、2000円以内におさまる。

【別解1】80円切手を**x枚**とすれば、20円切手は**（30－x）枚**。

$$80x＋20(30－x) ≦ 2000$$

| $80x + 600 - 20x ≦ 2000$ |
| $80x - 20x ≦ 2000 - 600$ |
| $60x ≦ 1400$ |
| $x ≦ 1400 ÷ 60 = 23.33…$ |

これを解いて、**x ≦ 23.33…枚**

【別解2】80円切手をx枚、20円切手をy枚。

$$80x ＋ 20y ≦ 2000$$ ←両辺を20で割ると下の①になる

$$4x ＋ y ≦ 100 …①$$

②をy＝30－xとして、
①に代入して計算して解く。
$x ≦ 70 ÷ 3 = 23.33…$

$$x ＋ y = 30 …②$$

これを解いて、**x ≦ 23.33…枚**　　　　　　| 正解 | B |

❷【年齢算】母親も子供も、**x年後にはともにx歳だけ年をとる。**
30歳の母親のx年後の年齢（30＋x）が2歳の子供のx年後の年齢（2＋x）の3倍と等しくなるので、これを式にする。

$$30＋x = 3(2＋x)$$

これを解いて、**x = 12**　　　　　　| 正解 | C |

確認
問題 50円、80円、120円切手が合計で420円分ある。50円切手と120円切手の枚数が同じとき、80円切手は何枚か？　解答➡次ページ下

▶解答・解説は別冊53ページ

練習問題 特殊算

⏰ 目標時間 **15**分 ／16問

184 70円の菓子と90円の菓子を買って、1000円以内におさめたい。90円の菓子をできるだけたくさん買って、合計で12個にするとき、90円の菓子はいくつ買えるか。

- ○ A　4個
- ○ B　6個
- ○ C　8個
- ○ D　9個
- ○ E　10個
- ○ F　AからEのいずれでもない

185 500円玉、100円玉、50円玉、10円玉を全種類組み合わせて、合計13枚で1450円を作るとき、100円玉は何枚必要か。

- ○ A　1枚
- ○ B　2枚
- ○ C　3枚
- ○ D　4枚
- ○ E　5枚
- ○ F　AからEのいずれでもない

186 800円、1200円、1600円、1800円のぬいぐるみがある。これらをちょうど20000円になるように買いたい。1800円のぬいぐるみは6個以上、その他はすべて2個以上は買うとき、全部で最大何個買えるか。

- ○ A　10個
- ○ B　12個
- ○ C　14個
- ○ D　18個
- ○ E　20個
- ○ F　AからEのいずれでもない

187 ある製品の原価は6月には1個あたり100円だったが、7月には115円に値上がりした。この2か月間の生産個数は10000個で平均原価は109円だった。6月の生産個数はいくつか。

- ○ A　2000個
- ○ B　3000個
- ○ C　4000個
- ○ D　6000個
- ○ E　8000個
- ○ F　AからEのいずれでもない

正解 1枚 　420円なので、50円と120円のセット170円は1または2セット。2セットのときに、420－340＝80円で割り切れるので、80円切手は1枚。

188 800円、1200円、1600円、1800円の食器を合計10000円分購入したい。1800円の食器だけは2個以上、その他の種類は1個以上買うとき、全部で最大何個の食器が購入できるか。

○ A　5個　　　　　○ B　6個　　　　　○ C　7個　　　　　○ D　8個
○ E　9個　　　　　○ F　AからEのいずれでもない

189 父親は現在40歳で、16歳と12歳の子供がいる。子供の年齢の合計が父親の年齢を超えるのは何年後か。

○ A　10年後　　　○ B　11年後　　　○ C　12年後　　　○ D　13年後
○ E　14年後　　　○ F　AからEのいずれでもない

190 池の周りを歩く1周200mの遊歩道がある。この道にそって、5m間隔で木を植えたい。木は何本必要か。

○ A　38本　　　　○ B　39本　　　　○ C　40本　　　　○ D　41本
○ E　42本　　　　○ F　AからEのいずれでもない

191 X社とY社が合同で社員旅行をしたところ、合わせて75人が参加した。参加した男性と女性の人数について、次のことがわかっている。

Ⅰ　男性と女性の参加者数の差は9人だった
Ⅱ　女性の参加者数はX社がY社より3人多かった

このとき、参加した男性の人数は何人か。

○ A　33人　　　　○ B　35人　　　　○ C　40人　　　　○ D　42人
○ E　45人　　　　○ F　AからEのいずれでもない

➡次ページに続く　149

192 修学旅行で165人の生徒が、4人部屋、5人部屋、6人部屋の3種類の部屋、合計30室に分かれて泊まった。ただし、どの部屋にも定員ちょうどの人数で泊まったものとする。

1 6人部屋が22室の場合、4人部屋は何室か。

○ A　5室　　　　○ B　6室　　　　○ C　7室　　　　○ D　8室
○ E　9室　　　　○ F　AからEのいずれでもない

2 4人部屋と5人部屋の数が同じ場合、6人部屋は何室か。

○ A　16室　　　○ B　18室　　　○ C　20室　　　○ D　22室
○ E　24室　　　○ F　AからEのいずれでもない

193 80円、30円、10円、4円の4種類の切手を購入する。

1 全種類の切手をそれぞれ2枚以上購入して、ちょうど400円にしたい。このとき購入できる最大枚数は何枚か。

○ A　11枚　　　○ B　24枚　　　○ C　35枚　　　○ D　46枚
○ E　52枚　　　○ F　AからEのいずれでもない

2 ちょうど442円にするときの最小枚数は何枚か。ただし、購入しない種類の切手があってもよいものとする。

○ A　8枚　　　　○ B　9枚　　　　○ C　10枚　　　○ D　11枚
○ E　12枚　　　○ F　AからEのいずれでもない

194 ジョーカー２枚を含む１組のトランプ５４枚から、何枚かのカードを抜き出した。

１ １０枚ずつ並べていくと７枚余り、６枚ずつ並べていくと３枚余ったとき、カードは何枚あるか。

○ A　１２枚　　　　○ B　１７枚　　　　○ C　２７枚　　　　○ D　３７枚
○ E　４７枚　　　　○ F　AからEのいずれでもない

２ 何人かにカードを配った。８枚ずつ配ったら４枚余り、１０枚ずつ配ったら８枚足りなかった。カードは何枚あるか。

○ A　１２枚　　　　○ B　２２枚　　　　○ C　３２枚　　　　○ D　３６枚
○ E　４２枚　　　　○ F　AからEのいずれでもない

195 あるコンビニエンスストアのアルバイトの時給には、働き始めて n 年後の時給 f(n)と、その前の年の時給 f(n－１)との間に、次のような関係がある。

f(n)＝f(n－１)＋１０n＋２０(ただし、n＞０でnは自然数)

１ 最初の時給が７００円であるとき、このアルバイトの３年後の時給はいくらになるか。

○ A　７３０円　　　　○ B　７７０円　　　　○ C　８１０円　　　　○ D　８２０円
○ E　８４０円　　　　○ F　AからEのいずれでもない

２ ４年後の時給が９００円だった人の最初の時給はいくらであったか。

○ A　６５０円　　　　○ B　６８０円　　　　○ C　７１０円　　　　○ D　７２０円
○ E　７５０円　　　　○ F　AからEのいずれでもない

24 情報の読み取り

● 長文や表を読み取って、内容が一致する選択肢を選ぶテストセンターの問題。

資料内の数値を精査
資料との照合が決め手
時間をかけないで、手早くチェックとメモで解く。

例題 よくでる

【日帰りバスツアー／Aコース・大人1名料金】

出発日	昼食付きプラン	昼食なしプラン
土日・振り替え休日：7時出発	10000円	8000円
平日（上記以外の日）：8時出発	9000円	7000円

● 子供同伴の家族（合計3名以上）は、子供（12歳未満）の料金のみ20%引きとなる。
● 4月29日〜5月5日、8月12日〜8月16日は、各料金1000円増しとなる。
● 2月、6月、9月、11月は、各料金1000円引きとなる。
● キャンセル料は、出発日の10日前までは無料、9〜8日前は料金の20%、7〜2日前は料金の30%、前日は40%、当日は100%である。
● 2つ以上の割引の対象となる場合、割引率が大きい方が適用される。

1 資料の内容と一致するものは、ア、イ、ウのうちどれか。

ア 3月の土曜日に、家族4名（大人2名、小学1年生1名、小学5年生1名）で昼食付きプランに参加する際、料金の合計は36000円である。

イ 5月1日（金曜日）に、家族3名（大人2名、中学3年生1名）で昼食なしプランに参加する際、料金の合計は21000円である。

ウ 9月の秋分の日（祝日・水曜日）に、大人3名で昼食なしプランに参加する際、料金の合計は21000円である。

○ A アだけ　　○ B イだけ　　○ C ウだけ　　○ D アとイ
○ E アとウ　　○ F イとウ

2 資料の内容と一致するものは、ア、イ、ウのうちどれか。

ア 料金が9000円のとき、出発日の7日前にキャンセルすると、キャンセル料は1800円である。

イ 料金が7000円のとき、出発日前日にキャンセルすると、キャンセル料は2800円である。

ウ 2月10日（火曜日）の昼食付きプランを大人2名で頼んだが、9日前にキャンセルしたとき、キャンセル料は3600円である。

○ A　アだけ　　　○ B　イだけ　　　○ C　ウだけ　　　○ D　アとイ
○ E　アとウ　　　○ F　イとウ

分で解ける超解法!!

注意事項を見落とさないことが大切

1 割り引きと割り増しの条件を読み取る。

ア 家族割引が適用されて、子供2名が20%引き。3月／土曜／昼食付きで、

$$\underset{\substack{昼食付き土曜\\大人×2名}}{10000×2} + \underset{\substack{昼食付き土曜\\子供×2名}}{10000×0.8×2} = 36000円→○$$

イ 家族割引の適用はない。5月1日（1000円増し）／平日／昼食なしで、

$$\underset{\substack{昼食なし平日1000円増し×3名}}{(7000+1000)×3} = 24000円→21000円ではないので×$$

 土日・振り替え休日ではないので、祝日でも平日料金となる。

ウ 9月（1000円引き）／**平日**／昼食なしで、

$$\underset{\substack{昼食なし平日1000円引き×3名}}{(7000-1000)×3} = 18000円→21000円ではないので×$$

正解　A

2 キャンセル料金を読み取る。

ア 7日前なので、キャンセル料は30%。9000×0.3＝2700円→×

イ 前日なので、キャンセル料は40%。7000×0.4＝2800円→○

ウ 2月（1000円引き）、平日／昼食付きなので、料金は8000円が2名。
9日前のキャンセル料は20%。
8000×2×0.2＝3200円→×

正解　B

▶解答・解説は別冊 56 ページ

練習問題 情報の読み取り

目標時間 **5**分 / 4問

196 次の資料を用いて、各問いに答えなさい。

【入館料一覧（入館料＝a円）】

	1人あたりの料金（円）
回数券（10枚つづり）	0.7a
夫婦50割引	0.7a
学生割引	0.8a
団体割引	0.75a

●小学生以下は子供料金（0.5a円）。

●学生割引は中学・高校生が対象。

●回数券は、複数人での使用も可。ただし、残余券払い戻しは不可。

●夫婦50割引は、同伴の男女どちらかが50歳以上なら2人に適用。

●団体割引は5人以上で利用の場合、全員に適用。

●各割引は他の割引と併用不可。

1 資料の内容と一致するものは、ア、イ、ウのうちどれか。

ア　高校生5人が一緒に入館する場合、5人分の料金が25％引きになる。

イ　小学生1人と中学生1人、大学生1人が一緒に入館する場合、総額は2.3a円になる。

ウ　48歳の父と51歳の母と小学生1人、中学生1人、大学生1人の家族が一緒に入館する場合、団体割引での入館が最も割安になる。

○ A　アだけ　　　○ B　イだけ　　　○ C　ウだけ　　　○ D　アとイ

○ E　アとウ　　　○ F　イとウ

2 資料の内容と一致するものは、ア、イ、ウのうちどれか。

ア　中学生10人で入館する場合、料金は30％引きになる。

イ　50歳未満の大人9人で入館する場合、総額6.3a円になる。

ウ　50歳未満の大人8人以上は、回数券を購入した方が割安である。

○ A　アだけ　　　○ B　イだけ　　　○ C　ウだけ　　　○ D　アとイ

○ E　アとウ　　　○ F　イとウ

197 次の文を読んで、各問いに答えなさい。

　日本の輸入金額に占める原油輸入の割合は、2007年度で18.3%、前年度は16.6%を占めている。また、同じ鉱物性燃料である天然ガスの割合も2007年度は4.6%、前年度は4.0%と上位を占めている。

　近年では、両者の価格高騰により、輸入金額の増加という形で海外への所得移転が生じている。例えば原油の輸入量は、2007年度には243.1百万kL（キロリットル）で、前年度の243.6百万kLと比べてほぼ横ばいだが、2006年度、2007年度の支払金額では、それぞれ11.4兆円、13.7兆円と拡大しており、1997年度の3.9兆円と比べると激増している。天然ガスも同様で、2006年度は63百万トン、2007年度は68百万トンと微増だが、支払金額はそれぞれ2.7兆円、3.5兆円と拡大している。

（数値は財務省「貿易統計」による）

1　日本が輸入する原油について、文中で述べられていることと一致するものは次のうちどれか。

- ○ A　2007年度の輸入支払金額は、天然ガスの輸入支払金額の約5倍だった。
- ○ B　2006年度から2007年度にかけて、輸入量は増加している。
- ○ C　2006年度の輸入支払金額は、原油より天然ガスの方が多かった。
- ○ D　2007年度の輸入支払金額は、10年前に比べて10兆円近く増加している。

2　日本が輸入する天然ガスの輸入支払金額は、2006年度から2007年度の間にどう変化したか。

- ○ A　海外から輸入する鉱物性燃料の中で首位になった。
- ○ B　約1.3倍に増えた。
- ○ C　海外から輸入する鉱物性燃料の約30%を占めるようになった。
- ○ D　原油の輸入支払金額を抜いた。

155

25 物の流れ

● ある経路を通る人や物の流れを式で表していくペーパーテストの問題。

▌例 題　　　　　　　　　　　　　　よくでる

　業者Ｘが出荷する商品のうち比率にしてａが業者Ｙに納品されるとき、これを次の図で表す。業者Ｘ、Ｙの商品の量をそれぞれＸ、Ｙとすると、式 Y = aX が成り立つ。

$$X \xrightarrow{\quad a \quad} Y$$

　業者Ｘが出荷する商品のうち比率ａと、業者Ｙが出荷する商品のうち比率ｂとが、業者Ｚに納品されるとき、これを次の図で表す。このとき、式 Z = aX + bY が成り立つ。

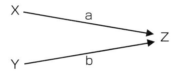

　業者Ｘが出荷する商品のうち比率ａが業者Ｙを経由して、そのうちの比率ｂが業者Ｚに納品されるとき、これを次の図で表す。

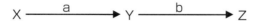

$$X \xrightarrow{\quad a \quad} Y \xrightarrow{\quad b \quad} Z$$

　このとき、式 Z = bY が成り立つ。また、Z = b(aX) = abX とも表される。なお、式については以下のような一般の演算が成り立つものとする。

　(a + b)X = aX + bX
　c(a + b)X = acX + bcX

1　右の図１を表す式は、次のうちどれか。

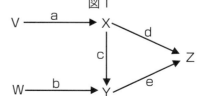

図１

　ア　Z = aV + bW + dX + eY
　イ　Z = dX + eY
　ウ　Z = adV + e(bW + cX)

○ A　アだけ　 ○ B　イだけ　 ○ C　ウだけ　 ○ D　アとイ　 ○ E　アとウ
○ F　イとウ　 ○ G　アとイとウ　 ○ H　ア、イ、ウのいずれでもない

156

2 図1におけるそれぞれの比率は、次の通りである。

　a＝0.2　b＝0.4　c＝0.6　d＝0.4　e＝0.5

　業者Ｖが出荷する商品の個数は、Ｗが出荷する商品の２倍である。Ｘから直接Ｚに納品される商品の個数は、ＹからＺに納品される商品の個数に対して、どれだけにあたるか（必要なときは、最後に小数第３位を四捨五入すること）。

○ A　0.25　　○ B　0.40　　○ C　0.50　　○ D　0.60　　○ E　0.75
○ F　1.00　　○ G　1.50　　○ H　ＡからＧのいずれでもない

⚡ 分で解ける超解法!!

ルール通り式に置き換える簡単な問題パターン

1　終点のＺから順番に式に表すと、以下の３つの式ができる。

$$Z = dX + eY \quad \cdots ①$$
$$X = aV \quad\quad\quad \cdots ②$$
$$Y = bW + cX \quad \cdots ③$$

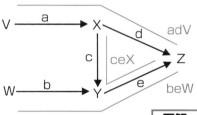

イは式①と同じなので○ 。
ウは式①に②と③を代入した式なので○ 。
アはどの式からも導き出せないので×。

【別解】アはaVとdXというダブっている経路をたし合わせているので×。イはＺを一番近いＸとＹで表した最もシンプルな式で○。ウは式の経路をたどると、上の赤線の通り、ダブりなくＺに集約するので○。

正解	F

2　Ｖを200、Ｗを100として計算。ＸからＺへ200×0.2×0.4＝16。ＹからＺへ200×0.2×0.6×0.5＋100×0.4×0.5＝32。

従って、16の32に対する割合は、**16÷32＝0.5**

正解	C

納得!! ここが飲み込めれば大丈夫

【図P】

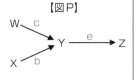

【図P】のceWとbeXのeがダブっていると感じる人が多いが、
Z ＝ eYに、Y ＝ cW＋bXを代入すれば、
Z ＝ e(cW＋bX)＝ecW＋ebXになるのでダブりはない。

上の【図P】で、c ＝ 0.5、b ＝ 0.4、e ＝ 0.2であるとする。Ｗに100個、Ｘに50個あるとき、Ｚにはいくつ集まることになるか。　解答➡次ページ下

▶解答・解説は別冊57ページ

練習問題 物の流れ

目標時間 **5**分／5問

198 ある市における電気の流れを下図に示した。K、L、M、N、P、Qは変電所を、s、t、u、v、wは電気の比率を表す。例えば、図では変電所Kから送電された電気のうち比率sがNに送られることを示している。

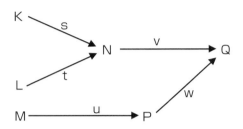

1 図を表す式は、次のうちどれか。

ア　Q = sK + tL + vN + uwM
イ　Q = svK + tvL + uwM
ウ　Q = v(sK + tL) + wP

○ A　アだけ　　　　　○ B　イだけ　　　　　○ C　ウだけ
○ D　アとイ　　　　　○ E　アとウ　　　　　○ F　イとウ
○ G　アとイとウ　　　○ H　ア、イ、ウのいずれでもない

2 図におけるそれぞれの比率は、次の通りである。

s=0.6　t=0.9　u=0.5　v=0.7　w=0.4

変電所Kと変電所Mから送電された電気の総量が同じ場合、変電所Kから変電所Qに送られる電気量は、変電所Mから変電所Qに送られる電気量に対して、何%にあたるか（必要なときは、最後に小数第2位を四捨五入すること）。

○ A　47.6%　　　　　○ B　54.0%　　　　　○ C　120.0%
○ D　142.0%　　　　　○ E　210.0%　　　　　○ F　242.9%
○ G　270.0%　　　　　○ H　AからGのいずれでもない

199 ある大会における参加人数の動向を下図に示した。K、L、M、N、P、Q、Rは大会を、a、b、c、d、e、f、gは参加者の比率を表す。例えば、図では大会Kの参加人数のうち比率aが大会Nに出場することを示している。

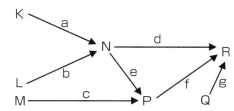

❶ 図を表す式は、次のうちどれか。

ア　R = d(aK + bL) + f(eN + cM) + gQ

イ　R = adK + bdL + aefK + befL + cfM + gQ

ウ　R = dN + fP + efN + gQ

- ○ A　アだけ
- ○ B　イだけ
- ○ C　ウだけ
- ○ D　アとイ
- ○ E　アとウ
- ○ F　イとウ
- ○ G　アとイとウ
- ○ H　ア、イ、ウのいずれでもない

図におけるそれぞれの比率は、次の通りである。

a=0.6　b=0.5　c=0.4　d=0.3　e=0.1　f=0.5　g=0.25

❷ 大会Kに出場した人の何%が大会Rに出場するか（必要なときは、最後に小数第1位を四捨五入すること）。

- ○ A　3%
- ○ B　18%
- ○ C　21%
- ○ D　23%
- ○ E　25%
- ○ F　48%
- ○ G　54%
- ○ H　AからGのいずれでもない

❸ 図における大会Kの出場人数は600人、大会Lの出場人数は400人だった。また、大会Nから大会Pに出場した人数は、大会Pから大会Rに出場した人数より10人多かった。大会Mの参加人数は何人か。

- ○ A　18人
- ○ B　28人
- ○ C　36人
- ○ D　46人
- ○ E　56人
- ○ F　90人
- ○ G　900人
- ○ H　AからGのいずれでもない

26 グラフの領域

● 不等式の条件に当てはまる値や領域を求めるペーパーテストの問題。

グラフの領域の大原則

$y > a$ は上、$x > a$ は右の領域

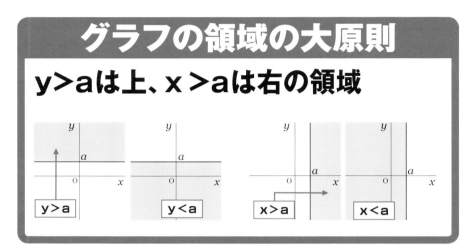

| y>a | y<a | x>a | x<a |

例題 よくでる

次の3つの式によって示される放物線と直線は、下図のように平面を8つの領域に分ける。

ア $y = x^2$

イ $y = x + 2$

ウ $y = 0$

次の2式からなる連立不等式で表される領域はどれか。

カ $y > x^2$

キ $y < x + 2$

○ A ①のみ
○ B ②のみ
○ C ③のみ
○ D ④のみ
○ E ②と⑥と⑦
○ F ③と④と⑧
○ G ④と⑤と⑧
○ H 2式で表される領域は存在しない

y=x²は放物線、y＝x＋2は右上がりの直線

不等号が y に対して開いていれば、
y の値の方が大きいので、上の領域。
不等号が y に対して閉じていれば、
y の値の方が小さいので、下の領域。

・カの **y＞x²** は放物線より**上**の領域
（①＋③）。

・キの **y＜x＋2** は右上がりの直線
より**下**の領域（③＋④＋⑤＋⑧）。

これらの領域が重なる部分は③。

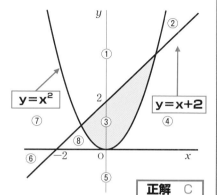

$y=x^2$

$y=x+2$

正解　C

【検証】具体的な数字を当てはめることにより検証できる。
カとキの不等式に、③の領域にある数字、例えば、x＝0、y＝1 を当ては
めてみると、カは1＞0で成り立ち、キも1＜2で成り立つ。
よって、（0, 1）がある領域（＝③）が正しいとわかる。

納得!! SPIに出題される式とグラフの領域

さっと確認して、下の確認問題をやるだけで、得点アップ！

・y だけの式は横線　　　　・x だけの式は縦線　　　　・y と x の式は斜線

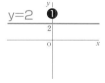

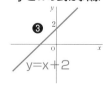

y=x＋2

y＝−x²のよ
うにマイナス
がつくと、グ
ラフの向きは
逆になる。

・x² の式は放物線　　　・y² の式は横放物線　　・x²＋y²は円

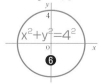

$y=-x^2+2$

確認問題 上の赤字の7つの式の等号を不等号に置き換えて❶❷❸❹❺❻❼の領域を示
すとき、右開きの不等号（＜）がつくものを答えなさい。　解答➡次ページ下

1章
グラフの領域

▶解答・解説は別冊58ページ

練習問題 グラフの領域

目標時間 4分／4問

200 ア、イ、ウの3式によって示される直線と放物線は、図のように平面を①から⑧まで8つの領域に分ける。

ア　$y = -x^2 + 4$
イ　$y = -2x + 4$
ウ　$y = 0$

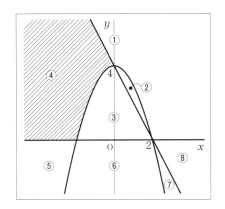

これらの領域は、ア、イ、ウの3式の等号を適宜不等号に置き換えて得られる1組の連立不等式によって示される。ただし、領域とは図中の太い境界線は含まないものとする。

1 ア、イ、ウの式の等号をすべて不等号に置き換えて④の領域（図の斜線部分）を表したときに、右開きの不等号（＜）がつくのは次のうちどれか。

- ○ A　アだけ
- ○ B　イだけ
- ○ C　ウだけ
- ○ D　アとイ
- ○ E　アとウ
- ○ F　イとウ
- ○ G　アとイとウ
- ○ H　ア、イ、ウのいずれでもない

2 次の3式からなる連立不等式によって表される領域はどこか。

カ　$y < -x^2 + 4$
キ　$y > -2x + 4$
ク　$y > 0$

- ○ A　①のみ
- ○ B　②のみ
- ○ C　③のみ
- ○ D　④のみ
- ○ E　②と⑥と⑦
- ○ F　③と④と⑧
- ○ G　④と⑤と⑧
- ○ H　3式で表される領域は存在しない
- ○ I　AからHのいずれでもない

正解 **❻❼** ❶から❺はすべて境界線の上または右の領域なので、左開きの不等号（＞）になる。

201 ア、イ、ウの3式によって示される直線と円は、図のように平面を①から
⑧まで8つの領域に分ける。

ア $x^2 + y^2 = 9^2$
イ $y = -x - 3$
ウ $x = 0$

これらの領域は、ア、イ、ウの3式
の等号を適宜不等号に置き換えて得ら
れる1組の連立不等式によって示され
る。ただし、領域とは図中の太い境界
線は含まないものとする。

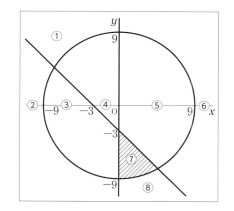

■ ア、イ、ウの式の等号をすべて不等号に置き換えて⑦の領域（図の斜線部分）
を表したときに、右開きの不等号（＜）がつくのは次のうちどれか。

○ A アだけ　　　　○ B イだけ　　　　○ C ウだけ
○ D アとイ　　　　○ E アとウ　　　　○ F イとウ
○ G アとイとウ　　○ H ア、イ、ウのいずれでもない

■ 次の3式からなる連立不等式によって表される領域はどこか。

カ $x^2 + y^2 > 9^2$
キ $y > -x - 3$
ク $x < 0$

○ A ①のみ　　　　○ B ②のみ　　　　○ C ③のみ
○ D ④のみ　　　　○ E ②と⑥と⑦　　○ F ③と④と⑧
○ G ④と⑤と⑧　　○ H 3式で表される領域は存在しない
○ I AからHのいずれでもない

27 条件と領域

● グラフ上の点、線、領域が、どの条件を示すかを問うペーパーテストの問題。

境界線を式に変換
数値を読むだけで解答できる

例 題　　　　　　　　　　　　よくでる

　ある工場で、原材料XとYを次のような条件で仕入れることにした。

条件a　Xは40kg以上
条件b　Xは80kg以下
条件c　Yの重さはXの50%以上
条件d　Yの重さはXの150%以下
条件e　XとYは合計で140kg以下

　Xを横軸、Yを縦軸にとって図示すると、上記の5つの条件を満たす組み合わせは右図の点ア、イ、ウ、エ、オで囲まれた領域で示される。

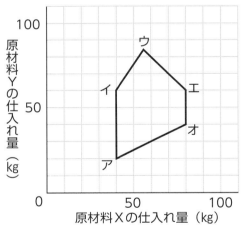

原材料Yの仕入れ量（kg）／原材料Xの仕入れ量（kg）

1　この領域において、点アと点オを通る直線で示される境界はどの条件によるものか。

○ A　条件a　　○ B　条件b　　○ C　条件c　　○ D　条件d　　○ E　条件e

2　原材料XとYを合計90kg仕入れたい。原材料Xが10kgで1000円、原材料Yが10kgで5000円のとき、条件内で最も安い仕入れ値はいくらになるか。

○ A　9000円　　　　○ B　12000円　　　○ C　14000円
○ D　21000円　　　○ E　34000円　　　○ F　AからEのいずれでもない

数値を読み取るだけで確実に加点できる問題

1 Yの値がXの値の50%なので、条件 c 。

正解　C

2 XとYの合計が90kgを表す式は、
Xが0のときYは90、Yが0のとき
Xは90。つまりX＋Y＝90で、右の
赤線のように点（0,90）と点（90,0）
を結ぶ直線となる。
高い価格のYを少なくしたいので、
領域内で、かつ赤線上にある点のうち、
Yが最も少なくなる点（60,30）を計
算すればよい。

Xは **1000円×6=6000円**
Yは **5000円×3=15000円**
合計は、**21000円**。

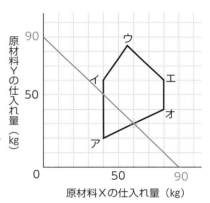

正解　D

【各境界線の表す数式】

【アイ】Xの値が40で、X＝40…条件a

【エオ】Xの値が80で、X＝80…条件b

【アオ】(X, Y)が(40,20)と(80,40)
を通るので、$Y=\frac{1}{2}X$

→Y(20)はX(40)の50%…条件c

【イウ】(X, Y)が(20,30)と(40,60)
を通るので、$Y=\frac{3}{2}X$

→Y(30)はX(20)の150%…条件d

【ウエ】(X, Y)が(80,60)と(70,70)
を通るので、X＋Y＝140

→XとYの合計が140kg…条件e

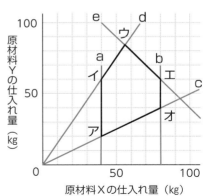

確認
問題
左ページの例題の図で、Yは60kg以上という条件が加わると領域はどんな
形になるか？　【 三角形・四角形・五角形 】　解答➡次ページ下

▶解答・解説は別冊59ページ

練習問題 条件と領域

 目標時間 **5**分 /7問

202 あるスポーツクラブでは、ストレッチ、筋力トレーニング、エアロビクスの3種目を、以下に示す条件a〜eを満たすように選択しなければならない。なお、1時間を単位として行う。

a　全部で24時間選択
b　ストレッチは3時間以上選択
c　筋力トレーニングは4時間以上選択
d　エアロビクスは7時間以上選択
e　ストレッチは10時間以下で選択

　上の5つの条件を満たす領域を図に示した。

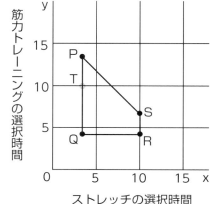

縦軸：筋力トレーニングの選択時間
横軸：ストレッチの選択時間

1 点Qと点Rを通る直線で表される境界は、上のどの条件によるものか。

○ A　aのみ　　○ B　bのみ　　○ C　cのみ　　○ D　dのみ　　○ E　eのみ
○ F　aとb　　○ G　aとc　　○ H　aとd　　○ I　aとe　　○ J　bとc
○ K　AからJのいずれでもない

2 点Pと点Sを通る直線で表される境界は、上のどの条件によるものか。

○ A　aのみ　　○ B　bのみ　　○ C　cのみ　　○ D　dのみ　　○ E　eのみ
○ F　aとb　　○ G　aとc　　○ H　aとd　　○ I　aとe　　○ J　bとc
○ K　AからJのいずれでもない

3 点P、点Q、点R、点Sのうち、点Tと比べてエアロビクスの選択時間が多くなるのはどの点か。

○ A　点Pのみ　　　○ B　点Qのみ　　　○ C　点Rのみ　　　○ D　点Sのみ
○ E　点Pと点Q　　○ F　点Pと点S　　○ G　点Qと点R
○ H　点Sと点R　　○ I　AからHのいずれでもない

166 正解 三角形 Y=60の線の上の領域（つまりY≧60）になる。

203 あるホテルの改築にあたり、和室、洋室、特別室という３つのタイプの客室の数について、次のような条件を定めた。

条件a　全部で40室とする
条件b　和室は5室以上とする
条件c　洋室は15室以下とする
条件d　特別室は15室以上とする
条件e　洋室は3室以上とする

　和室の数を横軸、洋室の数を縦軸にとって図示すると、上記の5つの条件を満たす組み合わせは右図の点のようになる。

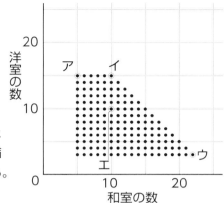

1　点イと点ウを通る直線で表される境界は、上のどの条件によるものか。

○ A　aのみ　　○ B　bのみ　　○ C　cのみ　　○ D　dのみ　　○ E　eのみ
○ F　aとb　　○ G　aとc　　○ H　aとd　　○ I　aとe　　○ J　bとc
○ K　AからJのいずれでもない

2　点ア、イ、ウのうち、点エの場合と特別室の数が同じになるのはどれか。

○ A　点アのみ　　　　○ B　点イのみ　　　　○ C　点ウのみ
○ D　点アと点イ　　　○ E　点アと点ウ　　　○ F　点イと点ウ

3　1室の宿泊料が、和室は1万円、洋室は1万2000円、特別室は2万円のとき、点ア、イ、ウの中で全室の宿泊料の合計金額が最も多くなるのはどれか。

○ A　点アのみ　　　　○ B　点イのみ　　　　○ C　点ウのみ
○ D　点アと点イ　　　○ E　点アと点ウ　　　○ F　点イと点ウ

4　条件a〜eに加えて、「条件f　和室の数は洋室の数の4倍以下とする」という条件が加わった。黒点の集合は、およそ次のどの図形で示されるか。

○ A　　　　　　　○ B　　　　　　　○ C　　　　　　　○ D

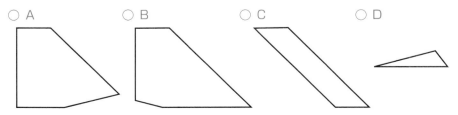

167

「〜は〜である」という命題同士の関係を問う問題です。SPIの出題報告はありますが、最近ではあまり見かけなくなりました。ただし、他の就職試験ではよく出題されますから、対偶と三段論法だけは覚えておきましょう。

例 題

社内のプロジェクトについて、次のことがわかっている。
Ⅰ　プロジェクトAに参加する人は、プロジェクトBに参加する
Ⅱ　プロジェクトAに参加しない人は、プロジェクトDに参加する
Ⅲ　プロジェクトBに参加する人は、プロジェクトCに参加する

推論ア、イ、ウのうち<u>正しくないもの</u>を1つ選びなさい。
ア　プロジェクトAに参加する人は、プロジェクトCに参加する
イ　プロジェクトCに参加しない人は、プロジェクトBに参加しない
ウ　プロジェクトDに参加しない人は、プロジェクトBに参加しない

解法‼

「A→B（AならばBである）」という命題が真のとき、
対偶の「$\overline{B}$→$\overline{A}$（BでなければAでない）」は真。
「A→B（AならばB）」「B→C（BならばC）」という命題が真のとき、
三段論法によって、「A→C（AならばC）」は真。

Ⅰ　Aに参加する人は、Bに参加する「**A→B**」　▶　対偶「$\overline{B}$→$\overline{A}$」
Ⅱ　Aに参加しない人は、Dに参加する「$\overline{A}$→**D**」　▶　対偶「$\overline{D}$→A」
Ⅲ　Bに参加する人は、Cに参加する「**B→C**」　▶　対偶「$\overline{C}$→$\overline{B}$」
同じ記号に注目して、対偶と三段論法で考える。
ア　Aに参加する人は、Cに参加する「**A→C**」← Ⅰ「A→B」と、Ⅲ「B→C」
から、三段論法で「A→C」は真。
イ　Cに参加しない人は、Bに参加しない「$\overline{C}$→$\overline{B}$」← Ⅲの対偶「$\overline{C}$→$\overline{B}$」。
ウ　Dに参加しない人は、Bに参加しない「$\overline{D}$→$\overline{B}$」← Ⅱの対偶「$\overline{D}$→A」と、
Ⅰ「A→B」から、三段論法により「$\overline{D}$→B」なので正しくない。　**正解 ウ**

2章 言語能力

- テストセンターは約35分（非言語含む）、問題数は決まっていません。
- ペーパーテスト（Uタイプ）は30分（非言語含まず）、約40問です。

◎言語能力分野の攻略は出題語句の習得が最重要対策

例題──SPI検査の出題問題から、解法手順を学びやすい基本パターンを選んであります。まず、例題の解法をきちんと覚えておきましょう。

練習問題──アンケート、面談で出題が確認できた語句を使った問題を掲載してあります。提示されている「目標時間」内に解く訓練をすることで、本番の検査に十二分に対応できる力を養えるようになっています。目標時間を意識して解いていくようにしましょう。

CHECK──言語能力分野ではSPIの出題語句をとにかく数多くインプットしておくことが一番の攻略法になります。184ページの「頻出語句200」、198ページの「複数の意味50」を確実に覚えて、得点アップを狙いましょう。

1 二語の関係

● 設問と同じ関係になるように言葉を選ぶ問題。パターンを覚えておくと有利。

出題パターンと解き方

※左と右は逆になることがあります。

1. 包含（一部） ♪左は右の一種（一部）

● 牛：動物（牛は動物の一種）● 柱：家屋（柱は家屋の一部）

2. 同義語 ♪左と右は同じ意味

● 殊勝：健気（殊勝と健気は同じ意味）

3. 対義語 ♪左と右は反対の意味や対照的な意味

● 創造：模倣（創造と模倣は反対の意味）

4. 役目 ♪左の役目は右（左は右のためにある）

● 定規：計測（定規の役目は計測）

5. 原材料 ♪左は右からできる（左の原材料は右）

● 納豆：大豆（納豆は大豆からできる）

6. 並列（仲間） ♪左も右も～の一種（仲間）

● 昭和：平成（昭和も平成も元号の一種）

7. 一組（セット） ♪左と右は一緒に使う（ワンセット）

● 弓：矢（弓と矢は一緒に使う。弓と矢はワンセット）

8. 目的語と動詞 ♪左を右する

● 薬：投与（薬を投与する）● 雑誌：発行（雑誌を発行する）

▍例 題

よくでる

最初に示された二語の関係を考えて、同じ関係の対になるよう（　）に当てはまる言葉を選びなさい。

❶ 信用金庫：金融機関

❷ 症状：発熱

水彩画：（　　）
- ○ A　油絵
- ○ B　絵筆
- ○ C　絵画
- ○ D　画家
- ○ E　画材

感染症：（　　）
- ○ A　予防
- ○ B　病気
- ○ C　ウイルス
- ○ D　インフルエンザ
- ○ E　伝染

2章 二語の関係

🎵 30 秒 で解ける超解法!!

設問の二語の関係を文に変換する

❶ 🎵 **信用金庫(左)は金融機関(右)の一種**

信用金庫と金融機関の関係は「信用金庫は金融機関の一種」。これを用いて、「水彩画は〜の一種」と心の中で唱えながら、A〜Eの選択肢を見ていくことが最速の解き方。当てはまるのは「水彩画は絵画の一種」。

正解　C

❷ 🎵 **発熱(右)は症状(左)の一種** （左から右なら、症状の一種が発熱）

右から左へ「発熱は症状の一種」と考える。そして「〜は感染症の一種」と考えながら、A〜Eの選択肢を見ていく。当てはまるのは「インフルエンザは感染症の一種」。

正解　D

試験場では ▶ メモや記号にしないこと

二語の関係を左ページの🎵のような文にして、そのまま頭の中で選択肢を当てはめていく方法が確実＆最速。

触覚は…
の一種

171

▶解答・解説は別冊60ページ

 練習問題 | **二語の関係①**

目標時間 **5**分／14問

問題 最初に示された二語の関係を考えて、同じ関係の対になるよう（　）に当てはまる言葉を選びなさい。

1 味覚：感覚

平野：（　　）
- ○ A　地図
- ○ B　在野
- ○ C　社会
- ○ D　記号
- ○ E　地形

2 酸化：還元

衰亡：（　　）
- ○ A　復興
- ○ B　隆盛
- ○ C　全盛
- ○ D　興隆
- ○ E　盛況

3 ドア：ノブ

漢字：（　　）
- ○ A　かな
- ○ B　つくり
- ○ C　日本語
- ○ D　行書
- ○ E　文字

4 作家：文壇

裁判官：（　　）
- ○ A　司法
- ○ B　法曹界
- ○ C　検察
- ○ D　法律
- ○ E　役所

5 病院：医療

新聞：（　　）
- ○ A　記事
- ○ B　執筆
- ○ C　宣伝
- ○ D　報道
- ○ E　事件

6 先天的：後天的

圧倒的：（　　）
- ○ A　互恵的
- ○ B　相対的
- ○ C　比較的
- ○ D　断片的
- ○ E　部分的

7 わな：捕獲

暗室：（　）
- ○ A　印刷
- ○ B　写真
- ○ C　現像
- ○ D　カメラ
- ○ E　撮影

8 うす：きね

太鼓：（　）
- ○ A　打撃
- ○ B　祭り
- ○ C　鼓笛
- ○ D　皮
- ○ E　ばち

9 寺院：本堂

食事：（　）
- ○ A　食料
- ○ B　栄養
- ○ C　料理
- ○ D　主菜
- ○ E　食卓

10 薬剤：病気

傘：（　）
- ○ A　防水
- ○ B　雨
- ○ C　雨具
- ○ D　長靴
- ○ E　準備

11 傘：柄え

船舶：（　）
- ○ A　バイク
- ○ B　鉄
- ○ C　船長
- ○ D　甲板
- ○ E　航海

12 米：せんべい

大豆：（　）
- ○ A　豆腐
- ○ B　小豆
- ○ C　うどん
- ○ D　豆類
- ○ E　寒天

13 過失：故意

漠然：（　）
- ○ A　判然
- ○ B　泰然
- ○ C　茫然
- ○ D　俄然
- ○ E　必然

14 文楽ぶんらく：狂言きょうげん

神社：（　）
- ○ A　宗教
- ○ B　神道
- ○ C　神主
- ○ D　寺
- ○ E　境内

▶解答・解説は別冊60ページ

練習問題 二語の関係② 目標時間 **10**分 /30問

問題 最初に示された二語の関係を考えて、同じ関係のものを選びなさい。

---

15 貯水：ダム

ア 濾過（ろか）：フィルター ○ A アだけ
イ 文具：コンパス ○ B イだけ
ウ ミシン：縫製（ほうせい） ○ C ウだけ
　　　　　　　　　　　　 ○ D アとイ
　　　　　　　　　　　　 ○ E アとウ
　　　　　　　　　　　　 ○ F イとウ

---

16 確執：反目

ア 精通：知悉（ちしつ） ○ A アだけ
イ 皮相：本質 ○ B イだけ
ウ 帰納：演繹（えんえき） ○ C ウだけ
　　　　　　　　　　　　 ○ D アとイ
　　　　　　　　　　　　 ○ E アとウ
　　　　　　　　　　　　 ○ F イとウ

---

17 馬：家畜

ア 牛：酪農 ○ A アだけ
イ ペット：人間 ○ B イだけ
ウ 鶏：家禽（かきん） ○ C ウだけ
　　　　　　　　　　　　 ○ D アとイ
　　　　　　　　　　　　 ○ E アとウ
　　　　　　　　　　　　 ○ F イとウ

---

18 コーヒー：嗜好品（しこうひん）

ア 樹木：果樹 ○ A アだけ
イ 農産物：野菜 ○ B イだけ
ウ 蛋白質（たんぱくしつ）：栄養素 ○ C ウだけ
　　　　　　　　　　　　 ○ D アとイ
　　　　　　　　　　　　 ○ E アとウ
　　　　　　　　　　　　 ○ F イとウ

---

19 まな板：調理

ア 雪：雨 ○ A アだけ
イ 発電：電力 ○ B イだけ
ウ ペン：筆記 ○ C ウだけ
　　　　　　　　　　　　 ○ D アとイ
　　　　　　　　　　　　 ○ E アとウ
　　　　　　　　　　　　 ○ F イとウ

---

20 多弁：寡黙

ア 懸念：心配 ○ A アだけ
イ 原因：理由 ○ B イだけ
ウ 具体：抽象 ○ C ウだけ
　　　　　　　　　　　　 ○ D アとイ
　　　　　　　　　　　　 ○ E アとウ
　　　　　　　　　　　　 ○ F イとウ

21 明白：歴然

ア 夢：うつつ	○ A	アだけ
イ 寄与：貢献	○ B	イだけ
ウ 廉価：安価	○ C	ウだけ
	○ D	アとイ
	○ E	アとウ
	○ F	イとウ

22 刊行物：年鑑

ア 財産：私財	○ A	アだけ
イ 全集：単行本	○ B	イだけ
ウ 出納：収支	○ C	ウだけ
	○ D	アとイ
	○ E	アとウ
	○ F	イとウ

23 温度：高低

ア 貧富：大小	○ A	アだけ
イ 音：強弱	○ B	イだけ
ウ 天候：湿気	○ C	ウだけ
	○ D	アとイ
	○ E	アとウ
	○ F	イとウ

24 番付：大関

ア 昭和：元号	○ A	アだけ
イ 四季：晩秋	○ B	イだけ
ウ 敬称：陛下	○ C	ウだけ
	○ D	アとイ
	○ E	アとウ
	○ F	イとウ

25 紙：はさみ

ア 大工：のこぎり	○ A	アだけ
イ 調理：包丁	○ B	イだけ
ウ 缶詰：缶切り	○ C	ウだけ
	○ D	アとイ
	○ E	アとウ
	○ F	イとウ

26 地方自治体：県

ア 衛星：月	○ A	アだけ
イ 笑顔：表情	○ B	イだけ
ウ 書留：郵便	○ C	ウだけ
	○ D	アとイ
	○ E	アとウ
	○ F	イとウ

27 故人：死者

ア 泰斗（たいか）：大家	○ A	アだけ
イ 起工（しゅんこう）：竣工	○ B	イだけ
ウ 知己：知人	○ C	ウだけ
	○ D	アとイ
	○ E	アとウ
	○ F	イとウ

28 紙：パルプ

ア 絹糸：まゆ	○ A	アだけ
イ 乳製品：バター	○ B	イだけ
ウ きな粉：おから	○ C	ウだけ
	○ D	アとイ
	○ E	アとウ
	○ F	イとウ

➡次ページに続く 175

29 設計：建築

ア	舞台：振付	○	A	アだけ
イ	作曲：演奏	○	B	イだけ
ウ	劇：脚本	○	C	ウだけ
		○	D	アとイ
		○	E	アとウ
		○	F	イとウ

30 箸：食事

ア	鞍(くら)：乗馬	○	A	アだけ
イ	柵：牧場	○	B	イだけ
ウ	幹：樹木	○	C	ウだけ
		○	D	アとイ
		○	E	アとウ
		○	F	イとウ

31 赤道：緯線

ア	松：常緑樹	○	A	アだけ
イ	天然：人工	○	B	イだけ
ウ	障子：建具	○	C	ウだけ
		○	D	アとイ
		○	E	アとウ
		○	F	イとウ

32 めでる：ほめる

ア	侮(あなど)る：見くびる	○	A	アだけ
イ	くさす：おだてる	○	B	イだけ
ウ	閉口する：困る	○	C	ウだけ
		○	D	アとイ
		○	E	アとウ
		○	F	イとウ

33 夏至：立秋

ア	大安：仏滅	○	A	アだけ
イ	休日：祝日	○	B	イだけ
ウ	動詞：副詞	○	C	ウだけ
		○	D	アとイ
		○	E	アとウ
		○	F	イとウ

34 座視：傍観

ア	退廃：浮沈	○	A	アだけ
イ	鳥瞰(ちょうかん)：俯瞰(ふかん)	○	B	イだけ
ウ	素人(しろうと)：玄人(くろうと)	○	C	ウだけ
		○	D	アとイ
		○	E	アとウ
		○	F	イとウ

35 クレーム：苦情

ア	ブレーキ：停止	○	A	アだけ
イ	リザーブ：予約	○	B	イだけ
ウ	レジ：会計	○	C	ウだけ
		○	D	アとイ
		○	E	アとウ
		○	F	イとウ

36 大雨：洪水

ア	人災：天災	○	A	アだけ
イ	余震：地震	○	B	イだけ
ウ	漏電：火災	○	C	ウだけ
		○	D	アとイ
		○	E	アとウ
		○	F	イとウ

37 求心：遠心

ア	応答：返答	○	A	アだけ
イ	訥弁：能弁	○	B	イだけ
ウ	緊張：弛緩	○	C	ウだけ
		○	D	アとイ
		○	E	アとウ
		○	F	イとウ

38 比率：百分率

ア	整数：小数	○	A	アだけ
イ	価格：時価	○	B	イだけ
ウ	演算：割り算	○	C	ウだけ
		○	D	アとイ
		○	E	アとウ
		○	F	イとウ

39 炊事：家事

ア	林業：産業	○	A	アだけ
イ	経緯：経過	○	B	イだけ
ウ	掃除：洗濯	○	C	ウだけ
		○	D	アとイ
		○	E	アとウ
		○	F	イとウ

40 ぐずる：むずかる

ア	たじろぐ：ひるむ	○	A	アだけ
イ	いそしむ：怠ける	○	B	イだけ
ウ	いぶかる：疑う	○	C	ウだけ
		○	D	アとイ
		○	E	アとウ
		○	F	イとウ

41 事件：報道

ア	資本：投入	○	A	アだけ
イ	生産：消費	○	B	イだけ
ウ	疾病：治療	○	C	ウだけ
		○	D	アとイ
		○	E	アとウ
		○	F	イとウ

42 相対：絶対

ア	分析：総合	○	A	アだけ
イ	稚拙：巧妙	○	B	イだけ
ウ	厚顔：鉄面皮	○	C	ウだけ
		○	D	アとイ
		○	E	アとウ
		○	F	イとウ

43 テレフォンカード：プリペイドカード

ア	器械体操：運動	○	A	アだけ
イ	入学式：春	○	B	イだけ
ウ	冷蔵庫：家電	○	C	ウだけ
		○	D	アとイ
		○	E	アとウ
		○	F	イとウ

44 俳優：演技

ア	飛行機：操縦	○	A	アだけ
イ	医者：治療	○	B	イだけ
ウ	大工：建築	○	C	ウだけ
		○	D	アとイ
		○	E	アとウ
		○	F	イとウ

2 語句の意味

● 下線が引かれた言葉と同じ意味のものを選択肢から選ぶ問題。

例題　　　　　　　　　　　　　　　　　　　　よくでる

下線部の言葉と、意味が最も合致するものを1つ選びなさい。

❶ 身に余る処遇

- ○ A　役不足な
- ○ B　余分な
- ○ C　応分な
- ○ D　随分な
- ○ E　過分な

❷ 概して、高齢者ほど朝が早いものだ

- ○ A　すべからく
- ○ B　大して
- ○ C　おしなべて
- ○ D　明らかに
- ○ E　しかして

30秒で解ける超解法!!

❶　漢字の意味から判断する

「身に余る」は「自分の身に過ぎる（ほど良い）」という意味なので、「過分な（自分の分に過ぎる）」が正解。役不足は「役が軽すぎること」。

| 正解 | E |

❷　文章に当てはめる

下線に当てはめてしっくりくるものは、「おしなべて（だいたいの傾向として）」。「すべからく」は「ぜひとも、当然」。

| 正解 | C |

上の例題のように解けることもあるが、語句自体の意味を知らなければ解けないことの方が多い。従って、多くの出題語句を覚えることが最重要。

※語句問題が苦手な人には、『ダントツSPIホントに出る問題集』（ナツメ社）をお勧めします。
　　他書を圧倒する問題数、語句数で、非言語はもちろん、言語問題の非常に有効な対策ができます。

▶解答・解説は別冊62ページ

練習問題 語句の意味

目標時間 10分 / 29問

問題 下線部の言葉と、意味が最も合致するものを1つ選びなさい。

45 気にしてこだわること

○ A 拘泥 　○ B 拘束 　○ C 熟慮
○ D 悔悟 　○ E 耽溺（たんでき）

46 決断をためらってぐずぐずすること

○ A 不断 　○ B 遅延 　○ C 逡巡（しゅんじゅん）
○ D 果敢 　○ E 悠然

47 初めから続けてその組織に属していること

○ A 古参 　○ B 古株 　○ C 子飼い
○ D えり抜き 　○ E 生え抜き

48 扱い方がぞんざいなこと。丁寧でないこと

○ A 粗悪 　○ B 粗漏 　○ C 粗製
○ D 粗野 　○ E 粗略

49 ためらわずに思い切ってするさま

○ A 果断 　○ B 愚直 　○ C 短慮
○ D 無謀 　○ E 勇猛

➡次ページに続く 179

50 文章に無駄が多くしまりのないさま

○ A　冗漫　　　　○ B　散漫　　　　○ C　蛇足
○ D　漫然　　　　○ E　放漫

51 大目に見ること

○ A　ひいき　　　○ B　目こぼし　　○ C　甘やかし
○ D　大雑把　　　○ E　知らん顔

52 他人の批判に批判で言い返すこと

○ A　反駁(ばく)　　○ B　弁駁(ばく)　　○ C　応戦
○ D　反目　　　　○ E　逆(さか)ねじ

53 ある物をしきりに欲しがること

○ A　嘱望　　　　○ B　宿願　　　　○ C　待望
○ D　垂涎(ぜん)　　○ E　貪欲(どん)

54 思わず涙がこぼれた

○ A　おざなりの　　○ B　怪訝な　　　○ C　不測の
○ D　不覚の　　　○ E　不慮の

55 心で見積もりを立てること

○ A　算段　　　　○ B　胸算用　　　○ C　推定
○ D　皮算用　　　○ E　目論見

56 すべきことをわざと怠けてしないこと

○ A　横柄　　　　○ B　横着　　　　○ C　専横
○ D　無為　　　　○ E　杜撰(ずさん)

57 たびたびで嫌になること

○ A　飽食　　　　○ B　食傷　　　　○ C　蚕食
○ D　過食　　　　○ E　徒食

58 そうなることが避けられないこと

○ A　必須　　　　○ B　必中　　　　○ C　必至
○ D　逼迫　　　　○ E　必死

59 なりふりかまわず懸命に事にあたっている様子

○ A　けなげ　　　○ B　ひたむき　　○ C　やみくも
○ D　おおわらわ　○ E　てんてこまい

60 ある物事を行うのに役に立つ

○ A　与(あずか)る　○ B　供する　　　○ C　充てる
○ D　支える　　　○ E　資する

61 勝つ見込みはかなり大きい

○ A　目算　　　　○ B　概算　　　　○ C　試算
○ D　打算　　　　○ E　公算

➡次ページに続く

62 祝福、祝賀の言葉を述べる

- ○ A　あげつらう
- ○ B　かしずく
- ○ C　ことほぐ
- ○ D　たまわる
- ○ E　もうしあげる

63 物がゆらゆら揺れる

- ○ A　そよぐ
- ○ B　はためく
- ○ C　たゆたう
- ○ D　ぶれる
- ○ E　ふるえる

64 いかにも利口そうなさま

- ○ A　物知り顔
- ○ B　さかしげ
- ○ C　利発
- ○ D　小利口
- ○ E　半可通

65 包み隠さないさま

- ○ A　暴露
- ○ B　露呈
- ○ C　あけすけ
- ○ D　あか抜け
- ○ E　つつ抜け

66 どうにもならないことを残念がる

- ○ A　気に病む
- ○ B　臍をかむ
- ○ C　胸を痛める
- ○ D　手をこまねく
- ○ E　頭をたれる

67 細かなところまではっきりしているさま

- ○ A　明らか
- ○ B　細やか
- ○ C　際やか
- ○ D　あざやか
- ○ E　つまびらか

68 心がいやしい

- ○ A　あくどい
- ○ B　すげない
- ○ C　はかばかしい
- ○ D　さもしい
- ○ E　かいがいしい

69 必ずしも間違いとは言えない

- ○ A　あまつさえ
- ○ B　あながち
- ○ C　いみじくも
- ○ D　さしずめ
- ○ E　はなはだ

70 そのことだけにかかわって、他をおろそかにする

- ○ A　ひたる
- ○ B　かまける
- ○ C　かかりきる
- ○ D　いそしむ
- ○ E　なおざりにする

71 照れくさく気恥ずかしく感じる

- ○ A　はがゆい
- ○ B　おもはゆい
- ○ C　もどかしい
- ○ D　後ろめたい
- ○ E　ふがいない

72 関心が向くようにそれとなく誘う

- ○ A　水をさす
- ○ B　水を向ける
- ○ C　打診する
- ○ D　手を回す
- ○ E　呼び水になる

73 そうするより仕方ない事情

- ○ A　忌憚ない
- ○ B　如才ない
- ○ C　抜き差しならない
- ○ D　滅相もない
- ○ E　拠ん所ない

記号：⇔対義語 ＝同義語

※不許複製・禁無断転載（オフィス海調べ）

▼ 右欄の意味をもつ語句を ☐ に入れなさい		解答
☐ のある人	物事を正しく判断する力	☐ 識見
勝って ☐ を下げる	胸のつかえ。「☐ を下げる」で気を晴らす	☐ 溜飲
2人の証言が ☐ する	２つ以上の事柄が照合・対応すること	☐ 符合
☐ の目を向ける	何か裏があるのではないかと疑うこと	☐ 猜疑
☐ をなめる	辛いこと、苦しいこと	☐ 辛酸
業界の裏側で ☐ する	人に知られないように策動すること	☐ 暗躍
博覧 ☐ に驚かされる	記憶力が優れていること	☐ 強記
派閥の ☐	ある集団の長となる指導者	☐ 領袖
☐ の的	ある物をしきりに欲しがること	☐ 垂涎
☐ に値する人物	目をこすってよく見ること	☐ 刮目
☐ な計画は失敗する	いい加減で大ざっぱなさま	☐ 粗雑
☐ の評論家	意気込みが鋭いこと	☐ 気鋭
悪い噂が ☐ する	世に広まること。広く知れ渡ること	☐ 流布
師から ☐ される⇔酷評	大いにほめること	☐ 激賞
師として ☐ する	心から尊敬して従うこと	☐ 心服
☐ して説明する	意味・趣旨をおし広げて説明すること	☐ 敷衍
☐ の精神⇔墨守	自ら進んでことをなすこと	☐ 進取
☐ を述べる	優れた意見	☐ 卓見
法案の作成に ☐ する	企ての仲間に入ること	☐ 参画
☐ な記録をつける	細部まで念を入れて手落ちのないこと	☐ 克明
二党が ☐ を削る	「☐ を削る」で「激しく争う」	☐ 鎬
☐ 協議をする	人々が集まって額を寄せ合い相談すること	☐ 鳩首
社会の ☐	世の人を教え導く人。指導者	☐ 木鐸
☐ にこだわる男	こまごましたこと。つまらないこと	☐ 細事
☐ にかられる	不正なことにいきどおること	☐ 義憤
☐ を打ち破る	古くから伝えられている風習	☐ 因習
寛仁 ☐	度量の大きいこと。寛仁は「寛大で慈悲深い」	☐ 大度
☐ に否定する	言い終わった直後	☐ 言下

戯曲の □ を話す	あらすじ	☐ 梗概
□ を極めた細工	極めて細かいこと。たいへん綿密なこと	☐ 精緻
□ に書き記す＝詳細	くわしく細かいこと	☐ 精細
悪鬼が □ する	悪人などがのさばること。はねまわること	☐ 跳梁
契約を □ する	約束されたことなどを実際に行うこと	☐ 履行
□ としていられない	安らかで静かなさま	☐ 安閑
漱石に □ する	ひそかに尊敬し、師と仰ぐこと	☐ 私淑
□ な趣味をもつ⇔低俗	学問・言行などの程度が高く上品なこと	☐ 高尚
士気を □ する	励まして奮い立たせること	☐ 鼓舞
□ な受け答え	気がきいていること。「当意 □ 」	☐ 即妙
□ な理想を抱く	気高く尊いさま	☐ 崇高
官庁に □ する	役所などに勤めること。官職につくこと	☐ 出仕
□ 心をあおる	偶然の利益や成功を当てにすること	☐ 射幸
汚職が □ している	好ましくないことがはびこること	☐ 蔓延
新社屋が □ する	工事が完了して建築物などができあがること	☐ 落成
□ ににおわせる	言葉に出さない部分	☐ 言外
□ した状態	固まって動かないこと	☐ 膠着
□ をとる	後で証拠となる言葉	☐ 言質
□ に供する	広く一般の人が見ること	☐ 博覧
実現しようと □ する	考えて実行すること	☐ 画策
□ に答える	礼儀正しいこと	☐ 慇懃
□ を確認する	細かい点まで詳しくはっきりしていること	☐ 明細
□ の士	物事の本質を見抜く、優れた眼力	☐ 慧眼
自らの言動を □ する	自身を反省して考えること	☐ 省察
□ をもらす	なげいて、ため息をつくこと	☐ 嘆息
照明に □ を凝らす	工夫をめぐらすこと	☐ 意匠
時代の風潮に □ する	相手に調子を合わせること。こびを売ること	☐ 迎合
条件を □ した立地	十分に備えていること	☐ 具備
師の教えを □ する	心に刻み込むこと	☐ 銘記
□ の思いで手放す	非常に辛いこと	☐ 断腸
神話に □ して語る	他の物事を借りて言い表す。かこつける	☐ 仮託
海外に □ する⇔雌伏	勢い盛んに活動すること	☐ 雄飛
□ 前で忙しい	月の最後の日	☐ 晦日
相手に □ する	相手の事情や心情などをくみとること	☐ 斟酌
真意を □ する	相手の心中をおしはかること	☐ 忖度

世界の平和を ☐ する	心から願うこと。強く希望すること	☐ 庶幾
勢力が ☐ する	力がほぼ等しくて優劣のないこと	☐ 拮抗
☐ な衣装	思いも寄らないほど風変わりであること	☐ 奇抜
部下を ☐ する	監督し励ますこと。指図して元気づけること	☐ 督励
☐ とした態度	俗事にこだわらず、ゆうゆうとしているさま	☐ 超然
☐ な工事	いい加減。手抜き。おざなり	☐ 杜撰
☐ の境地	十分に熟達して豊かな内容をもつ	☐ 円熟
☐ した文章	経験を積んで、円熟すること	☐ 老成
☐ を弄する	道理に合わないこじつけの弁論	☐ 詭弁
けだし ☐ といえよう	的を射た言葉。本質を突いた言葉	☐ 至言
☐ 対処する	その場の状況に合っていること	☐ 適宜
☐ な言い方ですが	さしでがましいこと。出過ぎたこと	☐ 僭越
君の ☐ に任せる	本人の考えで判断、処理すること	☐ 裁量
戦う ☐ を示す	困難に負けない強い気性・意志	☐ 気概
意見が ☐ された	問題にしないこと。一笑に付すこと	☐ 笑殺
☐ な出来事＝希代	めったにないこと	☐ 希有
人格を ☐ する	性質や能力を円満に鍛え育てること	☐ 陶冶
☐ する間に機会を逃す	決断できずにぐずぐずすること	☐ 逡巡
景気回復の ☐ である	証拠。あかし	☐ 証左
☐ に振る舞う	気持ちがしっかりしていること	☐ 気丈
☐ 政権を取るだろう	いずれ。遅かれ早かれ。近い将来	☐ 早晩
座敷に ☐ を呼ぶ	太鼓持ち。客の機嫌をとる男	☐ 幇間
☐ する＝精通、通暁	たいへんよく知っていること	☐ 暁通
☐ な手段	その場しのぎの間に合わせ	☐ 姑息
☐ と仕事に励む	こつこつと励むさま。せっせと働く様子	☐ 営営
名利に ☐ な人物	欲がなくあっさりしているさま	☐ 恬淡
自由 ☐ な社風	度量が広く小事にこだわらないさま	☐ 闊達
反例をあげて ☐ する	相手の説の誤りを指摘して論じ返すこと	☐ 論駁
☐ した技術	他よりはるかに優れていること	☐ 卓越
徳性の ☐ を図る	水がしみこむように徐々に教え養うこと	☐ 涵養
文化が東へと ☐ する	伝わり広まること	☐ 伝播
☐ と星が輝く	光り輝くさま	☐ 煌煌
情報元を ☐ する	秘密にして隠しておくこと	☐ 秘匿
☐ にふける	必要な程度や身分を越えたぜいたく	☐ 奢侈
☐ にすぎない	必要のない事をあれこれ心配すること	☐ 杞憂

□と意見を述べる	次から次へとよどみなく話すさま	滔滔（とうとう）
□と続く山並み	うねうねと長く続くさま	蜿蜒（えんえん）
意思の□を図る	意思や考えが支障なく相手に通じること	疎通（そつう）
思うところを□する	考え、信念をそのまま遠慮せず言うこと	直言（ちょくげん）
社長に□する＝具申	上位の者に意見を申し述べること	進言（しんげん）
文章を□する	内容をよく考えて十分に理解し味わうこと	咀嚼（そしゃく）
□とした事実＝歴歴	はっきりとして明白なさま	歴然（れきぜん）
□の意を表する	つつしんで命令などに従うこと	恭順（きょうじゅん）
計画の□	事柄の根本。おおもと。大づかみの内容	大綱（たいこう）
事業が□する	物事がうまくいかず、しくじること。失敗	蹉跌（さてつ）
収穫量の□＝漸減	数量が次第に減ること、減らすこと	逓減（ていげん）
□作家	学問や芸術などに優れた女性	閨秀（けいしゅう）
□を突く＝意外	まったく考えてもいないこと	意表（いひょう）
□が生じる＝不和	仲が悪くなること	軋轢（あつれき）
□をねぎらう	苦労・努力。ほねおり	労（ろう）
□を脚注に示す	よりどころとなる文献。引用した資料	典拠（てんきょ）
国の□にいる＝枢要	物事の中心となる重要な部分	枢軸（すうじく）
美術界の□＝大家	その道で最も権威のある人	泰斗（たいと）
兄に□する＝匹敵	同等のものとして並ぶこと。伍すること	比肩（ひけん）
創作に□する＝没頭	集中して取り組むこと	傾注（けいちゅう）
□事項	問題になっていながら未解決なこと	懸案（けんあん）
□政策	対立する相手をゆるし、仲よくすること	宥和（ゆうわ）
敵から□する	逃げ出すこと	遁走（とんそう）
人の話を□に聴く	先入観を持たない、すなおな態度	虚心（きょしん）
□を制する⇔辺境	天下の中央。中心の地	中原（ちゅうげん）
定理から□する⇔帰納	一般論から、個別のものを推論、説明すること	演繹（えんえき）
□を得る	力を認められて厚く待遇されること	知遇（ちぐう）
発言が□を買った	思わず笑ってしまうこと	失笑（しっしょう）
□の権威	この分野。この専門の方面	斯界（しかい）
小説を□する	夢中になって読むこと。読みふけること	耽読（たんどく）
計画を□と進める	物事が予定通り順調に進むさま	着着（ちゃくちゃく）
事の□を述べる	物事のくわしい事情	子細（しさい）
□の事情により	これら。この辺。このたび	這般（しゃはん）
話が□に入る	面白くなったところ	佳境（かきょう）
□を通ずる	連絡。気持ちのつながり	気脈（きみゃく）

部下を □ させるな	次第につけあがって高慢になること	□ 増長
東西貿易の □	のど。転じて、重要な通路	□ 咽喉
昨年を □ する＝回顧	過去をふりかえってみること	□ 回視
□ できない大問題	見逃すこと。見過ごすこと	□ 看過
悪巧みを □ する	真相などを見破ること。見抜くこと	□ 看破
相手の意向を □ する	相手の反応を見るために事前に伝えること	□ 打診
民主主義を □ する	主義・主張などを公然と表すこと	□ 標榜
異民族を □ する	受け入れられないとしてしりぞけること	□ 排斥
公私を □ する	厳しく区別すること	□ 峻別
手柄を □ する	言いふらすこと。言い広めること	□ 吹聴
□ にして存じません	見聞が狭くて知識をもたないこと	□ 寡聞
人間辛抱が □ だ	非常に大事なこと	□ 肝要
文明の □	勢いが衰えたり盛んになったりすること	□ 消長
□ ない出来映え	見劣り。「 □ ない」で「見劣りしない」	□ 遜色
□ な例を挙げる	身近でありふれていること	□ 卑近
人気取りに □ する	事を成し遂げようと心をくだくこと。苦心	□ 腐心
武器を □ に調達する	こっそり。うちわ。内密	□ 内内
□ の情を抱く	かわいそうに思うこと	□ 憐憫
歌舞伎に □ が深い	その分野についての深い知識や優れた技量	□ 造詣
あまりの暑さに □ する	手に負えなくて困ること	□ 閉口
部下の失敗を □ にみる	きびしくとがめず、寛大にすること	□ 大目
□ 増加する	だんだん。次第に。「漸」は「次第に」	□ 漸次
□ 的な改革⇔急進	だんだん、少しずつ進むこと	□ 漸進
オリンピックを □ する	招き寄せること	□ 招致
□ かまわずに	こまかく詳しいこと。物事の詳しい事情	□ 委細
□ を養う＝活力	何かをしようとする元気。優れた才気	□ 英気
□ の人	人家が集まっている所。ちまた	□ 市井
本心を □ する	気持ちなどを隠さずすべて打ち明けること	□ 披瀝
正体が □ する	隠れていた事が表に出ること	□ 露呈
□ を正す	誤った意見、考え。「謬」は「あやまり」	□ 謬見
□ の出来映え	他より目立って優れていること	□ 出色
□ を放つ	普通とは異なっていて目立つ様子	□ 異彩
両者の案を □ する	それぞれのよい所をとって一つに合わせること	□ 折衷
金を □ する＝山分け	二等分にすること。半分に分けること	□ 折半
遺族の心中を □ する	思いやりを持って心配すること	□ 推察

パンデミックを □ する	前もって見通すこと	☐ 予見（よけん）
□ の念をもつ	かしこまりうやまうこと	☐ 畏敬（いけい）
□ を積む	学問などを深く究めること	☐ 研鑽（けんさん）
解散は □ である	そうなることが避けられないこと	☐ 必至（ひっし）
上役の □ にふれる	目上の人の怒り	☐ 逆鱗（げきりん）
□ した情勢	きびしくさしせまること	☐ 緊迫（きんぱく）
□ に恵まれる＝幸甚	思いがけない幸運。偶然に得る幸い	☐ 僥倖（ぎょうこう）
□ を切り開く	狭くて通行の困難な道。妨げとなる問題	☐ 隘路（あいろ）
□ を開く	うれいを含んだまゆ。心配そうな顔つき	☐ 愁眉（しゅうび）
□ の急	眉が焦げるほどの火の接近。切迫した危険	☐ 焦眉（しょうび）
部下を □ する	ちらっと見ること	☐ 一瞥（いちべつ）
師の □ を受ける	人徳で人を感化してよい方に導くこと	☐ 薫陶（くんとう）
ご □ にどうぞ＝任意	制限を受けず自分の思うままであること	☐ 随意（ずいい）
□ 的な解釈	自分の思うまま。自分勝手な考え	☐ 恣意（しい）
家庭の □ を逃れる	手かせ足かせ。自由を束縛するもの	☐ 桎梏（しっこく）
軽妙 □ な文章	俗気がなくさっぱりしていること	☐ 洒脱（しゃだつ）
意見が □ される	同質、同等にまとまること。縮むこと	☐ 収斂（しゅうれん）
運河を □ する	海底・河床などの土砂を掘削すること	☐ 浚渫（しゅんせつ）
□ の事情により	さまざまな事柄	☐ 諸般（しょはん）
□ な振る舞い	軽はずみでそそっかしいこと	☐ 粗忽（そこつ）
□ が生じる	事柄がくいちがって合わないこと	☐ 齟齬（そご）
方針について □ する	話し合って物事を明らかにすること	☐ 詮議（せんぎ）
失敗を □ する	一時しのぎにごまかして取り繕うこと	☐ 糊塗（こと）
官庁に □ する	公の職務につくこと	☐ 奉職（ほうしょく）
敵対勢力を □ する	うまく手なずけてこちらに従わせること	☐ 懐柔（かいじゅう）
甘い言葉で □ する	まるめこんで思い通りにあやつること	☐ 籠絡（ろうらく）
御無事で何より □	（良い事が）重なること。大変喜ばしいこと	☐ 重畳（ちょうじょう）
解決の □ を開く	いとぐち。手がかり	☐ 端緒（たんしょ）
先例に □ する	よりどころとすること	☐ 依拠（いきょ）
計画が □ する	進行が急にくじけること。「頓」は「急に」	☐ 頓挫（とんざ）
□ な形相におびえる	性質や姿が凶悪で荒々しいこと	☐ 獰悪（どうあく）
□ を立てる	言動・性格が円満でないこと	☐ 角（かど）

3 複数の意味

● 下線部の語句が同じ意味で用いられている文を選ぶ問題。

下線部の意味を見極める

●明確な意味で言い換えてみる

設問よりも、意味のはっきりした表現で言い換える。

例 題　よくでる

下線部の語が最も近い意味で使われているものを１つ選びなさい。

❶ 期限を<u>きる</u>必要がある

- ○ A　ワインの封を<u>きる</u>
- ○ B　野菜の水気を<u>きる</u>
- ○ C　電話を<u>きる</u>
- ○ D　肩で風を<u>きる</u>
- ○ E　参加人数を100名で<u>きる</u>

❷ 自転車<u>で</u>通勤する

- ○ A　あと１時間<u>で</u>到着する
- ○ B　教室<u>で</u>本を読む
- ○ C　薬<u>で</u>腹痛がおさまる
- ○ D　電車の遅延<u>で</u>遅刻する
- ○ E　役員会<u>で</u>検討中だ

意味をはっきり表す言い換え表現を探す

意味のあいまいな言葉で言い換えると、間違えることがあるので注意。

❶ 期限をきる→期限を限定する

「期限をきる」の「きる」は、「限定する」「区切る」などに言い換えることができる。これを選択肢に当てはめていき、【意味】が通れば正解。

A ワインの封をきる→封を限定する× 【封を開ける】
B 野菜の水気をきる→水気を限定する× 【水気を取り去る】
C 電話をきる→電話を限定する× 【電話を切断する・やめる】
D 肩で風をきる→風を限定する×【肩をそびやかして得意げに歩く】
E 参加人数を100名できる→ 100名で限定する・区切る○（意味が通る）

「期限をきる」はそこで終わることなので、「終わらせる」「やめる」などと考えると正解に到らない。下線のみを言い換える言葉にすることが大切。

正解 E

❷ 自転車で→自転車という手段で

「自転車で通勤する」の「で」は、「～という手段（道具）で」と言い換えることができる。これを選択肢に当てはめていき、【意味】が通れば正解。

A あと1時間で到着する → 1時間という手段で× 【1時間以内で】
B 教室で本を読む→ 教室という手段で× 【教室という場所で】
C 薬で腹痛がおさまる→ 薬という手段（道具）で○（意味が通る）
D 電車の遅延で遅刻する→ 遅延という手段で× 【遅延が原因で】
E 役員会で検討中だ→ 役員会という手段で× 【役員会という主体が】

「～によって」という言い換えもできるが、このようなあいまいな言葉ではC（薬によって）にもD（遅延によって）にも当てはまる。はっきり区別ができるよう、意味の明確な語句に言い換えることが大切だ。

正解 C

▶解答・解説は別冊64ページ

 練習問題 複数の意味

目標時間 10分 / 38問

問題 下線部の語が最も近い意味で使われているものを1つ選びなさい。

74 見てきたところを述べる

- ○ A 今着いたところです
- ○ B 信じるところを貫く
- ○ C よいところを伸ばす
- ○ D ところを得る
- ○ E 今のところ大丈夫です

75 どうしたわけか一人も来ない

- ○ A わけのわからない理屈
- ○ B 弁解するわけではない
- ○ C わけなくできた
- ○ D わけのありそうな二人
- ○ E 遅刻したわけを言う

76 仕事にはばをもたせる

- ○ A はばのある声
- ○ B 道のはばを測る
- ○ C 世間にはばをきかせる
- ○ D 人間にはばができる
- ○ E 値上げはばが大きい

77 仕事の山が見える

- ○ A 山が当たる
- ○ B 山を越す
- ○ C 山がそびえる
- ○ D 山が招く
- ○ E 借金の山

78 先を争う

- ○ A 二軒先の建物
- ○ B 一寸先も見えない
- ○ C 玄関先に置いた
- ○ D 行き着く先が見えない
- ○ E 先に立って働く

79 頭数をそろえる

- ○ A 父は頭が古い
- ○ B 頭からはねつける
- ○ C 釘の頭をたたく
- ○ D 頭割りにしよう
- ○ E 頭打ちになる

80 天地無用のラベル

- ○ A　天井を見上げる
- ○ B　天災に見舞われる
- ○ C　天下に名だたる剣豪
- ○ D　天国にいる母に贈る
- ○ E　天寿をまっとうする

81 道を説く

- ○ A　道をつける
- ○ B　我が道を行く
- ○ C　人の道にはずれる
- ○ D　道を急ぐ
- ○ E　その道の専門家

82 ただ食べてばかりだ

- ○ A　ただでは済まない
- ○ B　ただの紙切れだ
- ○ C　ただ一度のチャンスだ
- ○ D　ただ気になる点がある
- ○ E　ただ時間だけが過ぎる

83 人の上に立つ

- ○ A　すぐに席を立つ
- ○ B　人の役に立つ
- ○ C　矢面に立つ
- ○ D　計画が立つ
- ○ E　面目が立つ

84 箱の中にしまってある

- ○ A　雨の中を歩く
- ○ B　ハムを中にはさむ
- ○ C　心の中はわからない
- ○ D　５人の中に犯人がいる
- ○ E　中をとって５０円にする

85 お目が高い

- ○ A　不合格の憂き目を見る
- ○ B　温かい目で見守る
- ○ C　時代の変わり目
- ○ D　絵画を見る目がある
- ○ E　目が悪いので見えない

86 大臣の椅子をおりる

- ○ A　舞台の幕がおりる
- ○ B　ドラマの主役をおりる
- ○ C　飛行機からおりる
- ○ D　急いで階段をおりる
- ○ E　保健所の許可がおりる

87 指揮官としての任にあたる

- ○ A　友人につらくあたる
- ○ B　元の原稿にあたる
- ○ C　事件の捜査にあたる
- ○ D　宝くじにあたる
- ○ E　南風にあたる

➡次ページに続く　193

88 ウイルスの侵入を<u>許す</u>

- ○ A 一時帰宅を<u>許す</u>
- ○ B 過ちを<u>許す</u>
- ○ C 予算の<u>許す</u>範囲
- ○ D 気を<u>許す</u>べきではない
- ○ E 最終回に逆転を<u>許す</u>

89 <u>本</u>部に連絡をとる

- ○ A 基<u>本</u>に忠実であれ
- ○ B <u>本</u>名を名乗る
- ○ C <u>本</u>人に確かめる
- ○ D <u>本</u>流から分かれる
- ○ E <u>本</u>懐をとげる

90 勇気が<u>わく</u>

- ○ A 湯が<u>わく</u>
- ○ B 麹が<u>わく</u>
- ○ C 議論が<u>わく</u>
- ○ D 非難が<u>わく</u>
- ○ E 場内が<u>わく</u>

91 行方不明者の消息を<u>寄せる</u>

- ○ A 知人の家に身を<u>寄せる</u>
- ○ B 故郷に思いを<u>寄せる</u>
- ○ C 額にしわを<u>寄せる</u>
- ○ D 耳に口を<u>寄せる</u>
- ○ E 新聞社に原稿を<u>寄せる</u>

92 母に手紙を<u>出す</u>

- ○ A 顔に喜びを<u>出す</u>
- ○ B 真相を明るみに<u>出す</u>
- ○ C 先方に使いを<u>出す</u>
- ○ D 火事を<u>出す</u>
- ○ E ポケットから鍵を<u>出す</u>

93 例外を<u>認める</u>

- ○ A 弟子の才能を<u>認める</u>
- ○ B 犯行を<u>認める</u>
- ○ C 島の上に人影を<u>認める</u>
- ○ D 入学を<u>認める</u>
- ○ E 自分の失敗を<u>認める</u>

94 生涯を独身で<u>通す</u>

- ○ A 一周を歩き<u>通す</u>
- ○ B 先方に話を<u>通す</u>
- ○ C 客を応接室に<u>通す</u>
- ○ D 予算案を<u>通す</u>
- ○ E 歩行者のみを<u>通す</u>

95 思っていたよりも安く<u>あがる</u>

- ○ A 物の値段が<u>あがる</u>
- ○ B ご相談に<u>あがる</u>
- ○ C 雨が<u>あがる</u>
- ○ D 成果が<u>あがる</u>
- ○ E 客席から歓声が<u>あがる</u>

96 牧場に柵を<u>まわす</u>

- A 蛇口を<u>まわす</u>
- B 人員を<u>まわす</u>
- C 連絡を<u>まわす</u>
- D 裏から手を<u>まわす</u>
- E 二重にリボンを<u>まわす</u>

97 頭角を<u>あらわす</u>

- A 哀悼の意を<u>あらわす</u>
- B 司会者が姿を<u>あらわす</u>
- C 感情を言葉で<u>あらわす</u>
- D 歴史の本を<u>あらわす</u>
- E 功績を世に<u>あらわす</u>

98 彼のような人を名人と<u>いう</u>

- A 幼名を麟太郎と<u>いう</u>
- B 何十万と<u>いう</u>人が住む
- C 昔は陸地だったと<u>いう</u>
- D 目は口ほどに物を<u>いう</u>
- E 特技と<u>いう</u>ほどではない

99 映像を電波に<u>のせる</u>

- A 名を名簿に<u>のせる</u>
- B 一万の大台に<u>のせる</u>
- C 彼女を口車に<u>のせる</u>
- D 足をブレーキに<u>のせる</u>
- E 販売ルートに<u>のせる</u>

100 果報は寝<u>て</u>待<u>て</u>

- A 受付に渡し<u>て</u>帰る
- B 紙に書い<u>て</u>覚える
- C 頭が痛く<u>て</u>休む
- D 安く<u>て</u>おいしい
- E 見<u>て</u>見ぬ振りをする

101 みんなも行く<u>そうだ</u>

- A 雪が降り<u>そうだ</u>
- B この映画は面白<u>そうだ</u>
- C 彼女は悲し<u>そうだ</u>
- D 午後は雨になる<u>そうだ</u>
- E 赤字になり<u>そうだ</u>

102 台風<u>に</u>苦しむ

- A 酒<u>に</u>酔う
- B 後輩<u>に</u>頼られる
- C 実験は失敗<u>に</u>終わった
- D 週<u>に</u>1回は出張がある
- E ほうび<u>に</u>百円もらった

103 客席は満員<u>と</u>なった

- A おかしな話だ<u>と</u>思う
- B 東京での開催<u>と</u>決まる
- C 子供<u>と</u>遊園地に行く
- D 彼<u>と</u>年齢がいっしょだ
- E 昔<u>と</u>変わらない町並み

➡次ページに続く **195**

2章

複数の意味

104 学生時代のことが思い出さ<u>れる</u>

- ○ A　ビルが倒<u>れる</u>
- ○ B　吉報が待た<u>れる</u>
- ○ C　先生が話さ<u>れる</u>
- ○ D　子供にも登<u>れる</u>
- ○ E　台風におそわ<u>れる</u>

105 失敗を重ね<u>つつ</u>成長してゆく

- ○ A　体に悪いと知り<u>つつ</u>やめられない
- ○ B　業績は年初から好転し<u>つつ</u>ある
- ○ C　テレビを見<u>つつ</u>掃除機をかける
- ○ D　何度も確認し<u>つつ</u>書類に記入する
- ○ E　厚かましいと思い<u>つつ</u>泊めてもらう

106 不注意<u>から</u>失敗してしまった

- ○ A　今日は昼<u>から</u>雨が降るそうだ
- ○ B　太陽光<u>から</u>電気を作り出す
- ○ C　無鉄砲<u>から</u>間違いをしでかす
- ○ D　母<u>から</u>知らせが来た
- ○ E　入り口<u>から</u>お入りください

107 美容に<u>さえ</u>効果がある飲み物

- ○ A　水<u>さえ</u>あればなあ
- ○ B　今朝のこと<u>さえ</u>忘れた
- ○ C　雪<u>さえ</u>降ってきた
- ○ D　覚悟<u>さえ</u>できていれば大丈夫だ
- ○ E　ひらがな<u>さえ</u>書けない

196

108 一朝<u>こと</u>あるときは、すぐに出動する

- ○ A　あなたのした<u>こと</u>は許せない
- ○ B　彼は<u>こと</u>を好む性格だ
- ○ C　私の言う<u>こと</u>を聞きなさい
- ○ D　<u>こと</u>を成し遂げる
- ○ E　<u>こと</u>の発端は彼の勘違いだった

109 そうと<u>ばかり</u>は言えない

- ○ A　彼は勉強<u>ばかり</u>している
- ○ B　飛び上がらん<u>ばかり</u>に喜んでいた
- ○ C　転んだ<u>ばかり</u>にビリになってしまった
- ○ D　１万円<u>ばかり</u>貸してほしい
- ○ E　父は今出かけた<u>ばかり</u>です

110 部長が来てくれれば<u>なお</u>都合がいい

- ○ A　手術前よりも<u>なお</u>悪くなった
- ○ B　昼<u>なお</u>暗い道を行く
- ○ C　過ぎたるは<u>なお</u>及ばざるが如し
- ○ D　試験まで<u>なお</u>一週間ある
- ○ E　今も<u>なお</u>美しい

111 雨<u>の</u>降る日はバスで通う

- ○ A　泳ぐ<u>の</u>は苦手だ
- ○ B　行く<u>の</u>行かない<u>の</u>ともめる
- ○ C　値段が高い<u>の</u>が難点だ
- ○ D　父<u>の</u>洋服を借りる
- ○ E　兄<u>の</u>育てた野菜です

※不許複製・禁無断転載（オフィス海調べ）

語　句	同じ意味の用例	下線部に共通する意味
☐ 勝利の味	味をしめる	体験して知った感じ・うまみ
☐ 足の便がよい	ストで足がうばわれる	交通機関。移動に使うもの。
☐ 料理の腕が上がる	腕に覚えがある	物事をする能力。技量
☐ 手が足りない	手を貸す	労働力。人手
☐ 顔に泥を塗る	会社の顔をつぶす	社会的な体面。名誉
☐ 口が達者な人	口べた	話す能力。言葉。物言い
☐ 自分の腹にしまう	相手の腹を読む	心。胸の内。気持ち
☐ 身のほど知らず	身に余る光栄	身分。地位
☐ 空寝をする	空とぼける	偽りの。ふりをする
☐ 時の流れに乗る	時を見る目がある	時勢。成り行き
☐ 季節の変わりめ	紐の結びめ	物の接する箇所
☐ ものともしない	ものの数に入らない	取り立てて言うほどのこと
☐ 人込みのあいだ	雲のあいだから見える	物と物とに挟まれた部分
☐ 人通りが少ない	風の通りが悪い	通行。行ったり来たりすること
☐ 火が中まで通る	組織の末端まで通る	まんべんなくゆきわたる
☐ 電話が通じる	この道は駅に通じる	つながる。結びつく
☐ 英語が通じる	話が通じる	了解される。わかってもらう
☐ 税金をおさめる	会費をおさめる	納める：金や物を納入する
☐ 評判が落ちる	味が落ちる	物事の程度や段階が下がる
☐ 圧力がかかる	迷惑がかかる	働きかけが及ぶ
☐ この薬はきく	ブレーキがきく	効く：効果や働きが現れる
☐ 暗くなってきた	意味がわかってきた	だんだん〜になる
☐ 国交をたつ	消息をたつ	続いていたものを終わらせる

語　句	同じ意味の用例	下線部に共通する意味
☐ 解決につとめる	弁明につとめる	努める：努力する
☐ 洋服の丈がつまる	先頭との差がつまる	幅や間隔などが短くなる
☐ 旅に出る	船が出る	出発する
☐ 大きくて場所をとる	難しくて手間をとる	場所や時間などを必要とする
☐ 疲れがとれる	成長して角がとれる	好ましくない状態が消え去る
☐ 違う議題に流れる	他店へ客が流れる	本来の経路などからそれる
☐ のぞむところだ	合格をのぞむ	望む：願う。欲する
☐ 爪を長くのばす	ヘチマがつるをのばす	伸ばす：長くなる
☐ 珍品が手に入る	耳に入る／目に入る	外から内にやって来る
☐ 解決をはかる	便宜をはかる	図る：うまく処理する
☐ 感情に走る	極端に走る／悪に走る	ある方向に強く傾く
☐ 分母をはらう	垣根をはらう	取り去る。取り除く
☐ 後ろに控える	舞台の袖に控える	すぐ近くの場所で待機する
☐ 目をあける	封をあける／鍵をあける	開ける：閉じていたものを開く
☐ 意地をはる	欲をはる	強く主張する
☐ みるまで信じない	じっと手をみる	見る：実際に目で見る
☐ 重大な意義をもつ	手に職をもつ	含む。備える
☐ 危ない手つき	足下が危ない	不安定である
☐ 彼は頭がよい	腕がよい医者	質や能力が優れている
☐ 別れがつらい	日本語ができる	気持ち・能力などの対象を示す
☐ 電話なり手紙なり	何なりと言いなさい	何かから選ばせる意味を表す
☐ 過去は問うまい	失敗は繰り返すまい	打ち消し・否定の意志を表す
☐ 品物を棚にあげる	海から網をあげる	低い所から高い所にもっていく
☐ 飛ぶように逃げる	夏のように暑い日	同じような、似た状態を示す
☐ 今日は穏やかだ	彼はとても立派だ	その状態にあることを示す
☐ 病気で休みます	受験の準備で忙しい	〜という理由によって
☐ 暇なことでしょう	彼女は来るだろう	話し手の推量・想像を表す

4 文の並べ替え

● 5つの短文や、文中の5つの文節（連文節）を正しい順番で並べ替える問題。

例題

❶【文の並べ替え】アからオを意味が通るように並べ替えたとき、<u>オの次にくる文</u>を選びなさい。

ア　しかし、寿命と住環境の因果関係をリサーチすることは非常に難しい

イ　これを人間で実験するわけにはいかないが、住環境によって寿命に違いがあるかは興味が持てる問題だ

ウ　住環境のほかにも、食事、気候、職業などは、いずれも寿命や健康状態と深く関係する因子と言えるだろう

エ　木の飼育箱で生活するネズミの方が、プラスチックの飼育箱で生活するネズミよりも生存率が高いという実験結果があるそうだ

オ　寿命と因果関係を持つ因子は無数にあるからだ

　　○ A　ア　　○ B　イ　　○ C　ウ　　○ D　エ　　○ E　　オが最後の文

❷【文節の並べ替え】AからEの語句を[1]から[5]に入れて文の意味が通るようにしたとき、[4]に当てはまるものを選びなさい。

　　画家は[1][2][3][4][5]把握することが大切である。

　　○ A　残したいと願うものだが
　　○ B　その作品を何年、何十年も先まで
　　○ C　未来に引き継いでいきたいものを
　　○ D　昔から変わらずに伝えられてきたものや
　　○ E　そのためには現在必要なものだけでなく

先頭に来る文を見つける

- 「しかし」「そして」「しかも」などの接続語から始まる文は先頭にこない。
- 「これ（この）」「それ（その）」などの指示語がある文は先頭にこない。

言葉の関連性を手がかりにつなげていく

- 言葉の関連性が高いかどうかを手がかりに文・文節をつなげていく。

❶ アは「しかし」、イは「これを」がある。ウは「住環境のほかにも」とあり、その前に住環境の話題があったはず。オは「あるからだ」と前文の理由を述べている。残ったエが先頭にくることがわかる。

エ　〜実験結果があるそうだ

イ　これ（エのネズミの実験）を人間で実験するわけにはいかないが、住環境によって寿命に違いがあるかは興味が持てる問題だ

ア　しかし、寿命と住環境の因果関係をリサーチすることは非常に難しい

オ　寿命と因果関係を持つ因子は無数にあるからだ　←アの難しい理由

最後に残ったウは、オでいう因子の具体例を挙げており、文意が通じる。
上に挙げた順番から、オの次はウ。

正解　C

❷ 文節の並べ替えでは、[　]の前の内容を指し示す指示語が先頭になることもある。まず、最初と最後の[　]に選択肢を当てはめてみて、主語と述語の関係を中心に語句がつながるかどうかで判断していく。

画家は[1]…当てはまりそうなのはBCDだが、Bの「その作品」が「画家の作品」と読み替えられるので、Bに決定。

[5]把握する…当てはまりそうなのは「を」で終わっているCだけ。

画家は[その作品を何年、何十年も先まで][2][3][4][未来に引き継いでいきたいものを]把握することが大切である。

ここまでくれば、[2][3][4]には、順にAEDが入ることは簡単にわかるだろう。従って、BAEDCの順番。

正解　D

▶解答・解説は別冊66ページ

練習問題　文の並べ替え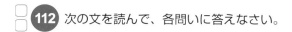

112 次の文を読んで、各問いに答えなさい。

ア　これはある時点を基準にして、過去、現在、未来へとまっすぐ流れていく

イ　一つは、一直線に同じ方向へと流れていく「とき」だ

ウ　繰り返し回って、元に戻ることで永遠を目指す「とき」である

エ　回る時間もある

オ　「とき」には2種類がある

1 アからオを意味が通るように並べ替えたとき、イの次にくる文を選びなさい。

○ A　ア
○ B　ウ
○ C　エ
○ D　オ
○ E　イが最後の文

2 アからオを意味が通るように並べ替えたとき、アの次にくる文を選びなさい。

○ A　イ
○ B　ウ
○ C　エ
○ D　オ
○ E　アが最後の文

113 次の文を読んで、各問いに答えなさい。

ア　外延の大きい方が内包が小さく、逆に、内包の大きい方は外延が小さいというわけである

イ　また、意味の属性を内包という

ウ　このことを外延が大きいといい、外延が大きい「子供」は「息子」を包摂する

エ　「子供」の内包は「若い＋人間」、息子の内包は「若い＋人間＋男」である

オ　「子供」は「息子」に比べて意味する範囲が広い

1　アからオを意味が通るように並べ替えたとき、ウの次にくる文を選びなさい。

○ A　ア
○ B　イ
○ C　エ
○ D　オ
○ E　ウが最後の文

2　アからオを意味が通るように並べ替えたとき、オの次にくる文を選びなさい。

○ A　ア
○ B　イ
○ C　ウ
○ D　エ
○ E　オが最後の文

➡次ページに続く

114 AからEの語句を[1]から[5]に入れて文の意味が通るようにしたとき、[2]に当てはまるものを選びなさい。

馬は[1][2][3][4][5]距離感を測っている。

- ○ A　障害物に当たって返ってきた
- ○ B　自分の出した音が
- ○ C　耳を正面に向けて
- ○ D　跳ね返りを聞いて
- ○ E　障害物を跳び越えるとき

115 AからEの語句を[1]から[5]に入れて文の意味が通るようにしたとき、[4]に当てはまるものを選びなさい。

かつて景観問題といえば[1][2][3][4][5]景観問題も近年は見られるようになった。

- ○ A　間の紛争が多かったが
- ○ B　作品優先の建築家が起こす
- ○ C　利益優先のディベロッパーと
- ○ D　住宅地における原色の外壁など
- ○ E　環境を守ろうとする周辺住民との

116 AからEの語句を[1]から[5]に入れて文の意味が通るようにしたとき、[2]に当てはまるものを選びなさい。

免疫抑制剤が筑波山の土の中にいた[1][2][3][4][5]医薬品開発の伝統的手法である。

- ○ A　微生物から
- ○ B　菌が作り出す
- ○ C　生まれたように
- ○ D　有用物質を探すのは
- ○ E　土中の菌を培養して

117 AからEの語句を[1]から[5]に入れて文の意味が通るようにしたとき、[2]に当てはまるものを選びなさい。

日本の産業で[1][2][3][4][5]なっている。

- ○ A　31種類のレアメタルの一つと
- ○ B　各元素の化学的性質の類似から
- ○ C　17種類の希土類元素からなるが
- ○ D　先端技術を支えるレアアースは
- ○ E　レアメタルとして一括され

118 AからEの語句を[1]から[5]に入れて文の意味が通るようにしたとき、[4]に当てはまるものを選びなさい。

積乱雲の内部では[1][2][3][4][5]瞬間的に大きな放電が起こって雷になる。

- ○ A　電気が生まれるが
- ○ B　上昇気流と下降気流が
- ○ C　猛烈な速さで行きかっており
- ○ D　気流がすれ違うときのあられやひょうの衝突や摩擦で
- ○ E　上下に分極した正と負の電気を中和するため

119 AからEの語句を[1]から[5]に入れて文の意味が通るようにしたとき、[3]に当てはまるものを選びなさい。

絵というものが[1][2][3][4][5]時代の常識である。

- ○ A　画家とは多くの場合
- ○ B　実は共同作業の結果で
- ○ C　絵を作る監督だったことは
- ○ D　絵を描く芸術家であるよりも
- ○ E　画家が工房をもつ職人だった

5 空欄補充

● 設問文の中にある空欄に適切な言葉を入れる問題。

ヒントは周辺の語句にある

● 前後の内容から推察する

空欄の直前、直後にある語句がヒントになることが多い。

● 出題語句を覚える

本書に掲載されている出題語句、言い回しを覚えておこう。

例題 よくでる

❶ 文中の空欄に入る最も適切なものを1つ選びなさい。

　情報は細分化されていればいるほど使いやすい。そのほうが、情報を得るときにも、組み合わせるときにも扱いやすい。結果として情報は ⬜ し、体系的な「知恵」ではなく、分裂した独立の「知識」のみが存在していくことになる。

○ A　共通化　　　　○ B　集合化　　　　○ C　断片化
○ D　統一化　　　　○ E　独立化　　　　○ F　二極化

❷ 文中の空欄に入る最も適切なものを1つ選びなさい。

　人命救助に ⬜ の望みを残す。

○ A　一縷
（いちる）　　○ B　一抹
（いちまつ）　　○ C　一意
○ D　一応　　　　　　○ E　一か八か　　　　○ F　一期
（いちご）

分 で解ける超解法!!

文の内容と適合する選択肢を探す

❶ 文の中に必ずヒントがある。

文全体の流れから、

情報というものは、細分化され、[____]し、体系的な「知恵」ではなく、分裂した独立の「知識」のみが存在していく

という趣旨を読み取ることができる。

つまり、「情報」は、細分化され、→[____]し→分裂した独立の「知識」になっていくのである。ここから[____]には、ばらばらになっていくというニュアンスの「断片化」、「独立化」のいずれかが当てはまることがわかる。

さらに、**体系的な「知恵」**と反対の意味をもつ語句であることを考慮すると、「独立化」よりも「C 断片化」がふさわしいことになる。

> **正解　C**

❷ 出題される慣用句や言い回しを覚える。

一縷：1本の糸のように細いもののことで、「ごくわずか、ひとすじ」のものを表すのに用いられる。多くは「**一縷の望みを残す**」「**一縷の希望をつなぐ**」のように「望み」や「希望」などポジティブな語句とセットで用いられる。

一抹：「わずか」という意味。多くは「**一抹の不安が残る**」のように「不安」や「寂しさ」などネガティブな語句とセットで用いられる。

「一縷の不安」、「一抹の望み」などとは言わない。

一意：一つの考え。また、考えが同じであること。

一応：一度。一回。副詞としては「ひととおり」「念のために」。

一か八か：結果はどうなろうと、運を天に任せてやってみること。のるかそるか。多く「**一か八かやってみよう**」「**一か八かの勝負**」のように用いられる。

一期：生まれてから死ぬまで。一生。

以上より、当てはまるものは、「A 一縷」。

> **正解　A**

▶解答・解説は別冊67ページ

練習問題 空欄補充①

目標時間
5分／5問

問題 文中の空欄に入る最も適切なものを選びなさい。

120 　翻訳される言語の表現力が、受容する言語の表現力を圧倒的に上回っている場合、翻訳は成立しないであろう。受容する言語に 1 語彙がなければ、それを直接、間接に 2 しか手はない。日本語の場合、多くの西洋外来語がそうであった。

	1	2
◯ A	関連する	借用する
◯ B	関連する	翻訳する
◯ C	共通する	借用する
◯ D	共通する	翻訳する
◯ E	対応する	借用する
◯ F	対応する	翻訳する

121 　数値表記で空位を表し示す記号は紀元前から複数の文明で見られるが、 1 としては7世紀のインドの数学者ブラーマグプタが初めてで、「いかなる数にゼロを乗じても結果は常にゼロである。いかなる数にゼロを加減してもその値に変化はない」とし、これがゼロの 2 として広まった。

	1	2
◯ A	演算対象	概念
◯ B	演算対象	記号
◯ C	演算対象	数字
◯ D	四則演算	概念
◯ E	四則演算	記号
◯ F	四則演算	数字

122 熱力学的な状況変数には、体積または質量に比例する「示量性」の変数と、温度や圧力のように体積または質量によらない「示強性」の変数とがある。前者は ☐ 1 ☐ で、同じ量を足し合わせると２倍になるが、後者は同じ ☐ 2 ☐ のぬるま湯を注ぎ足しても熱湯にはならないように非加算的である。

	1	2
○ A	加算的	量
○ B	加算的	温度
○ C	示強的	量
○ D	示強的	温度
○ E	示量的	量
○ F	示量的	温度

123 人類の生活が環境に及ぼす負荷を土地面積で表すエコロジカル・フットプリントは、国別に食料を生産する耕作地、漁業を行う海域、二酸化炭素を吸収する森林地などの面積を足して算出する。食料や資源を ☐ 1 ☐ して消費した場合は、その生産に要した ☐ 2 ☐ も加算する。

	1	2
○ A	輸出	費用
○ B	輸出	面積
○ C	輸出	労働力
○ D	輸入	費用
○ E	輸入	面積
○ F	輸入	労働力

124 読書の巧者にとって一冊の本は単に一冊の本であるにとどまらず、他の本との関係の ☐☐☐ からなるヴァーチャルな読書空間への入り口であり、中継地としての結節点の一つであり、場合によっては終着点となることもある。

○ A	一端	○ B	原点	○ C	網の目
○ D	ベース	○ E	モデル	○ F	ポイント

▶解答・解説は別冊68ページ

練習問題 空欄補充②　⏰ 目標時間 **4**分 / 11問

問題 文中の空欄に入る最も適切なものを選びなさい。

125 会議が 🔲 進まない

- ○ A　延延と
- ○ B　永遠と
- ○ C　ふとして
- ○ D　遅遅として
- ○ E　ようとして

126 彼はこの研究の 🔲 である

- ○ A　草分け
- ○ B　しんがり
- ○ C　筆頭
- ○ D　皮切り
- ○ E　口開け

127 複雑な 🔲 を呈する

- ○ A　活況
- ○ B　様相
- ○ C　様態
- ○ D　形相
- ○ E　苦言

128 すべての責任を 🔲 に担う

- ○ A　双肩
- ○ B　全身
- ○ C　頭上
- ○ D　身上
- ○ E　一端

129 欠点や悪習を 🔲 する

- ○ A　修正
- ○ B　修整
- ○ C　矯正
- ○ D　改正
- ○ E　校正

130 相手方と議論の ☐ をする

○ A 応援　　　　○ B 応対　　　　○ C 応答
○ D 応戦　　　　○ E 応酬

131 万感胸に ☐

○ A つまる　　　○ B 残る　　　　○ C 迫る
○ D 落ちる　　　○ E 刺さる

132 頼まれても ☐ 引き受けることはできない

○ A おめおめと　　○ B そそくさと　　○ C おいそれと
○ D ぬけぬけと　　○ E おのずと

133 昔を思って ☐ にふける

○ A 感　　　　　　○ B 感涙　　　　○ C 感慨
○ D 感性　　　　　○ E 感銘

134 様々な ☐ が流れる

○ A 察し　　　　　○ B 目星　　　　○ C あて
○ D 憶測　　　　　○ E 予測

135 ☐ に投ずる事業を企てる

○ A 時好　　　　　○ B 時節　　　　○ C 時機
○ D 時間　　　　　○ E 時代

6 長文読解

● 先に設問を確認して、問題文の中で必要な部分だけを読むのがコツ。

先に設問を確認しよう

●答えは問題文の中にある！

先に設問を読んでから長文の該当箇所を読むと良い。
また、「選択肢の中に長文に見あたらない表現や内容があれ
ば誤答」と考えて選択肢を絞っていくと早い。「本文の文章
と選択肢を比べていくこと」が正解への近道となる。

例題 よくでる

次の文を読んで、各問いに答えなさい。

1　　ことばはふつう、すべての人間によって話される。だから、ことばを話さない
　人間はいないという事実は、暗黙の了解になっているので、それをいまさらこと
　ばにして言うとおかしい感じがするほどである。そのおかしさは、ことばが空気
　と同様、万人に共有されており、人間であることの　1　条件であって、議論の
5　余地のないものと考えられているところに由来している。もしかりに、ことばの
　話せる能力が特定の数少ない個人に限定されていて、この村でことばの話せるの
　はあれとあれだというふうにでもなっていたとすれば、そのばあいのことばとは、
　従来のことばという語で示される通常の意味でのことばとはちがったものになる
　だろう。そうなれば、ことばを所有する者とそうでない者との差は絶対的となる
10　ため、従来の言語学はもちろん、いっさいの社会科学は根本からやりなおさなけ
　ればならなくなるであろう。たとえば生産手段の所有関係に階級分化の動機を求
　めるマルクス主義は、今見るような形はとり得ない。
　　　2　、抽象的な「ことばする能力」をあらゆる個人に普遍と仮定するにしても、
　その普遍能力の具体的実現としての個別の言語は、特定地域や特定階層にむすび

15 ついているため、決して一様ではない。人間がことばを所有する仕方は、常に社
会的に限定されていることを示したのは、最近の社会言語学の功績の一つである
が、全体として見た言語学は、いまだ生物的に共有されることばというわくの外
に立つことを望んではいない。とりわけチョムスキーは、普遍的なことばする能
力の具現としての文法のありかを、「完全に等質的な言語社会に住む」ところの「理
20 想的に設定された話し手・聞き手」に求めることによって、言語の非社会化のた
めの手続きを完成したのである（『文法理論の諸相』）。

　万人がことばができるという前提は、とりわけ、法律という体系の成立に根拠
を与えている。さらに、この同じ根拠から、単一の法体系が支配する社会におい
ては、単一のことばが求められるようになる。こうして、ことばの単一性はひろ
25 い意味での法が求めるのであるが、それは終局的には、その法を必要とする国家
の求めによって、言語は統一へと操作される。

田中克彦『言語からみた民族と国家』

❶ 空欄　1　に当てはまる最も適切なことばは、次のうちどれか。

○ A　限定　　　　　○ B　全体　　　　　○ C　前提
○ D　派生　　　　　○ E　十分

❷ 空欄　2　に当てはまる接続詞を選びなさい。

○ A　だから　　　　○ B　さらに　　　　○ C　ところが
○ D　つまり　　　　○ E　なぜなら

❸ 下線部の生物的に共有されることばというわくの外にあるものは、次のうち
どれか。

○ A　通常の意味でのことば
○ B　普遍能力の具体的実現としての個別の言語
○ C　全体として見た言語学
○ D　普遍的なことばする能力の具現としての文法
○ E　法律という体系

❹ 下線部「非社会化」の言い換えとして最も適切なものは、次のうちどれか。

○ A　個別化　　　　○ B　理想化　　　　○ C　具体化
○ D　共有化　　　　○ E　法体系化

❺ 本文で述べられていることと合致するものは、次のうちどれか。

ア　言語学は全体として言語能力が限定されたものであることを望まない
イ　チョムスキーは一様ではない言語を、文法によって非社会化した
ウ　法律を必要とする国家は、言語統一を図る

○ A　アだけ　　　　○ B　イだけ　　　　○ C　ウだけ
○ D　アとイ　　　　○ E　アとウ　　　　○ F　イとウ

1分で解ける超解法!!

❶【空欄補充】

空欄に適切な語句を補充する問題は、SPIで頻出。通常は、**空欄の前にある文章を読み取れば解答できる**。この問題では、1〜5行目【ことばはふつう、すべての人間によって話される。だから、ことばを話さない人間はいないという事実は、暗黙の了解になっているので、それをいまさらことばにして言うとおかしい感じがするほどである。そのおかしさは、**ことばが空気と同様、万人に共有されており、人間であることの ◻1 条件**であって、議論の余地のないものと考えられている】から導けばよい。空気のように万人に共有されている条件という意味から、**前提条件**（ある物事［人間であること］が成り立つためのもとになる条件）が最適である。

> **正解** C

❷【接続詞補充】

接続詞を入れる問題は、**接続詞の前と後がどのようなつながりになっているかを読み取ることで解答できる**。

13〜15行目【 ◻2 、抽象的な「ことばする能力」をあらゆる個人に普遍と仮定するにしても、その普遍能力の具体的実現としての<u>個別の言語</u>は、

特定地域や特定階層にむすびついているため、決して一様ではない】とある。【「ことばする能力」をあらゆる個人に普遍と仮定するにしても】は前段の内容（ことばは空気のように万人に共有されている）を言い換えてまとめたもの。それに対して【個別の言語は一様ではない】は、「普遍←→一様でない」という逆接の関係になっているので、「ところが」が正解。

正解　C

❸【文意読み取り】

部分的な語句や文章の内容などを問う問題。下線部の、文中における意味を読み取る。

生物的に共有されることばとは、「通常の意味での普遍的能力」であり、そのわくの外にあるものなので、普遍の対立概念である個別の言語となる。

正解　B

❹【言い換え】

「非社会化」の前後の文から読み取る。以下の**太字部分**がヒントになる。

17〜21行目【**生物的に共有されることばというわくの外に立つことを望んではいない。とりわけチョムスキーは**、普遍的なことばする能力の具現としての文法のありかを、「完全に等質的な言語社会に住む」ところの「理想的に設定された話し手・聞き手」に求めることによって、**言語の非社会化のための手続きを完成したのである**】から、**チョムスキーは生物的に共有されることばというわくの外ではなく、中にいようとした**ことがわかる。従って、「共有化」が最適。

正解　D

❺【本文の内容と合致する選択肢を選ぶ】

文章の主旨、筆者の意見・考えと一致するものを選ぶ頻出問題。一番のポイントは、**文章内に書かれていない内容が含まれる選択肢は誤答**ということにつきる。

ア　言語学は全体として言語能力が限定されたものであることを望まない
イ　チョムスキーは一様ではない言語を、文法によって非社会化した
ウ　法律を必要とする国家は、言語統一を図る

アとイは、非常にもっともらしい文だが、いずれも**本文内に書かれていない内容を含むので誤答**。**ウ**だけが正確に本文と合致する。

正解　C

※長文読解の練習問題は、得点効果がさほど期待できないため割愛させていただきました。

WEB 熟語の成り立ち

熟語の成り立ちとして適する選択肢を選ぶ問題です。SPIのWEBテスティングの頻出問題ですが、複数の受検者から「テストセンターでも出題された」という報告がありました。次表の解法ポイントに注意すれば、確実に得点できます。

選択肢（成り立ち）	熟語の出題例←解説	解法ポイント
似た意味の漢字を重ねる	純粋←ともに「まじりけがない」 露顕←ともに「あらわれる」 貴重←貴いと重い 危険←危ないと険しい	**漢字同士が似たイメージ**ならば、コレ。漢字の意味や訓読みで判断する。
反対の意味の漢字を重ねる	早晩←早いと遅い、早朝と晩 是非←正しいと間違っている 雲泥←天にある雲と地にある泥 多寡←多いと少ない	**漢字同士が反対のイメージ**ならば、コレ。漢字の意味や訓読みで判断する。
主語と述語の関係である	天授←天が授ける 幸甚←幸せが甚だしい 雲散←雲が散る 波及←波が及ぶ	**前の漢字が主語**の役目。**前の漢字から後の漢字へ「～が～する」**と読みかえることができれば、コレ。
動詞の後に目的語をおく	取材←材(料)を取る 徹夜←夜を徹する 着陸←陸に着く 及第←第に及ぶ(試験に受かる)	**前の漢字が動詞**の役目。**後の漢字から前の漢字へ「～を～する」「～に～する」**と読みかえることができれば、コレ。 ※「～に」の出題もある。
前の漢字が後の漢字を修飾する	直轄←直接の管轄 恩師←恩のある師 激賞←激しく賞める 完成←完全に成る	**前の漢字が形容詞、副詞**の役目。**前の漢字が後の漢字を修飾（形容、説明）**していれば、コレ。

3章 英語【ENG】

◎攻略重要度と出題範囲

出題範囲——SPIの英語能力検査ENGには、下のような問題が出ます。出題の
レベルは中学〜高校（大学受験）レベルです。本書では高校レベルの問題を中心
にして、主要な5分野を掲載しています。特に、同意語、反意語、英英辞典は、
単語力がそのまま得点に結びつく分野ですから、必ず本書掲載の単語は覚えてお
くようにします。

・同意語：同じ意味の単語を選ぶ問題

・反意語：反対の意味の単語を選ぶ問題

・英英辞典：英文の説明に近い意味の単語を選ぶ問題

・空欄補充：(　　)内に適切な単語を入れる問題

・整序問題：英単語を並べ替えて正しい文にする問題

・誤文訂正：誤っている個所を指摘する問題

・英訳：日本文の意味を表す英文を選ぶ問題

・長文読解：空欄補充や本文と一致する文の選択問題など、英語の長文読解問題

1 同意語

● 意味が近い語句を選ぶ問題。出題報告があった語句を掲載してある。

例題 よくでる

最初の単語と最も意味が近い語を、AからEまでの中から1つ選びなさい。

● produce

- ○ A consume
- ○ B order
- ○ C proceed
- ○ D create
- ○ E construct

30秒で解ける超解法!!

● produce 生み出す、生産する

A consume（消費する）←反意語

B order（命令する、注文する）

C proceed（続ける、生じる）

D create（創造する、生み出す）←同意語

E construct（組み立てる、建設する） **正解 D**

　身も蓋（ふた）もない言い方だが、英語の語句問題は、英単語の意味さえ知っていればあっという間に解ける。

　逆に、英単語の意味を知らなければいくら考えても解けない。

　出題語句を覚えることが一番の対策になるので、少なくとも本書に挙げられている単語（出題報告があった語句）は、覚えておこう。

▶解答・解説は別冊68ページ

練習問題 **同意語**

問題 最初にあげた各語と最も<u>意味が近い語</u>を、AからEまでの中から1つ選びなさい。

1 comprehend

○ A neglect ○ B understand ○ C approve
○ D arrest ○ E discover

2 earnest

○ A mean ○ B sincere ○ C sacred
○ D virtuous ○ E ethical

3 obvious

○ A independent ○ B numerous ○ C obscene
○ D apparent ○ E uncertain

4 skeptical

○ A evil ○ B seeming ○ C wise
○ D distrustful ○ E cautious

3章
同意語

➡次ページに続く 219

5 painful

- A sorry
- B sore
- C wounded
- D strong
- E delicate

6 preparation

- A safety
- B preference
- C equipment
- D rapidity
- E routine

7 job

- A order
- B calculation
- C instruction
- D occupation
- E occasion

8 circumstance

- A evidence
- B condition
- C complexity
- D purpose
- E structure

9 gather

- A complain
- B restore
- C assemble
- D wrap
- E surrender

10 similarity

- A characteristic
- B difficulty
- C uniform
- D difference
- E likeness

11 pardon

- A forbid
- B excuse
- C accept
- D beg
- E revenge

12 considerate

- A thoughtful
- B rough
- C timid
- D difficult
- E quiet

13 explanation

- A solution
- B conclusion
- C expression
- D translation
- E description

14 costly

- A favorite
- B rude
- C expensive
- D noble
- E faithful

15 ravenous

- A starving
- B dirty
- C specific
- D strict
- E full

16 stalk

- A root
- B leaf
- C stem
- D pistil
- E seed

3章

同意語

2 反意語

● 反対の意味の語句を選ぶ問題。出題報告があった語句を掲載してある。

例 題

最初の単語と反対の意味の語を、AからEまでの中から1つ選びなさい。

● income

- ○ A proceeds
- ○ B expense
- ○ C exit
- ○ D output
- ○ E expectation

30秒で解ける超解法!!

● income　収入、所得

A proceeds（収益）←同意語
B expense（支出、出費）←反意語
C exit（出口）
D output（生産、出力）
E expectation（期待、予想）

正解　B

同意語と同じく、単語の意味さえ知っていればすぐに解ける。時間に追われて、うっかり同意語を選んだりしないこと。

試験場では ▶ 選択肢を削除して絞り込んでもよい

「収入←→支出」、「抽象←→具体」、「原因←→結果」など、明確な反対語が多い。英語で主な反対語のペアを覚えていればいいが、日本語で反対語を考えてから当てはまらない選択肢を削除しても、かなり候補を絞れるだろう。

文明の
反対は、
野蛮…

▶解答・解説は別冊70ページ

練習問題 **反意語**

目標時間 **5**分 / 16問

問題 最初にあげた各語と<u>反対の意味の語</u>を、AからEまでの中から1つ選びなさい。

17 complicated

- ○ A complex
- ○ B difficult
- ○ C simple
- ○ D deserted
- ○ E uneasy

18 gain

- ○ A decrease
- ○ B profit
- ○ C regain
- ○ D lose
- ○ E possess

19 respect

- ○ A worship
- ○ B despise
- ○ C punish
- ○ D destroy
- ○ E suppress

20 temporary

- ○ A general
- ○ B usual
- ○ C permanent
- ○ D timely
- ○ E transient

3章

反意語

➡次ページに続く 223

21 broad

- A small
- B deep
- C large
- D flat
- E narrow

22 arrogance

- A violence
- B modesty
- C innocence
- D wisdom
- E seriousness

23 messy

- A tidy
- B busy
- C dingy
- D flashy
- E fancy

24 praise

- A amaze
- B hurt
- C admire
- D consider
- E blame

25 rough

- A dazzling
- B smooth
- C rigid
- D mandatory
- E straightforward

26 wisdom

- A portion
- B ignorance
- C warning
- D guilt
- E similarity

27 employ

- ○ A　solve
- ○ B　dismiss
- ○ C　deploy
- ○ D　combine
- ○ E　object

28 consumption

- ○ A　waste
- ○ B　production
- ○ C　customer
- ○ D　purchase
- ○ E　salary

29 dull

- ○ A　boring
- ○ B　clockwise
- ○ C　sharp
- ○ D　familiar
- ○ E　fair

30 permit

- ○ A　prohibit
- ○ B　allow
- ○ C　apply
- ○ D　correct
- ○ E　judge

31 rude

- ○ A　peaceful
- ○ B　refined
- ○ C　impolite
- ○ D　careful
- ○ E　candid

32 civilized

- ○ A　rural
- ○ B　urban
- ○ C　barbarous
- ○ D　ugly
- ○ E　sophisticated

CHECK ❸ 英語頻出語句

同じ意味の言葉

☐ enemy	敵、かたき	☐ foe	敵、かたき
☐ biased	偏見を持った	☐ prejudiced	偏見を持った
☐ amount	総額、量	☐ sum	合計、金額
☐ profitable	有利な、もうかる	☐ lucrative	有利な、もうかる
☐ correct	正確な、適切な	☐ precise	正確な、精密な
☐ achieve	達成する	☐ attain	達成する
☐ rapid	素早い、迅速な	☐ swift	速い、迅速な
☐ next	次の、隣の	☐ adjacent	隣接する、近くの
☐ odd	変な、妙な	☐ bizarre	奇怪な、奇妙な
☐ mourn	嘆く、悲しむ	☐ grieve	深く悲しむ
☐ obscure	不明瞭な	☐ vague	不明瞭な、曖昧な
☐ generous	気前のよい、寛大な	☐ liberal	気前のよい、自由な
☐ damp	湿った	☐ moist	湿った
☐ gigantic	巨大な	☐ huge	巨大な
☐ faith	信頼、信念	☐ trust	信頼、信任
☐ trifling	ささいな、わずかな	☐ trivial	ささいな
☐ sly	ずるい	☐ cunning	ずるい
☐ instant	即時の	☐ immediate	即時の
☐ fault	欠点、誤り	☐ defect	欠点、不足
☐ literature	文学、文献	☐ letters	文学、学問、証書
☐ example	例、手本	☐ instance	例、事例
☐ consequence	結果、重要性	☐ result	結果、（計算の）答
☐ vary	変える、異なる	☐ differ	異なる
☐ refuse	拒絶する	☐ reject	拒絶する
☐ bother	悩ます	☐ annoy	悩ます
☐ govern	統治する	☐ rule	統治する
☐ obvious	明白な	☐ evident	明白な
☐ aware	気づいている	☐ conscious	意識している
☐ accurate	正確な	☐ exact	厳密な、正確な
☐ grateful	感謝している	☐ thankful	感謝している
☐ sound	健全な	☐ healthy	健康な、健全な
☐ cheap	安い	☐ inexpensive	費用のかからない
☐ inquire	尋ねる、調査する	☐ investigate	調査する

反対の意味の言葉

☐ temporary	一時的な	☐ permanent	永久の
☐ innate	生まれながらの	☐ acquired	後天性の
☐ tense	緊張した	☐ relaxed	くつろいだ
☐ ideal	理想にかなった	☐ actual	現実の
☐ natural	自然の	☐ artificial	人工の
☐ active	積極的な、活発な	☐ passive	消極的な、受け身の
☐ cause	原因	☐ effect	結果
☐ ancient	古代の	☐ modern	現代の
☐ absolute	絶対的な	☐ relative	相対的な
☐ union	結合、合体	☐ division	分割
☐ accept	受け入れる	☐ refuse	拒絶する
☐ concrete	具体的な	☐ abstract	抽象的な
☐ excessive	過度の	☐ moderate	適度な
☐ economy	倹約、経済	☐ luxury	ぜいたく
☐ affirm	肯定する	☐ deny	否定する
☐ collect	集める	☐ scatter	まき散らす
☐ ambiguous	曖昧な	☐ obvious	明らかな
☐ significant	重要な＝important	☐ trivial	ささいな
☐ income	収入、所得	☐ expense	支出、費用
☐ diminish	減らす	☐ increase	増やす
☐ deficit	赤字	☐ surplus	黒字
☐ add	加える	☐ subtract	減じる
☐ poverty	貧乏	☐ wealth	富
☐ urban	都会の	☐ rural	田舎の
☐ progressive	進歩的な	☐ conservative	保守的な
☐ scanty	乏しい	☐ abundant	豊富な
☐ fertile	肥沃な	☐ barren	不毛の
☐ analysis	分析	☐ synthesis	総合
☐ resistance	抵抗	☐ obedience	服従
☐ accidental	偶然の	☐ intentional	故意の
☐ optimistic	楽観的な	☐ pessimistic	悲観的な
☐ negative	否定的な	☐ affirmative	肯定的な
☐ aggressive	攻撃的な	☐ defensive	守備的な

3 英英辞典

● 説明文に最も近い意味の単語を選ぶ問題。出題報告がある語句を掲載した。

例題 ●よくでる

最初にあげた説明文に最も近い意味をもつものを、AからEまでの中から1つ選びなさい。

● the act of running and controlling a business organization

- ○ A planning
- ○ B management
- ○ C trade
- ○ D supervision
- ○ E accounting

30秒で解ける超解法!!

● 仕事上の組織を経営（運営）、管理（統制）する行為

- A planning（企画）
- B management（経営、管理）
- C trade（商売、取引、貿易）
- D supervision（監督）
- E accounting（経理）

| 正解 B |

Dが紛らわしいが、「running（経営、運営）」という言葉があるので、最もふさわしいものは management。**説明文のニュアンスと一致するか、しないか**で絞り込むとよい。

▶解答・解説は別冊71ページ

練習問題 英英辞典

目標時間 5分 / 9問

 最初にあげた各説明文に最も近い意味をもつものを、AからEまでの中から1つ選びなさい。

33 the total number of people who live in a particular area, city or country

- ○ A population
- ○ B popularity
- ○ C treasure
- ○ D victim
- ○ E accession

34 a strong desire to have or achieve something

- ○ A instinct
- ○ B phase
- ○ C apex
- ○ D aspiration
- ○ E rampage

35 to carry something from one place to another

- ○ A substitute
- ○ B divide
- ○ C transport
- ○ D adopt
- ○ E operate

➡次ページに続く　229

36 precedence, especially established by order of importance or urgency

- A   incidence
- B   priority
- C   entity
- D   emergency
- E   significance

37 to give details about something or describe it so that it can be understood

- A   express
- B   experiment
- C   retrieve
- D   explain
- E   criticize

38 to judge and form an opinion of the value of something, especially from imperfect data

- A   determine
- B   pronounce
- C   estimate
- D   publish
- E   exhibit

39 to talk too proudly about your abilities, achievements, or possessions

○ A   compel
○ B   boast
○ C   disclose
○ D   alleviate
○ E   amplify

40 a supply of goods available for sale by a trader or storekeeper

○ A   stock
○ B   corporation
○ C   demand
○ D   proceeds
○ E   materials

41 to feel sorry for someone because they are in a bad situation

○ A   pity
○ B   scorn
○ C   support
○ D   apologize
○ E   regret

空欄補充

● 英熟語、文法などを問う空欄補充問題。出題報告がある語句を掲載した。

例題　　　　　　　　　　　　　　　　　　　よくでる

　文中の（　）に入れる語として最も適切なものを、AからEまでの中から1つ選びなさい。

● 彼女は家族に助けを求めるより仕方なかった。

　She had no choice but to turn (　) her family for help.

　○ A　on　　○ B　off　　○ C　to　　○ D　out　　○ E　up

30秒で解ける超解法!!

　turn to A for Bで「**AにBを求める**」という意味。turnは他にも次のような熟語を作る。

A　**turn on 〜**（[スイッチ]をつける、[水道、ガス]を出す）

B　**turn off 〜**（[スイッチ]を消す、[水道、ガス]を止める）

D　**turn out**（外へ出る、〜であることがわかる、〜を製造する）

E　**turn up**（姿を現す）　　　　　　　　　　　　| 正解　C |

　中学〜大学受験レベルの基本熟語や文法の知識が問われる。これも、考えればわかるという問題ではないので、英語の地力がものをいう。

　次のような中学レベルの基本熟語も出題されることがある。

・**No matter what** happens, I will go.（たとえ何が起きようとも、私は行く）

・**Please help yourself to** drinks.（どうぞご自由に飲み物をおとりください）

・I **used to** go fishing.（私は（以前）よく釣りに行ったものだ）

・I **am used to** driving.（私は運転には慣れている）

・I will **take part in** the activity.（私はその活動に参加するつもりだ）

▶解答・解説は別冊72ページ

目標時間 **5**分 14問

 　文中の（　）に入れる語として最も適切なものを、AからEまでの中から1つ選びなさい。

---

42 彼は退社時には必ずデスクを片付ける。

He never (　　) to tidy up his desk before he goes home.

- ○ A　calls
- ○ B　lacks
- ○ C　fails
- ○ D　remembers
- ○ E　misses

43 昨年、台風で一帯のリンゴに大きな被害が出た。

Last year the typhoon (　　) serious damage to the apples in the area.

- ○ A　caused
- ○ B　ruined
- ○ C　hurt
- ○ D　gave
- ○ E　affected

3章
空欄補充

44 ドナルドは他人に謝るような人ではない。

Donald is the (　　) person to say sorry to others.

- ○ A　never
- ○ B　least
- ○ C　last
- ○ D　not
- ○ E　impossible

45 2人はとても仲よく暮らしている。

They live together in perfect (　　).

- ○ A　disparity
- ○ B　harmony
- ○ C　fit
- ○ D　prejudice
- ○ E　mind

46 トルコは地震が多い。

Earthquakes are (　　) in Turkey.

- ○ A　often
- ○ B　much
- ○ C　enough
- ○ D　frequent
- ○ E　rich

47 私たちは新プロジェクトについて話し合いをしていた。

We were ( ) about the new project.

- ○ A discussing
- ○ B talking
- ○ C told
- ○ D argue
- ○ E a negotiation

48 東京であなたにお会いできることを楽しみにしています。

I'm looking forward ( ) you in Tokyo.

- ○ A to the joy
- ○ B amusing
- ○ C seeing
- ○ D to see
- ○ E to seeing

49 この著者はいわばアメリカの良心である。

This author is, ( ), the conscience of America.

- ○ A as is usual
- ○ B what it is
- ○ C so as to
- ○ D so to speak
- ○ E that is

50 私は門前払いされた。

I had the door (　　) in my face.

- ○ A　locked
- ○ B　closed
- ○ C　slammed
- ○ D　covered
- ○ E　capped

51 出席は任意です。

Attendance is (　　).

- ○ A　forced
- ○ B　required
- ○ C　free
- ○ D　unnecessary
- ○ E　optional

52 彼は何をやらせても長続きしない。

He can't (　　) at anything.

- ○ A　continue
- ○ B　stick
- ○ C　absorb
- ○ D　concentrate
- ○ E　have

236

53 その布は綿糸で織られている。

The fabric is (　　) from cotton.

- ○ A　composed
- ○ B　produced
- ○ C　embroidered
- ○ D　made
- ○ E　woven

54 無理に笑わないで。

Don't （　　) yourself to smile.

- ○ A　force
- ○ B　worry
- ○ C　push
- ○ D　bring
- ○ E　make

55 私は風邪気味です。

I have a (　　) cold.

- ○ A　light
- ○ B　slight
- ○ C　grave
- ○ D　little
- ○ E　few

5 長文読解

● 長文の内容を問う問題、または空欄補充問題がほとんど。

設問文から先に読むこと!

長文を全部読む必要はない。設問文から先に読んで、「設問文・選択肢の語句が長文のどこにあるかを探すこと」から始めてほしい。ほとんどの問題は、本文と選択肢の語句か意味が同じなら○、違っていたら×となる。

例題　

次の文を読んで、各問いに答えなさい。

At many Japanese firms, PR[*] work traditionally has been conducted 1
by the corporate planning, general affairs or personnel affairs
departments. However, the number of companies that have separate
PR departments is increasing.

In my journalistic experience in seeking interviews with company 5
presidents, there have been quite a few occasions in which officials of
corporate general affairs departments have dealt with my requests in
the absence of a PR section.

On such occasions, general affairs officials have said they were
in charge of dealing with reporters as well as sokaiya corporate 10
racketeers, indicating that the media had been given the same status
as gangsters by such firms.

THE DAILY YOMIURI　2003/5/20日付「Top executives must recognize PR role」より作成

＊PR：public relations

※和訳は240ページに掲載

　上記の記事は、読売新聞社の許諾を得て転載しています。無断で複製、送信、出版、頒布、翻訳、翻案等
著作権を侵害する一切の行為を禁止します。

❶ Who has traditionally conducted PR work at many Japanese firms?

- ○ A　The general affairs or other departments.
- ○ B　PR departments.
- ○ C　The president of the company.
- ○ D　Reporters as well as sokaiya corporate racketeers.
- ○ E　The media.

❷ Which of the following is true of the passage?

① When I asked for interviews with company presidents, the general affairs departments often arranged them.

② Reporters have to deal with corporate racketeers.

③ More and more companies are establishing the PR departments.

- ○ A　only①
- ○ B　only②
- ○ C　only③
- ○ D　①and②
- ○ E　①and③
- ○ F　②and③

1分で解ける超解法‼

問題文の中にある設問文の単語を探す

❶ traditionally, conducted, PR work に注目。本文１〜３行目参照。

> 正解　A

❷ 本文と一致する文を選ぶ。①は５〜８行目、③は３〜４行目の言い換え。

① 私が社長とのインタビューを申し込むと、しばしば総務部が対応した。

② 記者は総会屋に応対する必要がある。

③ ますます多くの企業が広報部を持つようになってきた。

> 正解　E

※長文読解の練習問題は、得点効果がさほど期待できないため割愛させていただきました。

　多くの日本企業では、従来、広報活動はその会社の企画部、総務部あるいは人事部によって行われていた。しかしながら、独立した広報部を持つ会社の数が増えてきている。

　私がジャーナリストとして会社社長とのインタビューを申し込んできた経験では、広報部がないために、多くの場合、会社の総務部の職員が私の依頼に応じていた。

　そのような場合、総務部の職員は、自分たちには総会屋と同様に記者にも応対する責任があると言っていた。つまり、そのような会社にとってメディアは悪漢と同じような存在（身分）だったということだ。

❶多くの日本企業では、従来、広報の業務はだれが行っていたか。

❷次のうち、文章内容に合致するものはどれか。

4章 構造的把握力検査

● 検査時間は約20分。非言語と言語の問題があります。

◎構造的把握力検査は時間との戦い

例題—— SPI 検査の出題問題から、解法手順を学びやすい基本パターンを選んであります。まず、例題の解法をきちんと覚えておきましょう。

練習問題——提示されている「目標時間」は制限時間ではなく、速く解けるレベルの学生が解答に要する時間です。「目標時間」内に解く訓練をすることで、本番の検査に十二分に対応できる力を養えるようになっています。目標時間を意識して解いていくようにしましょう。考え込んでしまうと、テストセンターの制限時間内に答えることがたいへん難しくなってしまいます。

1 非言語

● 問題の構造が似ている組み合わせを選ぶ問題。

例 題

　ア～エの中から問題の構造が似ている組み合わせを見つけて、A～Fの中で1つ選びなさい。

ア　定価1200円の皿を、4割引で売ったところ、利益が120円あった。この皿の仕入れ値はいくらか。

イ　ある競泳水着のメーカー希望小売価格は、仕入れ値15000円の3割増しである。この競泳水着をメーカー希望小売価格で売ると、利益はいくらか。

ウ　パソコンをメーカー希望小売価格から3割引で売ったところ、その価格は35000円になった。このパソコンのメーカー希望小売価格はいくらか。

エ　ある商品に、仕入れ値の5割の利益を見込んで1個180円の売値をつけた。この商品の仕入れ値はいくらか。

- ○ A　アとイ
- ○ B　アとウ
- ○ C　アとエ
- ○ D　イとウ
- ○ E　イとエ
- ○ F　ウとエ

1分で解ける超解法!!

最後まで計算する必要はない。メーカー希望小売価格は、定価のこと。

ア　仕入れ値＝売値－利益＝1200×(1－0.4)－120＝600円

イ　利益＝仕入れ値×利益率＝15000×0.3＝4500円

ウ　定価の3割引が売値35000円となる。
　　定価＝売値÷(1－損失率)＝35000÷(1－0.3)＝50000円

エ　仕入れ値＝売値÷(1＋利益率)＝180÷(1＋0.5)＝120円

　解き方が最もよく似ているウとエが正解。どちらも売値を(1±損益率)で割っている。

| 正解 | F |

▶解答・解説は別冊73ページ

練習問題 **非言語**

目標時間 10分 / 8問

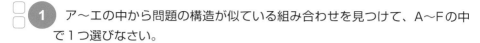

1 ア～エの中から問題の構造が似ている組み合わせを見つけて、A～Fの中で1つ選びなさい。

ア　ある店の商品陳列作業を完了するのに、Aさん1人では1時間、Bさん1人では40分かかる。2人が同時にやると、どれだけの時間で終わるか。

イ　田植えをするのに、1日でAさんは7a、Bさんは4a植えることができる。2人で5日間植えると、どれだけ植えることができるか。

ウ　プールに、AとBの2つの給水管から水を入れると9時間で満水になる。また、Aだけだと12時間で満水になる。Bだけでは、何時間で満水になるか。

エ　5m³の水槽にAとBの2つの給水管から水を入れる。Aは1分間に130ℓ、Bは1分間に120ℓ給水できるとすると、水槽は何分で満水になるか。

○ A　アとイ　　　　　○ B　アとウ　　　　　○ C　アとエ
○ D　イとウ　　　　　○ E　イとエ　　　　　○ F　ウとエ

2 ア～エの中から問題の構造が似ている組み合わせを見つけて、A～Fの中で1つ選びなさい。

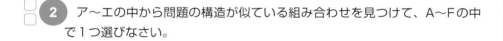

ア　42個のキャンディを5個ずつ袋に入れると、5個入りの袋は何袋できるか。

イ　子供に鉛筆を1人に5本ずつ分けると2本余り、6本ずつ分けると4本不足するという。子供は何人いるか。

ウ　52枚のトランプのカードを5人に同じ枚数ずつ、配れるだけ配った。1人あたり何枚になるか。

エ　32枚の折り紙を3枚ずつ分けると、何人で分けられるか。

○ A　アとイ　　　　　○ B　アとウ　　　　　○ C　アとエ
○ D　イとウ　　　　　○ E　イとエ　　　　　○ F　ウとエ

4章

構造的把握力検査・非言語

➡次ページに続く　243

3 ア～エの中から問題の構造が似ている組み合わせを見つけて、A～Fの中で1つ選びなさい。

ア　ある養鶏場の鶏は、黄身が2つの二黄卵を産む確率が1%であるという。ここの鶏が産んだ卵を2個割ったとき、少なくとも1個が二黄卵である確率はいくらか。

イ　赤玉が1個、白玉が2個、青玉が3個入った箱の中から玉を1個取り出し、それを戻さずにもう1個取り出すとき、2個が同じ色である確率はいくらか。

ウ　1個のサイコロを2回振る。2回とも6が出る確率はいくらか。

エ　当たりくじ3本を含む8本のくじの中から、2人が1本ずつ続けてくじを引くとき、2人目の人がはずれる確率はいくらか。

○ A　アとイ　　　　　○ B　アとウ　　　　　○ C　アとエ
○ D　イとウ　　　　　○ E　イとエ　　　　　○ F　ウとエ

4 ア～エの中から問題の構造が似ている組み合わせを見つけて、A～Fの中で1つ選びなさい。

ア　弟が生まれたとき、兄は7歳だった。現在、2人の年齢の和は35歳である。弟はいま何歳か。

イ　姉は妹より6歳年上である。姉の年齢が妹の1.3倍になるのは、妹が何歳のときか。

ウ　父と母の年齢の比は4：5で、2人の年齢の和は72歳である。年齢の差は何歳か。

エ　雑誌と文庫本を1冊ずつ購入したときの合計は1710円で、文庫本より雑誌の方が250円高い。文庫本は1冊いくらか。

○ A　アとイ　　　　　○ B　アとウ　　　　　○ C　アとエ
○ D　イとウ　　　　　○ E　イとエ　　　　　○ F　ウとエ

5 ア～エの中から問題の構造が似ている組み合わせを見つけて、A～Fの中で１つ選びなさい。

ア　重量比１０％の物質Ｐを含む溶液が５００ｇある。この溶液に含まれる物質Ｐの重さは何ｇか。

イ　濃度１２％の食塩水６００ｇに含まれる水の重さは何ｇか。

ウ　金属Ｑと金属Ｒでできた合金がある。金属Ｑの重さの割合は全体の３５％である。この合金５０ｋｇ中に含まれる金属Ｒの重さは何ｋｇか。

エ　４４０ｇの水に６０ｇの食塩を溶かしてできる食塩水の濃度は何％か。

○ A　アとイ 　　　　○ B　アとウ 　　　　○ C　アとエ
○ D　イとウ 　　　　○ E　イとエ 　　　　○ F　ウとエ

6 ア～エの中から問題の構造が似ている組み合わせを見つけて、A～Fの中で１つ選びなさい。

ア　筋力トレーニングとして、スクワットを１日目は１回、２日目は２回、３日目は３回…と毎日１回ずつ増やしてやるとき、１００日間では全部で何回することになるか。

イ　ミカン７５個とリンゴ６０個を何人かにそれぞれ同じ数ずつ分けたとき、余りはなかった。何人で分けたか。ただし、１０人よりは多いものとする。

ウ　ある警備会社で、警備員Ｐは５日に１度、Ｑは７日に１度当直の日がある。ある日、ＰとＱの２人が当直になった。次に２人が一緒に当直をするのは、何日後か。

エ　縦６ｃｍ、横８ｃｍの長方形のタイルを、すべて同じ方向に隙間なく並べて正方形を作るとき、最も小さい正方形の１辺は何ｃｍか。

○ A　アとイ 　　　　○ B　アとウ 　　　　○ C　アとエ
○ D　イとウ 　　　　○ E　イとエ 　　　　○ F　ウとエ

➡次ページに続く　245

7 ア〜エの中から問題の構造が似ている組み合わせを見つけて、A〜Fの中で１つ選びなさい。

ア　赤、青、黄色のボールがたくさん入っている箱の中から４個を取り出すとき、組み合わせは全部で何通りあるか。

イ　下の図のように、南北に４本、東西に５本の道がある。図のＰ地点からＱ地点まで最短距離で行く道順は全部で何通りあるか。

ウ　千円札、五千円札、一万円札が１０枚ずつある。この中から３枚を選ぶとき、その合計金額は全部で何通りあり得るか。

エ　異なる３個の漢数字一、二、三から重複を許して４個取って並べる順列の総数は何通りあるか。

○ A　アとイ　　　　○ B　アとウ
○ C　アとエ　　　　○ D　イとウ
○ E　イとエ　　　　○ F　ウとエ

8 ア〜エの中から問題の構造が似ている組み合わせを見つけて、A〜Fの中で１つ選びなさい。

ア　子供５人と大人２人で水族館に行き、入館料を合計４２５０円支払った。子供料金が１人４５０円だとすると、大人料金は１人いくらか。

イ　Ａ地点では去年と今年の２年間で猛暑日が１１４日あったが、今年は去年よりも８日少なかった。去年の猛暑日は何日あったか。

ウ　８０円切手と５０円切手を合わせて２０枚買い、１１５０円支払った。５０円切手は何枚買ったか。

エ　弟は姉より４歳年下で、２人の年齢をたすと３０歳である。このとき姉は何歳か。

○ A　アとイ　　　　○ B　アとウ　　　　○ C　アとエ
○ D　イとウ　　　　○ E　イとエ　　　　○ F　ウとエ

2 言語

● 文の前半と後半のつながりや2つの文の関係性の違いによって分類する問題。

例題

ア〜オは、2つのことがらの関係についての記述である。その関係性の違いによって、グループP（2つ）とグループQ（3つ）に分け、Pに分類されるものを答えなさい。

ア　大雪が降り、各地で道路が寸断された。

イ　蒸し暑くなってきたので、そろそろ蚊の出る頃だ。

ウ　タブレット端末の出荷数量が急速に伸びたため、市場は飽和し始めた。

エ　あれだけ練習を重ねてきたのだから、絶対に優勝するはずだ。

オ　近くに大型ショッピングセンターができたため、近隣地域の地価上昇現象が起きている。

◯ A　アとイ　　◯ B　アとウ　　◯ C　アとエ　　◯ D　アとオ

◯ E　イとウ　　◯ F　イとエ　　◯ G　イとオ　　◯ H　ウとエ

◯ I　ウとオ　　◯ J　エとオ

⏱分で解ける超解法!!

　文の前半は、いずれも原因・根拠を表している。文の後半に着目する。

　ア、ウ、オは前半の原因・根拠に対する結果を述べている。それに対して、イ、エは「出る頃だ」「するはずだ」といった原因・根拠にもとづく推測を述べている。従って、Pに分類される2つはイとエ。

　分類の基準には、内容の違い、文のつながり方の違い、間違い方の違い、良いか悪いか、要望か不満か、結果か推測か、対処か目的か、数えられるか数えられないかなど、様々なものがある。

正解 F

▶解答・解説は別冊75ページ

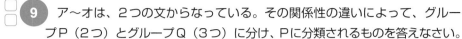

9 ア〜オは、2つの文からなっている。その関係性の違いによって、グループP（2つ）とグループQ（3つ）に分け、Pに分類されるものを答えなさい。

ア　ダイエットに成功した。あこがれだった水着を着ることができる。
イ　明日も晴れそうだ。きれいな夕焼けが見えている。
ウ　道路から大きな音が聞こえた。自動車事故が起きたに違いない。
エ　大雨が降り続いている。川の堤防が決壊しそうだ。
オ　約束の時間に遅れそうだ。電車が大幅に遅れている。

○ A　アとイ　○ B　アとウ　○ C　アとエ　○ D　アとオ　○ E　イとウ
○ F　イとエ　○ G　イとオ　○ H　ウとエ　○ I　ウとオ　○ J　エとオ

10 次の文章を数が表す意味によって、グループP（2つ）とグループQ（3つ）に分け、Pに分類されるものを答えなさい。

ア　彼の引っ越し回数は50回に上る。
イ　24時間営業の店があったので立ち寄った。
ウ　経費を計算したところ69万円だった。
エ　雲が消えると視界は360度に広がっていた。
オ　標高1200mに山小屋がある。

○ A　アとイ　○ B　アとウ　○ C　アとエ　○ D　アとオ　○ E　イとウ
○ F　イとエ　○ G　イとオ　○ H　ウとエ　○ I　ウとオ　○ J　エとオ

11 Yの意見は論理的に間違っている。間違い方によって、グループP（2つ）とグループQ（3つ）に分け、Pに分類されるものを答えなさい。

ア　X「女性の理系進学者はまだまだ少ないそうですね」
　　Y「女性は理系の科目が嫌いな人が多いのですね」

イ　X「長寿者には和食を食べている人が多いそうですね」
　　Y「洋食を食べる人は長生きできないのですね」

ウ　X「花火大会では浴衣を着ている人が多いようです」
　　Y「着物が若い人にも定着してきたのですね」

エ　X「今年は海外旅行より国内旅行に行く人が多いようです」
　　Y「日本の魅力が再確認されたのですね」

オ　X「朝食を食べる子は成績が良い傾向があるようです」
　　Y「規則正しい生活を送らなければ、良い成績はとれないのですね」

○ A　アとイ　　○ B　アとウ　　○ C　アとエ　　○ D　アとオ　　○ E　イとウ
○ F　イとエ　　○ G　イとオ　　○ H　ウとエ　　○ I　ウとオ　　○ J　エとオ

12 Yの意見は論理的に間違っている。間違い方によって、グループP（2つ）とグループQ（3つ）に分け、Pに分類されるものを答えなさい。

ア　X「Oさんは卓球のテレビゲームが得意です」
　　Y「では、Oさんはきっと卓球が得意に違いない」

イ　X「Pさんは絶対音感の持ち主です」
　　Y「では、Pさんは音楽が得意に違いない」

ウ　X「Qさんの学校の野球部は、去年甲子園で優勝しました」
　　Y「では、Qさんは野球がうまいに違いない」

エ　X「Rさんはプロのサーファーになりました」
　　Y「では、Rさんは水泳がうまいに違いない」

オ　X「Sさんは、三ツ星レストランで働いています」
　　Y「では、Sさんは料理上手に違いない」

○ A　アとイ　　○ B　アとウ　　○ C　アとエ　　○ D　アとオ　　○ E　イとウ
○ F　イとエ　　○ G　イとオ　　○ H　ウとエ　　○ I　ウとオ　　○ J　エとオ

➡次ページに続く　**249**

13 ア～オは、図書館に寄せられた要望である。要望の種類によって、グループP（2つ）とグループQ（3つ）に分け、Pに分類されるものを答えなさい。

ア　すべての蔵書検索ができるパソコンを設置してほしい。

イ　閲覧室西側の窓にブラインドを付けてほしい。

ウ　貸し出し冊数を増やしてほしい。

エ　閲覧室をもっと広げてほしい。

オ　開館時間を1時間延長してほしい。

○ A　アとイ　○ B　アとウ　○ C　アとエ　○ D　アとオ　○ E　イとウ
○ F　イとエ　○ G　イとオ　○ H　ウとエ　○ I　ウとオ　○ J　エとオ

14 ア～オは、情報とそれにもとづく判断を表している。判断の種類によって、グループP（2つ）とグループQ（3つ）に分け、Pに分類されるものを答えなさい。

ア　そのとき空が暗くなってきたので、雨が降ると思った。

イ　夕方は寒くなるという予報だから、コートを持って行こう。

ウ　さきほど事故があったから、電車は遅れるだろう。

エ　帰省ラッシュの時期なので、車ではなくて新幹線を使った。

オ　1日5時間も勉強していたから、合格間違いなしだ。

○ A　アとイ　○ B　アとウ　○ C　アとエ　○ D　アとオ　○ E　イとウ
○ F　イとエ　○ G　イとオ　○ H　ウとエ　○ I　ウとオ　○ J　エとオ

15 ア～オは、社員食堂のアンケートにあった意見である。意見の種類によって、グループP（2つ）とグループQ（3つ）に分け、Pに分類されるものを答えなさい。

ア　他社の社員食堂に比べて値段が高いと思う。

イ　丼物のメニューを増やしてほしい。

ウ　営業時間を午後8時までに延ばしてください。

エ　カロリー表示があるといい。

オ　席が少ないのですぐ満員になってしまうのが困る。

○ A　アとイ　○ B　アとウ　○ C　アとエ　○ D　アとオ　○ E　イとウ
○ F　イとエ　○ G　イとオ　○ H　ウとエ　○ I　ウとオ　○ J　エとオ

5章 模擬テスト

- テストセンターのSPI 3【言語能力検査・非言語能力検査】に準じた模擬テストです。
- 自分で合格レベルが判定できます。

◎能力検査──27問【目標点数20点】／制限時間35分

テストセンターと同じく、言語能力検査と非言語能力検査を続けて解いてください。自己採点で自分の実力がわかります。

20〜27点 → **A**：【人気企業合格ライン】合格可能性は極めて高いといえます

15〜19点 → **B**：【一般企業合格ライン】合格可能性は高いといえます

9〜14点 → **C**：SPIで落とされる可能性があります

0 〜 8点 → **D**：SPIで落とされる可能性がかなりあります

問題 最初に示された二語の関係を考えて、同じ関係のものを選びなさい。

❶ 体重計：はかり

　ア　能楽：狂言
　イ　長唄：邦楽
　ウ　短歌：俳句

- A　アだけ
- B　イだけ
- C　ウだけ
- D　アとイ
- E　アとウ
- F　イとウ

❷ ミキサー：かくはん

　ア　カッター：切断
　イ　煙突：排気
　ウ　ライター：タバコ

- A　アだけ
- B　イだけ
- C　ウだけ
- D　アとイ
- E　アとウ
- F　イとウ

❸ 民事：刑事

　ア　和風：古風
　イ　洋画：邦画
　ウ　異国：隣国

- A　アだけ
- B　イだけ
- C　ウだけ
- D　アとイ
- E　アとウ
- F　イとウ

➡解答・解説は別冊76ページ

❹ ギター：弦

　ア　季語：俳句
　イ　短歌：上の句
　ウ　語句：詩歌

- A　アだけ
- B　イだけ
- C　ウだけ
- D　アとイ
- E　アとウ
- F　イとウ

❺ 雪：結晶

　ア　木枯らし：風
　イ　五月雨：雨
　ウ　天候：雲

- A　アだけ
- B　イだけ
- C　ウだけ
- D　アとイ
- E　アとウ
- F　イとウ

❻ 星霜：歳月

　ア　幹線：支線
　イ　逆境：辺境
　ウ　晦日（ミソカ）：月末

- A　アだけ
- B　イだけ
- C　ウだけ
- D　アとイ
- E　アとウ
- F　イとウ

次へ

➡解答・解説は別冊76ページ

 問題 下線部の言葉と、意味が最も合致するものを1つ選びなさい。

❼ <u>ゆっくりと動作を起こすさま</u>

- ○ A やおら
- ○ B おっとり
- ○ C おっつけ
- ○ D そそくさ
- ○ E おずおず

❽ <u>ある方向へと動く勢い。成り行き</u>

- ○ A 筆勢
- ○ B 加勢
- ○ C 権勢
- ○ D 大(タイ)勢
- ○ E 趨(スウ)勢

❾ <u>路頭に迷う</u>

- ○ A 放浪する
- ○ B 道がわからなくなる
- ○ C 生活に困る
- ○ D 旅先で病気になる
- ○ E 行方不明になる

下線部の語が最も近い意味で使われているものを１つ選びなさい。

⑩　姉は医者になった

- A　彼は東京にいる
- B　激励にかけつける
- C　友人に本を借りた
- D　母に似ている人
- E　水がお湯に変わった

⑪　わが子ながら感心する態度だ

- A　歌いながら踊る
- B　昔ながらの郷土料理
- C　勝手ながら閉店させていただ
　　きます
- D　テレビを見ながら食事をする
- E　いつもながらの良い出来映え

⑫　病気で会社を休む

- A　日本で初の快挙
- B　自分でやってみる
- C　ロープでしばる
- D　雷で停電が起こる
- E　法律で決められている

➡解答・解説は別冊76ページ

 次の説明を読んで、各問いに答えなさい。

白2個、黒3個、合計5個の碁石を左から順に1列に並べる。

⑬ 色の並びが左端から順に「白黒白黒」となる確率はどれだけか。

> ○ **A**　1/120
> ○ **B**　1/60
> ○ **C**　1/20
> ○ **D**　1/10
> ○ **E**　1/5
> ○ **F**　**A**から**E**のいずれでもない

⑭ 色の並びに「黒黒黒」が現れる確率はどれだけか。

> ○ **A**　1/20
> ○ **B**　3/20
> ○ **C**　3/10
> ○ **D**　3/7
> ○ **E**　3/5
> ○ **F**　**A**から**E**のいずれでもない

問題 次の説明を読んで、各問いに答えなさい。

　T、U、V、W、X、Y、Z の 7 人の性別について、次のことがわかっている。

Ⅰ　T、V、W、X の 4 人と Z の性別は異なる
Ⅱ　U は女性である

⑮　必ず正しいといえる推論はどれか。A から H の中から 1 つ選びなさい。

ア　Z が男性の場合、男性の人数は 2 人以下
イ　Z が女性の場合、女性の人数は 2 人以下
ウ　Z と Y が同性の場合、男性と女性の人数の差は 2 人以下

○ A　アだけ	○ B　イだけ	○ C　ウだけ
○ D　アとイ	○ E　アとウ	○ F　イとウ
○ G　アとイとウ	○ H　いずれも必ず正しいとはいえない	

⑯　最も少ない情報で 7 人の性別を確定するためには、ⅠとⅡの情報のほかに、次のカ、キ、クのうち、どれが加わればよいか。

カ　男性の方が多い
キ　Y と U は同性、Z と U は異性
ク　Z と U は同性、V と U は異性

○ A　カだけ	○ B　キだけ	○ C　クだけ
○ D　カとキ	○ E　カとク	○ F　キとク
○ G　カとキとク	○ H　すべてが加わっても確定できない	

➡解答・解説は別冊 77〜78 ページ

 問題 次の説明を読んで、各問いに答えなさい。

ある会社で若手の社員を対象に貯蓄額の調査をしたところ、表のような結果になった。ただし、男性の人数は本社より支社の方が少なく、女性の人数は本社より支社の方が多いものとする。

〈平均貯蓄額〉　　　　　（万円）

	全社	本社	支社
男性	90	☐	80
女性	80	☐	70

次の推論の正誤について、正しいものをAからCの中から1つ選びなさい。

⓱ 支社の男女を合わせた平均貯蓄額は75万円である。

> ○ **A** 正しい
> ○ **B** 誤り
> ○ **C** どちらともいえない

⓲ 本社の男性の平均貯蓄額は100万円である。

> ○ **A** 正しい
> ○ **B** 誤り
> ○ **C** どちらともいえない

⓳ 本社の男女を合わせた平均貯蓄額は90万円と100万円の間にある。

> ○ **A** 正しい
> ○ **B** 誤り
> ○ **C** どちらともいえない

次の説明を読んで、各問いに答えなさい。

ある店では仕入れ値の40%の利益が出るように定価を設定している。また、セール中は商品Xは定価の25%引き、商品Yは定価の20%引きで販売する。

⑳ 商品Xをセール中に18個売ったときの売上が22680円だった。商品Xの仕入れ値はいくらか。

- A　1120円
- B　1200円
- C　1260円
- D　1680円
- E　2800円
- F　AからEのいずれでもない

㉑ 商品Yを60個仕入れて、40個をセール中に、残りを定価で売ったとき、利益の合計が19200円だった。商品Yの仕入れ値はいくらか。

- A　1400円
- B　1500円
- C　1600円
- D　1680円
- E　2100円
- F　AからEのいずれでもない

➡解答・解説は別冊78ページ

 問題 次の説明を読んで、各問いに答えなさい。

　モグラたたきゲームをした。モグラは横一列に並んだ5つの穴から、1回ずつ計5回出てきた。モグラをたたけたのは2回目と4回目だけだった。これについて以下のことがわかっている。

Ⅰ　両端の穴から出たモグラはたたけなかった
Ⅱ　2回目のモグラは1回目に出た穴の隣の穴から出てきた
Ⅲ　4回目のモグラは3回目に出た穴の隣の隣の穴から出てきた

㉒　4回目に、モグラはどの穴から出てきたか。当てはまるものをすべて選びなさい。

㉓　5回目に、モグラはどの穴から出てきたか。当てはまるものをすべて選びなさい。

次の説明を読んで、各問いに答えなさい。

P市、Q市、R市という3つの都市を順に巡る旅行をする。必ずどの都市にも泊まり、同じ都市に2泊以上するときは連続して泊まるものとする。また、どのような順序で巡ってもかまわない。

㉔ 4泊する場合、どこにいつ泊まるかの組み合わせは何通りあるか。

- A 6通り
- B 8通り
- C 10通り
- D 12通り
- E 18通り
- F AからEのいずれでもない

㉕ 最初はP市を訪れることにした。5泊する場合、どこにいつ泊まるかの組み合わせは何通りあるか。

- A 6通り
- B 8通り
- C 10通り
- D 12通り
- E 24通り
- F AからEのいずれでもない

➡解答・解説は別冊78ページ

 次の説明を読んで、各問いに答えなさい。

社員120人にアンケートを行ったところ、A新聞の購読者は80人、B新聞の購読者は52人、C新聞の購読者は55人いた。また、どれも購読していない者は15人、1紙だけ購読している者は30人いた。

㉖ A新聞、B新聞、C新聞の3紙とも購読している者は何人か。

○ A　5人
○ B　6人
○ C　7人
○ D　10人
○ E　14人
○ F　AからEのいずれでもない

㉗ 2紙以上を購読している者の中で、B新聞を購読していない者はA新聞を購読していない者の2倍いた。また、C新聞だけを購読している者は3人だった。A新聞とC新聞の2紙だけを購読している者は何人か。

○ A　7人
○ B　15人
○ C　20人
○ D　23人
○ E　30人
○ F　AからEのいずれでもない

6章 性格検査

- テストセンターでは、事前受検で制限時間が約35分です。
- ペーパーテストでは、実施時間が約40分です。
- 約300問の質問にすばやく回答していきます。

◎「性格検査」で不採用になることも

　性格検査での極端なマイナス評価は、不採用の原因になることがあります。

　検査結果と面接時の評価はワンセットで、おおむね次のような過程を経て合否が決まります。また入社後の人事異動の参考資料としても使われます。

- 検査結果も面接時の評価も良い→問題なく合格
- 検査結果も面接時の評価も悪い→不合格
- 検査結果と面接評価のどちらかが悪い→次回面接で質問を変えて人物を再判断

1 性格検査例題

時間内に、約300問の質問に回答していきますので、考え込む時間はありません。まず、下に挙げた例題をやってみましょう。

▌例 題　　　よくでる

性格検査は三部構成で、**1**と**2**の質問形式があります。
あまり考え込まないで、下の ◯ にチェック✔ をしてみましょう。

1

以下の質問は、あなたの日常の行動や考え方にどの程度あてはまりますか。最も近い選択肢を1つ選んでください。

	A	Aに近い	Aに近い	どちらかといえばBに近い	Bに近い	B
1	人見知りするほうだ	◯	◯	◯	◯	人見知りしないほうだ
2	体を動かすのが好きだ	◯	◯	◯	◯	体を動かすのが好きではない
3	あきらめが悪いほうだ	◯	◯	◯	◯	あきらめが早いほうだ
4	考えてから行動する	◯	◯	◯	◯	行動してから考える

2

以下の質問は、あなたの日常の行動や考え方にどの程度あてはまりますか。最も近い選択肢を1つ選んでください。

		あてはまらない	どちらかといえばあてはまらない	どちらかといえばあてはまる	あてはまる
1	いろいろなことに挑戦するほうだ	◯	◯	◯	◯
2	人からの評価が気になるほうだ	◯	◯	◯	◯
3	失敗したときに自分の責任だと思う	◯	◯	◯	◯
4	感情が表に出やすいほうだ	◯	◯	◯	◯

解説 マイナス評価の例

① 性格面の行動的側面を測定する質問です。

A					**B**	
1 人見知りするほうだ	○	○	○	○	人見知りしないほうだ	←社会的内向性
2 体を動かすのが好きだ	○	○	○	○	体を動かすのが好きではない	←身体活動性
3 あきらめが悪いほうだ	○	○	○	○	あきらめが早いほうだ	←持続性
4 考えてから行動する	○	○	○	○	行動してから考える	←慎重性

1 「人見知りするほうだ」（Aに近い）を選ぶと、「社会的内向性」が高いという判定になります。内気で人と接するのが苦手だというマイナス評価です。
2 「体を動かすのが好きではない」（Bに近い）を選ぶと「身体活動性」が低いという判定になります。動くことが嫌いだというマイナス評価です。
3 「あきらめが早いほうだ」（Bに近い）を選ぶと「持続性」が低いという判定になります。頑張りが続かないというマイナス評価です。
4 「行動してから考える」（Bに近い）を選ぶと「慎重性」が低いという判定になります。軽率な行動をとりがちだというマイナス評価です。

② 性格面の意欲的側面と情緒的側面を測定する質問です。

1 いろいろなことに挑戦するほうだ←活動意欲	○	○	○	○
2 人からの評価が気になるほうだ←敏感性	○	○	○	○
3 失敗したときに自分の責任だと思う←自責性	○	○	○	○
4 感情が表に出やすいほうだ←気分性	○	○	○	○

1 （あてはまらない）を選ぶと、「活動意欲」が低いという判定になります。のんびり屋で意欲に欠けるというマイナス評価です。
2 （あてはまる）を選ぶと「敏感性」が高いという判定になります。心配症で神経質というマイナス評価です。採用担当者が特に嫌う判定です。
3 （あてはまる）を選ぶと「自責性」が高いという判定になります。悲観的で落ち込みやすいというマイナス評価です。採用担当者が特に嫌う判定です。
4 （あてはまる）を選ぶと「気分性」が高いという判定になります。気分に左右されがちだというマイナス評価です。

2 性格検査対策

SPI3の性格検査は、「行動的側面」「意欲的側面」「情緒的側面」「社会関係的側面」という4つの性格面から測定します。それらの中には、尺度が特に高かったり、特に低かったりすると、マイナス評価となる尺度があります。

したがって、その尺度だけは極端なマイナス評価とならないように気をつける必要があります。それでは、具体的に性格面の尺度と質問例を見ていきましょう。

以下の尺度のうち、**×がついているものがマイナス評価となります**。例えば、一般的には社会的内向性が高い（内向的で交際が狭く深い）とマイナス評価です。×のついていない尺度は、それほど気にする必要はありません。

行動的側面

対人関係、課題への取り組み方など、行動にあらわれやすい性格的な特徴です。

尺　度	その尺度が低い場合の特徴 ← その尺度が高い場合の特徴
社会的内向性	外向的で交際が広く浅い ← 内向的で交際が狭く深い×
質問例	「人前で話すことが苦にならない」「人見知りをするほうだ」
内省性	あまり深くは考えない ← 深く考えることを好む
質問例	「考えるよりやってみるほうだ」「じっくり考える仕事がしたい」
身体活動性	×あまり動かず腰が重い ← フットワークが軽くてすぐ動く
質問例	「体を動かすのは好きではない」「外で動きまわるのが好きだ」
持続性	×見切り、あきらめが早い ← 粘り強く頑張る
質問例	「見切りをつけることが大切だ」「最後まで頑張り抜くほうだ」
慎重性	×思い切りがよく軽率 ← 見通しを立てて慎重
質問例	「思い切りよく決断するほうだ」「事前にしっかり計画を立てる」

意欲的側面

仕事や課題に取り組むときの意欲の高さを測定します。

尺　度	その尺度が低い場合の特徴 ←→ その尺度が高い場合の特徴
達成意欲	現実を受け入れる。無欲 ←→ 目標達成にこだわる。負けず嫌い
質問例	「野心は少ないほうだ」「何事も結果が大切だ」
活動意欲	✕のんびり屋で意欲に欠ける ←→ 判断が機敏で意欲的
質問例	「なかなか決断できないほうだ」「すぐに行動に移すほうだ」

情緒的側面

感じ方、気持ちの整理の仕方など、内面的な特徴です。

尺　度	その尺度が低い場合の特徴 ←→ その尺度が高い場合の特徴
敏感性	小さなことは気にしない ←→ 心配性で神経質✕
質問例	「人からの評価は気にしない」「細かいことが気になるほうだ」
自責性	楽観的でくよくよしない ←→ 悲観的で落ち込みやすい✕
質問例	「何事にも楽観的なほうだ」「何日も悩むことがある」
気分性	感情、気分の起伏が少ない ←→ 気分にムラがある✕
質問例	「気分に左右されることが少ない」「感情を表に出すほうだ」
独自性	常識的で周囲と合わせる ←→ 個性的で我が道を行く
質問例	「集団で行動することが好きだ」「常識にとらわれないほうだ」
自信性	和を重視。穏やかで弱気 ←→ 自分重視。自信過剰で強気
質問例	「周囲に合わせることが多い」「自分の意見を通すことが多い」
高揚性	落ち着きがあり感情を出さない ←→ 明るく、自由で調子が良い
質問例	「気が散ることはあまりない」「調子に乗りやすいほうだ」

社会関係的側面

周囲の人との関わり方、人との距離感など、社会関係にあらわれる特徴です。

尺　度	その尺度が低い場合の特徴 ←→ その尺度が高い場合の特徴
従順性	自分の意見を大切にする ←→ 人の意見に従いがち
質問例	「人の意見に従うことは少ない」「人の意見に従うことが多い」
回避性	人との対立も辞さない ←→ 人との対立を避ける
質問例	「意見の違いを明確にすべきだ」「意見の対立は避けるべきだ」
批判性	自分と違う意見を受け入れる ←→ 自分と違う意見を批判する
質問例	「人の間違いは見逃すほうだ」「人の間違いを指摘するほうだ」
自己尊重性	人の意見を気にして動く ←→ 自分の考えを尊重して動く
質問例	「仕事では丁寧な指導を受けたい」「好きなようにやらせてほしい」
懐疑思考性	人を信じやすい ←→ 人を疑いやすい
質問例	「人とすぐ打ち解けるほうだ」「人と打ち解けにくいほうだ」

※SPI3性格検査の判定、評価方法は、公開されていません。本書で挙げたものは、他の性格検査、適性
検査の判定基準から類推されるものであることをご了承ください。

性格検査を回答する時の心構え❶

　SPIなど、「質問紙法」の性格検査は、**自分が自分をどんな性格と考えているかを回答する検査**です。人が客観的に判断するあなたの性格とは違います。

　したがって、受検者のその時の状況やその日の気分によって検査結果がかなり異なってきます。例えば、就活中でエントリーシートや面接で自分が評価される日々が続いているときなどは、普段は人の評価など気にしていないような人でも「人からの評価が気になる」に「あてはまる」と回答してしまうことがあります。自分のミスで失敗して落ち込んでいたら「失敗したときに自分の責任だと思う」に「あてはまる」と回答することも十分ありえます。しかし、そう回答すると、「敏感性」「自責性」が高く、ストレスに弱いというマイナス評価に近づきます。

　「正直に回答せよ」という対策本もありますが、正直も程度問題です。自分のそのときどきの気分で何となく回答してはいけません。

●**社会常識的に考えて「望ましい」と思えるほうを選ぶ**

　性格検査の「すべての尺度」で好評価を取ろうと意識しながら回答することは、作為的で不自然な回答になることもありますからお勧めしません。

　いちばんの回答のコツは、社会常識的に考えて、企業にとって「望ましい」人物像を思い描きながら回答することです。それは、

・**人と円滑に付き合える**
・**精神的にタフで、活動的に行動する**
・**よく考えて、計画を立ててから実行する**
・**目標や課題、仕事に対して粘り強く取り組む**

といった人物イメージになります。このイメージを持ちながら回答していけば、マイナス判定は受けません。　性格検査で合格が決まるということはありませんが、マイナス判定が不合格の原因になることはあります。**特に「心配性、神経質、悲観的」といった回答傾向は嫌われるので注意してください。**

　なお、できるだけ、すべての設問に回答することも大切です。未回答が多いと、考えた上で作為的に回答したとされることもあります。

3 適応性の対策

SPI3の性格検査には、性格面のほかに、「職務適応性」「組織適応性」という会社への適応性を評価する尺度があります。この判定は、性格面の尺度と能力検査の結果から総合的に判断されているものと思われます。

職務適応性

次の14タイプの職務への適応性を判定します。

タイプ	職務の特徴
関係構築	人に働きかけ、多くの人と関係を築く仕事
交渉・折衝	人と折衝することが多い仕事
リーダーシップ	集団をまとめて率いる仕事
チームワーク	周囲と協調、協力する仕事
サポート	人に気を配りサポートする仕事
フットワーク	考え込まずにフットワークよく行動する仕事
スピード対応	素早く判断し、てきぱきと進める仕事
変化対応	予定外のことへの対応が多い仕事
自律的遂行	自分の考え、判断で進める仕事
プレッシャー耐性	課題へのプレッシャーが大きい仕事
着実遂行	粘り強く着実に進める仕事
発想・チャレンジ	前例のないことに取り組む仕事
企画構想	企画、アイデアを生み出す仕事
問題分析	複雑な問題を検討、分析する仕事

組織適応性

次の4タイプの組織風土への適応性を判定します。

創造重視	新しいことに挑戦する創造的な風土
結果重視	成果、結果、自己責任を重視する風土
調和重視	チームプレー、協調を重視する風土
秩序重視	規則、決まり事を重視する風土

性格検査を回答する時の心構え❷

職務適応性と組織適応性は、それぞれのタイプに受検者がどの程度適しているかを1（適応に努力を要する）から5（適応しやすい）までの5段階で判定します。

●職務適応性

この判定は、主に性格面の尺度の組み合わせによって決められます。

例えば「関係構築（人と接することが多い仕事）」に適しているのは、当然ながら外向的で（社会的内向性が低く）、対人関係に敏感ではない（敏感性、自責性が低い）タイプの性格が適していると判定されるわけです。

回答のコツは、自分に合った職務、やりたい仕事で活躍している理想的な自分を思い描きながら回答することです。つまり、動き回ることが嫌いで活動意欲が少ない人でも、フットワークよくテキパキ働いている自分のつもりで選択肢を選んでいけば「スピード対応」への適応があるという結果に導くことがある程度できるわけです。

しかし、企業は適性のない人材がミスマッチで入社してすぐ離職するようなことを避けるためにこそ、この検査を利用しています。また、応募者本人にとっても最初から自分の性格と能力に見合った仕事を志望するほうが、好ましいことは言うまでもないでしょう。したがって、性格検査への対応以前に、**「自分に合わない仕事は選ばないこと」が大切**。そもそも自分の適性がよくわからないという人は、まずやりたい仕事は何かを見つけることが先決になります。

●組織適応性

組織適応性は、企業が自社の風土、社風と合わない人材を避けるための判定です。しかし、「創造」「結果」「調和」「秩序」の4つは、どれも企業にとって非常に大切な要素で、自社が創造重視か結果重視かなど決められないという採用担当者もかなりいます。実際、創造的で結果を重視してチームプレーで進める仕事をするが、規則は厳守という会社もたくさんあります。**この適応性はあまり気にしないで、常識にかなう回答を心がければ十分**です。

●著者プロフィール

オフィス海【Kai】

学習参考書、問題集、辞典、資格試験対策本等の企画執筆を行う企画制作会社。1989年設立。「日本でいちばんわかりやすくて役に立つ教材」の制作に心血を注いでいる。

著書『史上最強 SPI＆テストセンター1700題』『史上最強 一般常識＋時事一問一答問題集』『史上最強の漢検マスター準1級問題集』『史上最強のFP2級AFPテキスト』『史上最強の宅建士テキスト』（ナツメ社）ほか。

──SPIは頭の使いどころが中学受験問題によく似ています。私たちが培ってきた解法ノウハウとテクニックがあなたを合格に導くことを心より願っております。

●調査協力…リクルートメント・リサーチ＆アナライシス［RRA: Recruitment Research &Analysis］
データ収集・アンケート・面談調査を通して、大学生の就職・採用状況調査を行っているリサーチ機関。

小社では、みなさまからの就職活動に関する体験記や情報（SPIをはじめとした適性検査や一般常識テストなど採用テストの出題形式、面接の内容、エントリーシート・履歴書の書式など）を募集しております。次年以降の企画に役立てたいと考えています。下記の住所・アドレスにハガキ、封書、Eメールなどでお寄せください。
有益な情報をお寄せいただいた方には薄謝（図書カード等）を進呈いたします。
なお、お寄せいただいた個人情報を公表することはありません。

〒101-0051
東京都千代田区神田神保町1-52　ナツメ社ビル3F
ナツメ出版企画株式会社　就職情報係
Eメールアドレス　saikyo@natsume.co.jp

> 本書のお問い合わせは、ナツメ社WEBサイト内の、お問い合わせフォームからご連絡を頂くか、FAXにてお送り下さい。電話でのお問い合わせはお受けしておりません。回答まで7日前後の日にちを頂く場合もあります。
> ※正誤のお問い合わせ以外の書籍内容に関する解説・受検指導は一切行っておりません。
> ナツメ出版企画㈱　FAX03-3291-1305

ナツメ社Webサイト
https://www.natsume.co.jp
書籍の最新情報（正誤情報を含む）は
ナツメ社Webサイトをご覧ください。

史上最強 SPI＆テストセンター超実戦問題集

著　者	オフィス海
発行者	田村正隆
発行所	株式会社ナツメ社
	東京都千代田区神田神保町1-52　ナツメ社ビル1F（〒101-0051）
	電話　03（3291）1257（代表）　FAX　03（3291）5761
	振替　00130-1-58661
制　作	ナツメ出版企画株式会社
	東京都千代田区神田神保町1-52　ナツメ社ビル3F（〒101-0051）
	電話　03（3295）3921（代表）
印刷所	図書印刷株式会社

©office kai

＜定価はカバーに表示しています＞
＜落丁・乱丁本はお取り替えします＞

Printed in Japan

史上最強 SPI&テストセンター 超実戦問題集

別冊【解答・解説集】

ナツメ社

1 推論【正誤】 ▶本冊26〜27ページ

❶【B】 推論の成り立つ方向を→で整理しておく。**P→R**および**Q→R**が成り立つ。

※ →は「前が正しければ後ろも正しい」。

❷【C】 R（Xが2回とも長い）→ Q（合計はXの方が長い）→ P（少なくともどちらか1回はXの方が長い）。

※ →に沿う推論は正、逆らう推論は誤。

❸【C】 R→P。3番目の年長者が次女となるのは、**女男男女・男女男女**の2パターンで、そのとき**末っ子は三女ではなく次女**である。

A　末っ子が三女ではない女女女女や男男男女のパターンで、兄は2人ではないので×。

B　男男女女の例外があるので×。

❹【B】 Q→R。1＋6＝7、12−7＝5（**1、4**または**2、3**）。組み合わせは、**1、1、4、6**または**1、2、3、6**で、偶数人の組は2組。

A　1、2、4、5人の例外があるので×。

C　2、3、3、4人の例外があるので×。

❺【A】 P→Q。Xが試合に負けなかったなら、Xは後半に得点しているはず。

B　Xが後半に得点しても、Xが負けなかったとはいえない。

❻【B】 Q→R。4チームで総当たりなので、各チーム3試合を行う。全勝（3勝）したチームがない場合には、全**4チーム**が0勝、1勝、2勝（**3パターン**）のいずれかとなり、必ず勝ち数が同じチームが出る。

A　0、1、2、3勝の例外があるので×。

C　1、1、2、2勝の例外があるので×。

※具体例をメモしながら、例外なく成り立つかどうかで判断します。

2 推論【順序】 ▶本冊30〜39ページ

❼【A】 ア　WはZより早いが1位ではない。

メモ →

1	W	Z

イ　ZのタイムはWとXのタイムの平均なので、Zの後ろにXを書きたす。

メモ →

1	W	Z	X

ウ　Vは3位なので、Wの後ろにVを書きたす。Wは2位。Yは残った1位に決まる。

メモ →

1	W V Z	X

❽【AG】 9点から3点の範囲で、Pの点数がSの点数の2倍になる組み合わせは、（P8・S4）、（P6・S3）の2通りだけ。

Tの点数がRより3点高い組み合わせは、

・**（P8・S4）**のとき、次の2通り。

	9	8	7	6	5	4	3
①	T	P		R		S	Q
②	Q	P			T		S	R

最高点9点、最低点3点の店が必要なので、**Q**の点数は、①のときは**最低点の3点**、②のときは**最高点の9点**に決まる。

・**（P6・S3）**のとき、次の2通り。

	9	8	7	6	5	4	3
③	Q	T		P	R		S
④	Q		T	P		R	S

最高点9点の店が必要なので、**Q**の点数は、③④のときは**最高点の9点**に決まる。

2

9 【AC】ワンセットの組み合わせで考える。
Ⅱ　PはRの次にスピーチをした…「RP」で
　ワンセット（RとPの間に誰も入らない）
Ⅲ　SはQよりあとにスピーチをした…Q→S
（QとSの間に誰かが入る可能性もある）
Ⅰ　QとRは続けてスピーチをしなかった…
　QRPSの可能性はない
従って、**QSRP**か**RPQS**のどちらか。

10 【BC】最終区間のスタート時は**PQRS**。
「P→Q（最も遅い）」、また「R（最も速い）→S」
の順位は逆にならない。
A…**Q**は、「R→S」に抜かれたので**4位**。Rは1
位か2位、Sは2位か3位。Pは1位～3位。
○○○**Q**
B…「R→S」は最も遅い**Q**を抜いたことになる。
Sは**3位**。Sより速いRは1位か2位。**Q**は**4位**。
Pは1位か2位。○○**SQ**
C…Rが**1位**。2位以下は不明。**R**○○○
BとCの情報で、**RPSQ**の順に決定する。

11 【ABCF】条件を「メモ」する。
Ⅰ　Sは3位以内。
Ⅱ　「**PR**」はワンセット。
Ⅲ　「**Q**○○**U**」Qは1～3位、Uは4～6位。
Qの順位で場合分けして考える。
Q1位…Uが4位。2位か3位にSが入るの
で、連続する**PR**は5、6位→**Q23UPR**
Q2位…Uが5位。連続する**PR**は3、4位。
Sが1位→**SQPRUT**
Q3位…Uが6位。Sが1位か2位に入るの
で、連続する**PR**は4、5位→**12QPRU**
Tの順位は**1、2、3、6位**のいずれか。

12 【F】左から重い順にメモする。

青＝赤＋白（白＞黄） ←赤の位置は不明

ア　必ず正しいとはいえない（赤が不明）

イ　青＝赤＋白、白＞黄より、**青＞赤＋黄**
ウ　青＝赤＋白より、**青＜赤＋白＋黄**
イとウは必ず正しい。

13 【C】条件をメモする。左端が1位。
① V———18———→**最下位**
②　X— 4 →Y（またはY— 4 →X）
③　X— 4 →Z（またはZ— 4 →X）
④ V— 12 →W
⑤　　　　　W— 6 →Y（Y— 6 →W）
パッと見て、④の12秒と⑤の6秒をたすと
①の18秒になることがわかる。従って、
⑥ V— 12 →W— 6 →Y
また、5位のYがXと4秒差なので、
⑦ V— 12 →W— 2 →X— 4 →Y
ここで、③より次の2通りが考えられる。
⑧ V→Z→W→X→Y
⑨ V→W→X→YとZは同着
⑧⑨より、Aは誤り、Bはどちらともいえな
い、Cは必ず正しい。

14 【✔□□✔■□□□】
最初に真ん中□□□■□□□を調べたので、
その次に「ア　4つ隣」は調べられない。従っ
て、真ん中の次に調べた（◆）のは、「イ　1つ
隣（右または左）」か「ウ　2つ右」。これらを場
合分けして、最後のボックス（■）を求める。
①真ん中の次に1つ隣 □□□◆■◆□□→
・2つ右□□□■◆□◆→4つ隣■□□□□
・4つ隣◆□□□■□→2つ右□□□□□
②真ん中の次に2つ右 □□□■□◆□→
・1つ隣□□□■◆□◆→4つ隣■□□□□
・4つ隣□◆□■□□□→1つ隣■□□□□
【別解】もちろん、1経路ずつ考えてもよい。
①イ　1つ右 → ア　4つ隣 → ウ　2つ右
□□□■イ□□ → ア□□■イ□□
→ ア□**ウ**■イ□□
②イ　1つ左 → ア　4つ隣 → ウ　2つ右

□□イ■□□□ → □□イ■□□ア
→ 2つ右は調べられない

③イ1つ右 → ウ2つ右 → ア4つ隣
□□□■□イ□□ → □□□□■イ□ウ
→ □□**ア**■イ□ウ

④イ1つ左 → ウ2つ右 → ア4つ隣
□□イ■□□□ → □□イ■ウ□□
→ **ア**□イ■ウ□□

⑤ウ2つ右 → ア4つ隣 → イ1つ右
□□□□■□ウ□ → □ア□■□ウ□
→ □ア**イ**■□ウ□

⑥ウ2つ右 → ア4つ隣 → イ1つ左
□□□□■□ウ□ → □ア□■□ウ□
→ **イ**ア□■□ウ□

⑦ウ2つ右 → イ1つ右 → ア4つ隣
□□□□■□ウ□ → □□□■□ウイ
→ □□**ア**■□ウイ

⑧ウ2つ右 → イ1つ左 → ア4つ隣
□□□□■□ウ□ → □□□■イウ□
→ **ア**□□■イウ□

以上、最後に調べたのは**太字**のボックス。

---

⑮【D】 XはYより1冊多いので、多い順に「XY」。WとZは5冊差なので、4冊以上の差がある人がいないX（とY）はWとZの間に入る。XとWの差は、YとZの差よりも大きいので、次の順番だけが当てはまる。

冊数（仮）　　6 5 4 3 2 1
順番　　　　W○○X Y Z　←Zは4番目
※ Z X Y○○Wは条件Ⅰより**不適**。
Z○X Y○W、Z○○X Y W、W○X Y○Zなどは条件Ⅱより**不適**。

---

⑯【C】 SとTの間に3人いて、Uが右端なので、次の2パターンに限られる。
① S○○○T U
② T○○○S U
○○○はP○Q（またはQ○P）に決定。

つまり、**左から3番目にはRが入る。**

⑰【D】 Rの最終順位とTのスタート時の（バトンを受けたときの）順位を考える。

・Rの最終順位
S　先頭でバトンを渡されたが、転んで一気に最下位になり、そのままゴールした…Sはバトンを渡されたスタート時は1位で、ゴールは5位。他の4人に1回ずつ抜かれた。
スタートS ○○○○ → ゴール○○○○ S
P　ずっとRの後方を走っていた…RはPより先にスタートして、先にゴール…**R＞P**
R　Qに1回抜かれたが、Qを1回抜き返した…RはQより先にスタートして、先にゴール…**R＞Q**
T　誰にも抜かれなかったが、先頭でゴールしなかった…**R＞S・P・Q**で、Tは先頭でゴールしなかったので、**Rは1位に確定。**

・Tのスタート時の順位
Tは、誰にも抜かれず、1位でゴールしなかったので、**途中でも1位にはならない。**
Tが2位▶ **S T ○○○**（Sのゴールは5位）
←**Tが1位になるので不適。**
Tが3位▶ **S R T P Q** または **S R T Q P**
←QはTを抜かないままRを抜く必要があるが、TがRを抜いた時点で**Tが1位になるので不適。**
Tが4位▶ **S R P T Q** または **S R Q T P**
S R P T Q ←QはTを抜かないままRを抜く必要があるが、TがRを抜くと**Tが1位になるので不適。**
S R Q T P←Qは3回（S・R・P）抜いて、2回（R・TかP）抜かれる。QがPを抜くにはTPが先にQを抜く必要があるが、すると**Qが3回（R・T・P）抜かれることになるので不適**。従って、**Tのスタートは5位に確定。**
以上より、Rの最終順位とTがバトンを受けたときの**順位の和は1＋5＝6**。

【参考】可能性がある順位は以下の通り。

スタートＳＲＰＱＴ … ゴールＲＰＱＴＳ
　　　　　　　　　　 または … **ゴールＲＴＱＰＳ**
スタートＳＲＱＰＴ … ゴールＲＱＰＴＳ

18 **1**【AB】 Ⅱ ＲはＳより４時間早く閉店
18─19─20─21─22─23
Ｓが**23時閉店**なら、 Ｒは**23**－**4**＝**19時閉店**
Ｓが**22時閉店**なら、 Ｒは**22**－**4**＝**18時閉店**
2【ABEF】 ＰとＱが２時間差、ＱとＴも２時
間差なので、**ＰとＴは４時間差**となる。
18─19─20─21─22─23
Ｔが**18時閉店**なら、Ｐは**18**＋**4**＝**22時閉店**
Ｔが**19時閉店**なら、Ｐは**19**＋**4**＝**23時閉店**
Ｔが**22時閉店**なら、Ｐは**22**－**4**＝**18時閉店**
Ｔが**23時閉店**なら、Ｐは**23**－**4**＝**19時閉店**
Ｐの閉店時間は、**18時**、**19時**、**22時**、**23時**。

19 **1**【BD】
Ⅰ 　５人は１cmずつ大きさが異なる
Ⅱ 　ＲとＳの差は１cm
Ⅲ 　ＰとＱの差は２cm
ＲとＳの差は１cmなので、**ＲＳ**（または**ＳＲ**）
は間に誰も入らないワンセットになる。
ＰとＱの差は２cmなので、間に誰か１人だけ
入る。ワンセットの**ＲＳ**はＰとＱの間には入
らないので、**ＰＴＱ**（または**ＱＴＰ**）でワンセ
ットになる。従って、大きい順に、
ＰＴＱＲＳ または **ＲＳＰＴＱ** となる。
Ｔは２番目か４番目。**ＱＴＰＲＳ**、**ＳＲＱＴＰ**
などの並びもありえるがＴの順番は同じ。
2【BCDE】 Ｐが**25cm**でＲより大きいので、
ＰＴＱ（または**ＱＴＰ**）＞**ＲＳ**（または**ＳＲ**）
ＰＴＱＲＳ＝**25**　24　23　22　**21**
ＰＴＱＳＲ＝**25**　24　23　22　21
ＱＴＰＲＳ＝**27**　26　**25**　24　**23**
ＱＴＰＳＲ＝**27**　26　**25**　24　23
のいずれかになる。

20 ＳはＴの次で、ＱとＳの間に２人なので、
早い順に並べると、
〇Ｑ〇Ｔ Ｓ、Ｑ〇Ｔ Ｓ〇、Ｔ Ｓ〇〇Ｑ
の３通り。
1【CE】５時に間に合ったのは２人で、４時50
分のＰは５時前の１人目か２人目に入るので、
ＰＱＲＴＳ、**ＱＰＴＳＲ** の2通り。
従って、**Ｒは３番目または５番目**。
2【ABCD】Ｐが５時10分に到着した場合、Ｐ
は３人目以降となるので、
ＲＱＰＴＳ、**ＱＲＴＳＰ**、**ＴＳＰＲＱ**、**ＴＳＲＰＱ**
従って、**Ｒは１番目、２番目、３番目、４番目**。

21 **1**【ADEG】
Ⅰ 　Ｓは水曜日
Ⅱ 　Ｐの４日後にＲなので、Ｐ〇〇〇Ｒ。
また、Ｐの翌日にＱなので、ＰＱ〇〇Ｒ。
水曜日にＳを入れてから、１週間にＰＱ〇〇
Ｒを当てはめていくと、次の通り。

月	火	水	木	金	土	日
P	Q	S	〇	R		
R		S	P	Q	〇	〇
〇	R	S		P	Q	〇
Q	〇	S	R			P

Ｐは、月、木、金、日曜日。
【別解】ＰＱ〇〇Ｒに２日分たして、〇〇ＰＱ
〇〇Ｒと表すと、Ｓの水曜日は〇のうちのど
こかに当てはまる。求めるのはＰの曜日なの
で、Ｐの曜日が確定できるように、〇に水曜
日を当てはめていくと、次の通り。
〇 〇 **Ｐ Ｑ** 〇 〇 **Ｒ**　（左の〇〇は右でもよい）
水 木 金
　水 木
　　　月 火 水
　　　日 月 火 水
2【ABDF】Ｐの４日後にＲ、Ｐの２日後にＱ
なのでＰ〇Ｑ〇Ｒ。１週間に、Ｓの水曜日と、
Ｐ〇Ｑ〇Ｒを当てはめていくと、次の通り。

月	火	水	木	金	土	日
	P	S	Q	○	R	
R		S	P	○	Q	○
○	R	S		P	○	Q
○	Q	S	R			P

Rは、月、火、木、土曜日。

【別解】Sの水曜日は○のうちのどれかになるので、考えられるパターンは次の4つ。

P ○ Q ○ R ○ ○　（右の○○は左でもよい）

　水　木　金　土

　　　　水　木

　　　　火　水

　　　　月　火　水

㉒ ➊【BF】条件に従って、1番目のPから順に考えていくと、配達の順序は次の2通り。

P Q R S T U

1 3 2 4 5 ×　←×は配達されない家

1 × 2 3 5 4　　QとUが×

➋【DF】5番目のQから順に考えていくと、配達の順序は次の3通り。

P Q R S T U

4 5 3 2 × 1

× 5 4 2 3 1

× 5 4 1 3 2　←SとUが1

➌【A】5番目のUから順に考えていくと、配達の順序は次の2通り。

P Q R S T U

× 1 3 2 4 5

× 2 3 1 4 5　←Pが×

㉓ ➊【EG】一番背の高いPが170cm。

Ⅰ　PはQと2cm差なので、

　　Qは、170－2＝168cm

Ⅱ　QはTと1cm差なので、

　　Tは、167cmか169cm。

➋【CG】172－166＝6cm差を満たす並びを考える。条件にある2cm差、1cm差、3cm差を合計すると6cmとなる。

Ⅰ　PはQと2cm差、Sと1cm差である

Ⅱ　QはRと3cm差、Tと1cm差である

以上の条件より、SとRが6cm差と考えられる。172cmから166cmまでをメモして、条件に一番多く登場するQを中央値の169cm、Rを3cm差の166cmにおくと、次の通り。

172　171　170　169　168　167　166

　S　　P　　T　　Q　　T　　○　　R

S P T Q T ○ R　で、SからRまでが6cm差となり、Pは171cmとなる。

逆に、Rを一番背が高い172cmとすれば、次のように、Pは167cmとなる。

172　171　170　169　168　167　166

　R　　○　　T　　Q　　T　　P　　S

㉔ ➊【ABC】条件に記号が2回ずつ出ているK、M、Nの関係をメモにする。

K ← 50円 → N ← 150円 → M

K ←――――200円――――→ M

KNMまたはMNKの順で高いことがわかる。

KNM…LがKより安い場合はKが一番高く、LがKより高い場合はLが一番高い。

MNK…KとLにかかわらずMが一番高い。

【別解】適当な値段を当てはめて考えてもよい。

K＝1000円とする。

Ⅰ　KとLの差は100円

　　→Lは1100円または900円

Ⅱ　KとNの差は50円

　　→Nは1050円または950円

Ⅲ　MとNの差は150円

　　→N1050円→M1200円または900円

　　→N950円→M1100円または800円

K1000円とMの差が200円になるのは、Mが1200円または800円のとき。

M1200円→N1050円、L1100円または900円。K1000円。Mが一番高い。

M800円→N950円、L1100円または900円。K1000円。

Lが1100円のときはLが一番高い。
Lが900円のときはKが一番高い。
従って、K、L、Mが一番高い可能性がある。
②【D】各条件で確定できる値段をメモする。
ア　K（1000円）はN（950円または1050円）より高い
→N 950円が確定。Nと150円差のMは800円か1100円。
イ　L（900円または1100円）はMより安い
→L 900円のときM 1100円または1200円。
→L 1100円のときM 1200円。
ウ　N（950円または1050円）はMより安い
→Mは1100円または1200円。（NとMの値段は確定しない）
問題文より、K 1000円。アでN 950円が確定する。イが加わると、M 1100円、L 900円が確定する。
アとウの条件のみではN 950円、M 1100円は確定するが、Lが確定しない。イとウの条件のみでは何も確定しない。

㉕ ①【ABDEF】 Ⅰで「**P Q**」が、Ⅱで「**R S**」がそれぞれ**ワンセット**になる。Ⅲより、**水曜日**はTとU以外である。TとUが**水曜日**に来ないように、**P Q**、**R S**を月〜土曜日にはめ込むと、以下の4パターンとなる。

① 月　火　**水**　木　金　土
② 月　火　**水**　木　金　土
③ 月　火　**水**　木　金　土
④ 月　火　**水**　木　金　土

Uは、赤下線以外の曜日なら来ることができるので、**月・火・木・金・土**。
②【ACEF】 **①**の①〜④で、TとUが土曜日に来ないパターンは③と④。③で火曜日に来るのは、それぞれのセットで先に来る**PかR**。④で火曜日に来るのは**TかU**。

㉖ ①【BC】「**必ずしも誤りとは言えない推論**」とは、成り立つ可能性がある推論のこと。
Ⅰ　Qは3番目
Ⅱ　PはR、Tより先
→Pは1番か2番
R、Tは1番ではない
Ⅲ　最後はTではない
以上を表にする。

	P	Q	R	S	T
1	×	×			×
2	×				
3	×	○	×	×	×
4	×	×			
5	×	×			×

Aは必ず誤り、**B**と**C**は可能性あり。
②【B】 条件ABCを点検する。
A　Tは2番目…Pが1番目でRとSは不明。
B　Rは4番目…**Tは2番目**。**Pは1番目**、最後に残った**Sが5番目**。すべて確定できる。
C　Sは5番目…Pが1番目でRとTは不明。
【別解】下のようにメモしても解ける。

①	②	③	④	⑤
PS	**Q以外**	**Q**	**RST**	**RS**

㉗ ①【C】 順位だけに注目する。
Ⅱ　R（第1レーン）の隣の走者が**❶**位
Ⅰ　QはR（第1レーン）の走者の2つ下
→Rが**❷**位でQが**❹**位
従って、Sは残った**❸**位に決定。

❷	❶	❹	❸
R	P	Q	S
第1レーン	第2レーン	第3レーン	第4レーン

②【BD】 これも順位だけに注目する。
Ⅰ　Q（**❸**位）は第1レーンの走者の2つ下 → 第1レーンが**❶**位
Ⅱ　Rの隣の走者が**❶**位→Rは**❶**位ではない。
従って、Rは残った**❷**位か**❹**位に決定。
【別解】第1レーンの2つ下のQが**❸**位なので、第1レーンが**❶**位。Rの隣のレーンが**❶**位なので、Rは第2レーン。Sは第4レーン。Qは**❸**位で第3レーン。残ったPが第1レーンで**❶**位。

従って、Rは**❷位**か**❹位**。

※別解のように、順位とレーンをいっしょに考えると、解答に時間がかかります。推論は、解答に必要な条件だけで考えるようにしましょう。

㉘ ❶【C】 場合分けで考える。
Ⅰ　PはQよりも上の学年…P＞Q
Ⅱ　RはSよりも上の学年…R＞S
Ⅲ　PとRは同じ学年ではない
Pが3年の場合…Qは2年か1年。Rは2年。

	3年	2年	1年
①	P	Q R	S
②	P	R	Q S

Pが2年の場合…Sは2年か1年。Rは3年。

	3年	2年	1年
③	R	P S	Q
④	R	P	Q S

表の4パターンなので、Cが間違っている。

❷【B】「Qは2年生である」が加われば、4パターンのうちの①に確定できる。

㉙ 条件を整理して考える。
Ⅰ　**身長 P＞S**
Ⅱ　**年齢 S＞R＞Q**
❶【CD】 PがRより年上なので、年齢は、
年齢 S P＞R＞Q
Qが最年少で最も身長が高くなる。
身長 Q＞P＞S
身長が最も低い可能性があるのは、RとS。
❷【ABC】 身長はP＞Sなので、Pは身長が最も低い最年長ではない。年齢はS＞R＞Qなので、Sが最年長で身長が最も低い。身長について、これ以外のことは確定できない。従って、2番目に身長が高い可能性があるのは、**P、Q、R**。

㉚ ❶【B】 当たりを●（赤字）、はずれを×（黒字）とする。
Ⅰ　はずれは連続しない…5本中3本ははずれなので、×●×●×に確定する。
Ⅱ　最初に当たりを引いたのはP…当たりのPは2番目で、「×P×●×」に確定する。
Ⅲ　QはTよりも先に引き、Tははずれ…Tは3番目または5番目に確定する。
Tが3番目…QPT●×←Qが1番目ではずれに確定。
Tが5番目…×P×●T←Qは1、3、4番目のいずれか。
以上より、推論する。
A　Rは2番目に引いた…2番目はPに確定しているので、誤り。
B　Sははずれだった…Sは当たりかはずれかが確定しないので、**必ずしも誤りとはいえない。**
C　Tは4番目に引いた…Tは3番目または5番目に確定しているので、誤り。
❷【C】❶で確定している以下の2通りで考える。
Tが3番目…QPT●×
Tが5番目…×P×●T
ア　Qは1番目に引いた → QP×●×
QP以外は確定しない。
イ　Tは最後に引いた →×P×●T
PT以外は確定しない。
ウ　Sは5番目に引いた →×P×●S
Sが5番目なので、「**Tが3番目…QPT●×**」のパターンで、**QPT●S**に確定できる。残る●にはRが入る。
　→ **QPTRS**
よって、**ウだけ**で全員のくじを引いた順番と当たりはずれを確定できる。

※条件を整理して、メモを取る方法を覚えることが、推論攻略の近道です。

3 推論【内訳】 ▶本冊42～47ページ

㉛【BC】Ⅰ～Ⅲと、「Sが女性で旅行先がフランス」という条件を表にすると、下の空欄以外の部分が確定する。

P	Q	R	S	T
		③男	①女	③男
②国内	②国内	④イ	①フ	⑤ア

① Sは女性でフランス（フ）
② P、Qは国内旅行
③ 男性2人が海外旅行 →RとTは男性
④ Rの旅行先はヨーロッパ →イタリア（イ）
⑤ 残る海外旅行者Tはアメリカ（ア）

A　Pは男性…残りは男女1人ずつなので、Pは男性とは限らない。
B　Rは男性…**必ず正しい**
C　Tはアメリカ…**必ず正しい**

【別解】男性のうち2人が海外旅行なので、海外は、男性2人と女性1人。Rのヨーロッパはイタリアかフランスだが、フランスへ行ったのは女性のSなので、Rは男性でイタリア。残った男性の海外がTでアメリカに確定する。国内旅行の男女PQは、性別も行き先も確定できない。

男	男	男	女	女
海外	海外	国内	海外	国内
R	T	**PQ**	S	**PQ**
イ	ア		フ	

㉜【F】P＞Q＞R＞Sが成り立てばよい。
ア　160のうち、Pが70で残り90。Sが30で残り60。60を分け合うQかRがSより少なくなるので、成り立たない。
イ　2位のQが60なら、1位のPは最少でも61。残りは160－（60＋61）＝39。Rが29、Sが10で**成り立つ**。
ウ　3位のRが49なら、P、Qは、最少で51、

50。以上を160から引けば、4位のSが、160－（49＋51＋50）＝10で**成り立つ**。

㉝【E】4色は最低1個。同じ個数はない。
Ⅰ　赤以外の2色の玉が3個ずつ
→白・黄・緑は、最少でも3個・4個・1個ある。白＋黄＋緑＝8個以上で、赤は12個以下。
Ⅱ　赤は7個以上
Ⅲ　赤が最多で白が最少
ア　すべてが奇数個のとき、最少の白が1個でなければ白3、黄5、緑7、赤9で合計24個になってしまうので**白は必ず1個である**。
イ　赤10、黄5、緑4、白1でも成り立つ。白は2個とはいえない。
ウ　最少の白が3個なら、黄と緑は最低4個と5個。20－（3＋4＋5）＝8（赤8個）で成り立つ。白が4個なら、20－（4＋5＋6）＝5（赤5個）で成り立たない。**白は必ず3個以下**である。

㉞【E】合計と全体40人との差を考える。
ア　40人のうち、ドイツ語とスペイン語の2カ国語を話せる人は最少でも、
29＋18－40＝7人
少なくとも7人いるという推論は、**必ず正しいといえる**。
イ　40人のうち、フランス語と中国語の2カ国語を話せる人は最少でも、
32＋20－40＝12人
さらにスペイン語も話せる人は、最少でも
12＋18－40＝－10
0以下なので、フランス語と中国語とスペイン語を話せる人が0人の場合もある。少なくとも1人いるという推論は、**必ず正しいとはいえない**。

ウ　40人のうち、まずフランス語とドイツ語の２カ国語を話せる人は最少で、

32 ＋ 29 － 40 ＝ 21 人

さらに中国語も話せる人は、最少で、

21 ＋ 20 － 40 ＝ 1 人

少なくとも１人いるという推論は、**必ず正しいといえる。**

㉟【C】 番号の合計で考える。

ア　Qが「１１４４」の場合に合計10となり、10より大きいとはいえない。

イ　Pの合計が９以下でも、１が２個でない「１２２３」「１２３３」のパターンがある。

ウ　Pの合計が７のときは「１１２３」となる。４が入ると最小でも「１１２４」で８。Pが７以下なら、**Qには必ず４が２個入る。**

㊱【E】 PとQの色で場合分けしていると時間がかかる。黄４本、白３本、赤３本の線を引いて、最初にSの黄と白を消す。

黄４　Ｉ Ｉ Ｉ Ｘ　…　残り３本
白３　Ｉ Ｉ Ｘ　…　残り２本
赤３　Ｉ Ｉ Ｉ　…　残り３本

残りは黄３本、白２本、赤３本。条件より、PとQの色の組み合わせは同じなので、PとQは２色が２本ずつとなる（例：Pが黄白ならQも黄白で、黄２本と白２本）。またRは２本とも同じ色（例：赤２本）なので、結果、P、Q、Rの３人で黄・白・赤を２本ずつ（計６本）分けたことになる。

黄４　Ｉ Ｉ Ｉ Ｘ　…　残り１本
白３　Ｉ Ｉ Ｘ　…　残り０本
赤３　Ｉ Ｉ Ｉ　…　残り１本

Tは残った黄色と赤に確定できる。

㊲ ❶【D】 内訳を求める集合問題。参加が100人で名前は70名なので、PとQ両方の参加人数は、参加人数と名前の数の差になる。

100 － 70 ＝ 30 人

Pの定員は50人で30人が両方参加なので、Pだけに参加した人は、

50 － 30 ＝ 20 人

❷【C】 ❶ 同様、Qだけに参加した人は20人。

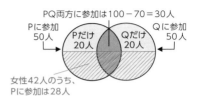

PQ両方に参加は100－70＝30人
Pに参加 50人 → Pだけ 20人　Qだけ 20人 ← Qに参加 50人
女性42人のうち、Pに参加は28人

Qだけに参加した女性は、女性42人からセミナーPに参加した女性28人を引いて、

42 － 28 ＝ 14 人

Qだけに参加した男性は、Qだけに参加した20人からQだけに参加した女性14人を引いて、

20 － 14 ＝ 6 人

㊳ ❶【AB】 P、Q、R、S、T、Uの6人の弁当の種類を、先頭の３人「PQR」と後ろの３人「STU」で分けて考える。

Ⅰ　Q、R、S、T、Uは、直前の人と同じ種類の弁当は買わなかった

Ⅱ　SとUは異なる種類の弁当を買った

和食を和、洋食を洋、中華を中とする。

・PQRの組み合わせ

Pが和の場合、次のQ、Rは直前の人と異なる種類を選ぶので、

①P和→Q洋→R和か中

②P和→Q中→R和か洋

のいずれかになる。つまり、「PQR」の３人で**洋は１個か０個。**

・STUの組み合わせ

Ⅰより直前の人と同じ種類の弁当は買わないので、SとT、TとUは異なる。ⅡよりSとUは異なるので、結果STUは３人とも異なる種類の弁当を１個ずつ（**洋は１個**）買うこと

になる。

例…S和→T洋→U中、S中→T洋→U和

従って、先頭の3人と合計すると、6人全体
で**洋を買った人は1人か2人**。

2【CD】1より、STUの弁当はすべて異な
る。Rは、隣のS、またTとも異なるので、
結果RとUは同じ弁当になる。Qは、隣のP
またR（＝U）と異なるので、**Qと同じ弁当は、
PRU以外のSかT**。

例…P和→Q洋か中→R和→S洋→T中→U和

㊴【E】4月から9月までの**6か月間で15回**。
5月は2回に決まっているので、残りは**13
回**になる。最後の15回目は必ず9月に来る。
9月から考える。

①9月に1回だけ（15回目）なら、残りの4、
6、7、8月で合計**12回分**で3回ずつになる。
12回目は、必ず8月（12、13、14回目）に
来る。

4月	5月	6月	7月	**8月**	9月
3	2	3	3	**3**	1

②9月に2回（14、15回目）なら、残りの4、
6、7、8月で11回分。8月に最低でも2
回分（12、13回目）が来る。

4月	5月	6月	7月	**8月**	9月
3	2	3	3	**2**	2

③9月に3回（13、14、15回目）なら、12回
目は必ず直前の8月に来る。

4月	5月	6月	7月	**8月**	9月
3	2	3	3	**1**	3

従って、**12回目は8月**。

㊵ 1【ABC】条件よりP≠Q、Q≠R、P≠
R。PQRの3人で2種類では、例えばP紅
茶≠Qコーヒー≠R紅茶となって成り立たな
い。つまり、PQRの3人で3種類を注文し
たはずなので、3人のうち1人は必ずジュー

スになる。従って、**ジュースを注文した可能
性があるのはPQR**。

2【ACE】Qが紅茶なので、残った注文は、
紅茶1、コーヒー2、ジュース1。

PはQ（紅茶）と違うコーヒーかジュース。

RはQ（紅茶）と違うコーヒーかジュース。

Tは紅茶以外で、コーヒーかジュース。

従って、紅茶はSに決定する。**ジュースを注
文した可能性があるのは、PRT**。

㊶ 1【ADEH】14日間のうち、Sが10日目
～14日目に使用するので、残りの1日目～9
日目で考えればよい。P2日間・Q3日間・
R4日間の組み合わせは、以下の4パターン。

12／3456789（QRは順不同）

123／45／6789

1234／56／789

1234567／89（QRは順不同）

Pが使用する初日は、1、4、5、8日目。

㊷ 1【CD】男性3人・女性3人のうち、

Ⅰ　PQは異性…残りは男2人・女2人

Ⅱ　RSは同性…RSは男2人または女2人

従って、**TUはRSとは異性**になる。また、
RSはTとペアではないので、Tとペアにな
るのは、PまたはQとなる。異性を上下に分
けると、下の通り。

$$\begin{array}{ccc} P & R & S \\ \hline Q & T & U \end{array} \quad ←\!\!\diagdown\!\!\diagdown はペア$$

▲図のPとQは入れ替え可。

Uとペアになり得るのはRとS。

2【CDE】1より、**T**が男性とわかると、**R
Sは女性、Uは男性**に確定する。PとQの性
別は確定できない。Tが女性の場合でも、確
定できる人は同じ。

㊸ 1【AB】6人で3カ所の内訳は**4人/1人
/1人、3人/2人/1人、2人/2人/2人**のいず

れかだが、「Rは1人で1カ所」「階段は2人」なので、**3人/2人/1人**に確定できる。
教室　R1人またはR以外の3人
廊下　R1人またはR以外の3人
階段　2人
A　階段は2人なので、Rが1人で掃除したのは教室または廊下。
B　SとTが同じ場所を掃除したかどうかはどちらともいえない。
C　Uは必ず誰かと同じ場所を掃除したので間違い。
2【BC】
A　Rは廊下…
　　教室○○○、廊下R、階段○○
B　Sは教室…
　　教室○○S、廊下R、階段○○
C　Tは階段…
　　教室不明、廊下不明、階段T○
PとQは同じ場所を掃除したので、BとCで、
教室PQS、廊下R、階段TUに確定できる。

44 **1**【CEF】同じ種類のアイスを食べた人はいないので、抹茶（**ま**）は1人で、あずき（**あ**）は2人で、ミルク（**ミ**）は3人で食べたことがわかる。
ま　ああ　ミミミ
Ⅲ　PとQは少なくとも1本は同じ種類のアイスを食べた…**あずきかミルク**
①PとQであずき1本ずつ食べた場合
ま　ああ　ミミミ　←PQがあずき
ここで、「Ⅳ　RとSは同じ種類のアイスを食べなかった」ので、RとSの一方は**抹茶**、もう一方は**ミルク**に確定。
ま　ああ　ミミミ　←RSが抹茶とミルク
残った**ミルク2本**は、PとQに確定。
以上より、**Qが食べたのは、「F あずきとミルク」**に確定。
②PとQでミルク1本ずつを食べた場合

ま　ああ　ミミミ　←PQがミルク
Pは少なくともあずき1本を食べたので、
ま　ああ　ミミミ　←Pがあずき
Pは2本食べた。残りは3種類が1本ずつ。
・RとSの2人で3種類…**Qが食べたのは、**「**C ミルクだけ**」に確定。
・RとSの2人で2種類…Q1人でミルク2本は食べないので、RとSは「抹茶・ミルク」または「あずき・ミルク」のどちらか。
　Qが食べたのは、「E 抹茶とミルク」または「**F あずきとミルク**」のどちらか。
【別解】考え方は上と同様だが、下のような表をメモして考えてもよい。

	P	Q	R	S
①	あ ミ	あ ミ	ま	ミ
②	ミ あ	ミ あ	ま	ミ
②	ミ あ	ミ ま	あ	ミ

2【CF】**1**より、PとQでミルク1本ずつ、計2本を食べたことは確実なので、
ま　ああ　ミミミ　←PQがミルク
Rが2本（3種類のうち2種類）を食べたので、Ⅳより、Sが食べたのは、Rが食べていない1種類1本だけ。つまり、RとSで3種類のアイスを1本ずつ食べたことになる。
ま　ああ　ミミミ　←RSで3種類1本ずつ
残りはあずき1本。あずきはPかQが食べたことになるので、**Qが食べたのは、「C ミルクだけ」**または「**F あずきとミルク**」のどちらか。

45 **1**【ABCD】
○経験あり。×経験なし。△どちらでも可。
① Qにスキー経験がある場合

	スキー2人	ゴルフ
P＝スキー	○	△
Q＝どちらか	○	×
R＝どちらも	×	×
S	×	△

② Qにスキー経験がない場合

・Rにどちらの経験もある場合

	スキー2人	ゴルフ
P＝スキー	○	△
Q＝どちらか	×	○
R＝どちらも	○	○
S	×	△

・Rにどちらの経験もない場合

	スキー2人	ゴルフ
P＝スキー	○	△
Q＝どちらか	×	○
R＝どちらも	×	×
S	○	△

全員にゴルフ経験がある可能性がある。

②【C】

① Qにゴルフ経験がある場合

	スキー2人	ゴルフ1人
P＝スキー	○	×
Q＝どちらか	×	○
R＝どちらも	×	×
S	○	×

② Qにゴルフ経験がない場合

	スキー2人	ゴルフ1人
P＝スキー	○	△
Q＝どちらか	○	×
R＝どちらも	×	×
S	○	△

確実にスキー経験がないのはRだけ。

※できなかった問題は、解説を読んで終わりではなく、いったん時間をおいて、自力で解けるようにしておきましょう。

別冊解答・解説 ▼ 推論【整数】

4 推論【整数】 ▶本冊50〜59ページ

㊻【BCDE】各階（2世帯ずつ）の人数は、
1階…Ⅲ、Ⅳより3人世帯のQとRで6人。
2階…Ⅰより、単身世帯はないので、最少1世帯2人。2世帯なので**最少で4人**
3階…2世帯なので**最少で4人**
2階・3階は、**最多で17 − 6 − 4 ＝ 7人**。
従って、**2階には4〜7人**が住んでいる。
【別解】6世帯で17人、Q、R、Tは3人世帯なので、Q、R、Tは合計で**3×3＝9人**。
P、S、Uの3世帯合計は**17 − 9 ＝ 8人**で、各世帯2人以上なので、P・S・Uは（**4・2・2**）または（**3・3・2**）。また、QとRが1階なので、2階はP・S・U・T（3）のうちの2世帯。2階の人数の組み合わせは（**2・2**）、（**2・3**）、（**2・4**）、（**3・3**）、（**3・4**）で、2階は、4人、5人、6人、7人のいずれかとなる。

㊼【D】数式で解ける。
ⅠとⅡより、$X − Y ＝ Z$ → $X ＝ Y + Z$
ⅠとⅢより、$Z ＝ Y − 3$
$X ＝ Y + Z ＝ Y + (Y − 3) ＝ 2Y − 3$
全部で30個なので、$X + Y + Z ＝ 30$。
これをYだけの式にして、
$(2Y − 3) + Y + (Y − 3) ＝ 4Y − 6 ＝ 30$
$Y ＝ (30 + 6) ÷ 4 ＝ 9個$

㊽ ①【AC】4人合わせて8匹なので、Rが3匹のとき、P・Q・Sは合わせて5匹となる。数の組み合わせは、（**2・2・1**）か（**3・1・1**）。
（**2・2・1**）…PとQは同じ数のペットを飼っている人がいるので、**PとQが2匹**で、**Sは1匹**。
（**3・1・1**）…P・Q・Sのうち誰か1人が3匹となるが、**Rも3匹**なので、どの場合でも条件Ⅱ、Ⅲを満たす。**Sは1匹または3匹。**

2【ABCE】4人合わせて8匹なので、数の組み合わせは、次のいずれか。

（2・2・2・2）（3・2・2・1）（3・3・1・1）
（4・2・1・1）（5・1・1・1）

P、Q、Sにはそれぞれ同じ数のペットを飼っている人がいるので、（3・2・2・1）と（4・2・1・1）は不適。

（2・2・2・2）…**Rは2匹。**
（3・3・1・1）…**Rは1匹または3匹。**
（5・1・1・1）…P、Q、Sは1匹。**Rは5匹。**

49 **1**【E】全体、男子、女子別に整理する。
Ⅲ　学生500人のうち170cm以上の学生が150人なので、170cm未満は、
500−150＝350人
Ⅱ　170cm未満350人のうち170cm未満の女子が190人なので、170cm未満の男子は、
350−190＝160人
2【C】男子学生の身長別に整理する。
Ⅰ　160cm以上の男子は270人なので、170cm以上の男子が140人以下なら、
160cm以上170cm未満の男子は、
270−140＝130人以上
1より、**170cm未満の男子は160人。**
従って、**160cm未満の男子は、**
160−130＝30人以下
つまり、**最も多くて30人。**
なお、170cm以上の男子が少なくなればなるほど、160cm未満の男子も少なくなる。
例：170cm以上が120人のとき、160cm以上170cm未満は、270−120＝150人。
160cm未満は160−150＝10人。

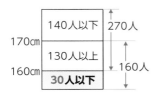

50 **1**【ABD】
A　Rが最大
B　S＝7…AとBより、Rは8か9。
C　R＝T＋4
D　PとSだけが奇数（Q、R、Tは偶数）
　…A、B、Dより、R＝8が確定する。
2【F】**1**より、R＝8、S＝7、T＝8−4＝4
DとⅠより、Pの数は奇数で3番目に大きい。
DとⅡより、Qの数は偶数で最小。

R	S	P	T	Q
8	7	奇数	4	偶数

Pの奇数は5、Qの偶数は2に確定できる。
従って、5人の数はすべて確定できる。

51 **1**【Ⅰ】
Ⅰ　Pの3つの数字の和は20
Ⅱ　Qには8のカード
和が20になるPの組み合わせは、
Qの8を除くと、次の2通り。
①9＋7＋4＝20
②9＋6＋5＝20
Pが必ず持っているのは、9だけ。
2【BCEG】**1**より、Pの組み合わせは次の2通りで、8はQ。数字を消していく。
①9＋7＋4＝20
　→残りは、**1 2 3 4 5 6 7 8 9**
　Rの3つの数字の積は12になるので、
　6×2×1＝12
　→残りは、1̶ 2̶ 3 4 5 6̶ 7̶ 8̶ 9̶
　Qに配られた数字は、**8**と、**残った5と3。**
②9＋6＋5＝20
　→残りは、**1 2 3 4 5 6 7 8 9**
　Rの3つの数字の積は12になるので、
　4×3×1＝12
　→残りは、1̶ 2 3̶ 4̶ 5̶ 6̶ 7 8̶ 9̶
　Qに配られた数字は、**8**と、**残った7と2。**
従って、Qが8以外に持っている可能性のある数字は、**2、3、5、7。**

52 **1**【ABEF】誰が３点かで場合分けする。
Aが３点…AはBより３点高いので、Bは０点。
Bが３点…AはBより３点高いので、Aが６点
となり、不適。
CとDのいずれかが３点…CとDの得点をた
すと－１点になるので、もう一方が－４点と
なり、不適。
従って、**Aが３点、Bが０点に確定できる。**
－３、－２、－１、０、１、２、３
このとき合計－１点になるC・Dが取り得る
得点は、次の２通り（順不同）。
（２・－３）または（１・－２）
Dの得点はこのいずれかとなる。
2【BDE】CがBより１点高く、AはBより
３点高いので、（**A＞C＞B**）…Dが取り得る
得点は、次の４通り。
（３＞１＞０）…－２
（２＞０＞－１）…－１←Bと同じ得点で不適
（１＞－１＞－２）…０
（０＞－２＞－３）…１
従って、**Dの取り得る得点は－２、０、１点。**

53 **1**【BD】値段の和と差で考える。左から
①②③④⑤とする。和が８００円になる①・
③の組み合わせは（３００円・５００円）か（４００
円・４００円）。差が２００円になる③・⑤の組
み合わせは（３００円・５００円）のみ。３００円
は１冊なので、③がAの３００円で、①と⑤が
５００円に決定。**４００円のBは②か④に入る。**
2【ACE】③以外の平均額が４２５円なので、
③以外の①②④⑤の合計額は、
４２５×４＝１７００円
５冊の合計額は、
３００＋４００×２＋５００×２＝２１００円
③は、**２１００－１７００＝４００円**
平均額４００円になる②・④の組み合わせは、
（４００・４００）か（３００・５００）だが、③が４００
円なので、（４００・４００）の組み合わせはあり

えない。②・④は（３００・５００）に決定。以上
より、４００円のCの位置は、②④以外の①③
⑤と考えられる。

54 **1**【AB】１人１冊以上で、４人で１２冊。
Ⅰ　PはQの２倍の冊数　→P＝Q×２
Ⅱ　RはSより多く借りた　→R＞S
Qの冊数で場合分けして考えると次の７通り。
Q P R S → ①12 8 1 ②12 7 2 ③12 6 3
④12 5 4 ⑤24 5 1 ⑥24 4 2 ⑦36 2 1
Aは⑥、Bは②のときに同じ冊数になるので、
必ずしも誤りとはいえない。Cは必ず誤り。
2【AB】**1**の①～⑦の組み合わせで考える。
A → ④12 5 4 　または　⑤24 5 1
B → ⑤24 5 1 　または　⑦36 2 1
C → ③④⑤⑦のいずれか
AとBの情報を組み合わせれば、⑤に確定する。

55 **1**【CE】条件を整理する。
Ⅰ　Pは４人で、他の３つの世帯よりも多い
　→Pは４人、他は１人か２人か３人
Ⅱ　Sは他の３つの世帯よりも少ない
　→Sは１人か２人、QRは２人か３人
Ⅲ　４世帯の子供を合わせると男女同数
　→男女同数なので、合計人数は偶数
Sの子供が１人か２人で、場合分けする。
● Sの子供が１人の場合
　P Q R S …合計人数
① 4 3 3 1 …11人←奇数なので×
② **4 3 2 1 …10人←偶数なので○**
③ **4 2 3 1 …10人←偶数なので○**
④ 4 2 2 1 　９人←奇数なので×
● Sの子供が２人の場合
⑤ **4 3 3 2 …12人←偶数なので○**
子供の合計人数は、10人か12人。
2【ABCD】上の②③⑤で、Qの子供が女子
である場合を考える。
P Q R S…合計人数（半分が女子の数）

4 3 2 1…10人（女子5人）

▲女子5人のうちQ3人で残り2人

4 2 3 1…10人（女子5人）

▲女子5人のうちQ2人で残り3人

4 3 3 2…12人（女子6人）

▲女子6人のうちQ3人で残り3人

従って、**Pの女子の数は0〜3人**。

⑤⑥ ❶【F】10店で果物、15店でアイスで、

10＋15＝25店

店の数は全部で20店なので、

果物とアイスの両方を売っている店の数は、

少なくとも、**25－20＝5店**

❷【B】❶より、果物とアイスの両方を売っている店の数は、少なくとも5店。この5店のうち、酒を売っている店を考える。16店で酒を売っているので、

（果物＋アイス）＋酒＝5＋16＝21店

全部で20店あるので、果物、アイス、酒のすべてを売っている店の数は、

少なくとも、**21－20＝1店**

【参考】例えば、全部で5店、果物4店、アイス3店の場合、4＋3－5＝2店は、必ず果物とアイスの両方を売っていることになる。何店でも同じこと。

下の図表のように覚えておくとよい。

	果物4店	アイス3店	両方売っている
5店	1		
	2		
	3	3	4＋3－5＝2
	4	2	ダブりは2店
		1	

集合のベン図でかけば、次の通り。

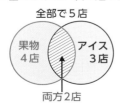

全部で5店

果物4店　アイス3店

両方2店

⑤⑦ ❶【F】1両4人なら、**4人×5両＝20人**。23人はこれより**3人多い**。1両に最少4人、最多6人なので、**3人を増やす配分**を考えると、次の2通りの組み合わせになる。

①4、4、5、5、5…**計23人**

②4、4、4、5、6…**計23人**

Ⅱの3両目＞4両目、Ⅲの1両目＝5両目という条件を満たすよう、①と②の人数を各車両に配置すると下の通りとなる。

	1両目	2両目	3両目	4両目	5両目
①	5	4	5＞	4	5
②	4	4	6＞	5	4
		6	5＞	4	
		5	6＞	4	

以上4つのパターンですべてが同じ人数になる車両はないので、**乗車人数が確実にわかる車両はない**。

❷【ACE】1両6人なら、**6人×5両＝30人**。28人はこれより**2人少ない**。1両に最少4人、最多6人なので、**2人を減らす配分**を考えると、次の2通りの組み合わせになる。

①6、6、6、5、5…**計28人**

②6、6、6、6、4…**計28人**

Ⅱの3両目＞4両目、Ⅲの1両目＝5両目という条件を満たすように、①と②の人数を各車両に配置すると下の通りとなる。

	1両目	2両目	3両目	4両目	5両目
①	6	5	6＞	5	6
②	6	6	6＞	4	6

以上2つのパターンで同じ人数になる車両は、**1両目、3両目、5両目**で、6人。

⑤⑧ ❶【AH】1/2にして整数になる数は偶数なので、2倍の人と1/2の人がいるQとSは偶数で、6件では2倍の12件と合わせて総契約数の15件を超えてしまうので、**QとSは2件と4件**（2人とも2件、2人とも4件は数が合わない）。2件の1/2は**1件**、4件の2倍は

8件で、1＋2＋4＋8＝15件。Pは1件か8件。
❷【B】❶より、1・2・4・8で、2と4はQ
とS。Rの契約数はQの2倍なので、Qが4
件、Rが8件、Sは2件に確定する。

59 ❶【C】1回目でPが1位（2点）なので、
2回目終了時に単独1位のRは、1、2回目
で3点が必要。Rは、1回目が2位で1点、
2回目が1位で2点なら3点になる。従って、
A、Bは誤り。また、2回目終了時にRが単
独1位なので、Pは2回目で0点が確定し、
2回目の2位はQかS。よって、**Cは正しい**。
❷【DF】3回目にQが2位だった場合、Rは
1位（2点）、または3位以下（0点）。Rは2
回目までに3点獲得しているので、3回目が
終わった時点での合計点は、**5点または3点**。

60 ❶【CE】1人の年代はないので、**50代は2
人以上**。40代は50代の2倍なので、**40代の
人数は4以上の偶数**。60代が9人の場合、40
代より20代が多く、20代より60代が多いの
で、**20代は最大8人で40代は7人以下**。従っ
て、**40代は4人または6人**。
❷【CF】10人以上の年代はないので、60代は
9人、20代は**8人**。40代（50代の2倍）＋50代
は6＋3＝**9人**または4＋2＝**6人**。計30人な
ので、残る**30代は4人または7人**。

61 ❶【ACE】一番多いPが10匹なので、Q、
R、Sは、合計25－10＝15匹で、各3匹以
上9匹以下になる。このとき、QがRより2
匹多くなる組み合わせは、
（Q、R、S）＝（7、5、3）（6、4、5）（5、3、7）
の3通り。**Sは、3、5、7匹**。
【別解】Rをx匹（x≧3）とすると、
Qは、x+2（匹）、
Sは、15－x－（x+2）＝13－2x（匹）
x＝3のとき、Q、R、Sは（5、3、7）。

x＝4のとき、Q、R、Sは（6、4、5）。
x＝5のとき、Q、R、Sは（7、5、3）。
x≧6では、Sが3匹より少なくなってしま
うので不適。よってSは3、5、7匹。
❷【BCEF】Ⅳのaラ=R＋2から考える。
（Q、R）＝（5、3）のとき…SはQより少ない
ので4匹。Pは25－5－3－4＝**13匹**で、条
件を満たす。同様に考えて、
（Q、R）＝（6、4）のとき…Sは5匹または3匹。
Pは**10匹または12匹**で、条件を満たす。
（Q、R）＝（7、5）のとき…Sは4匹または3匹。
Pは**9匹または10匹**で、条件を満たす（Sが6
匹の場合は、PがQと同数の7匹になるので
不適）。
Qが8匹以上…Rは6匹以上、Pは9匹以上、S
は3匹以上で合計26匹以上となるので不適。

62 ❶【ADGJ】全部で15本で赤が5本以上、
黄＋白は、15－5＝10本以下。黄と白の差
が3本なので、組み合わせは、以下の3通り
（黄と白は順不同）。ちなみに、差が奇数なら
合計は奇数となるので**黄＋白＝9、7、5**。

黄＋白	赤	赤と黄の差
6＋3＝9	6	0 か 3
5＋2＝7	8	3 か 6
4＋1＝5	10	6 か 9

❷【DE】上の表より、赤、白、黄の順で本数
が多い場合は以下の2通り。
（赤、白、黄）＝（8、5、2）または（10、4、1）
従って、**白は5本または4本**。

63 ❶【GHKL】5人目が作業を終えたときの
水量は、**10－2＋2－3＋1＋1＝9ℓ**。
5人目は、2ℓまたは3ℓの水を出すか、1ℓ
または2ℓの水を入れるかなので、4人目まで
は、**（9＋2＝）11ℓ**、**（9＋3＝）12ℓ**、
（9－1＝）8ℓ、**（9－2＝）7ℓ**のいずれか。

別冊解答・解説 ▼ 推論【整数】

② 【GJK】 順に①②③④⑤として、④⑤に入る組み合わせで場合分けする。条件より**Q**は②に入り、**R**より後に**S**が来る。

【①**Q**③**P S**】…①・③は**R・T**（順不同）なので、**10－3＋2＋1＝10ℓ**。

【①**Q**③**R S**】…①・③は**P・T**（順不同）なので、**10－2＋2＋1＝11ℓ**。

【①**Q**③**P T**】…①・③は**R・S**なので、**10－3＋2＋1＝10ℓ**。

【①**Q**③**S T**】…①・③は**P・R**（順不同）なので、**10－2＋2－3＝7ℓ**。

64 ①【AD】ⅢとⅣを式にすると、

Ⅲ…$P＝Q＋3$

Ⅳ…$R＝2S$

チョコレートが1個だけ残っていた場合、

$P＋Q＋R＋S＝20－1＝19$

$Q＋3＋Q＋2S＋S＝19$

$2Q＋3S＝19－3＝16$

$2Q＝16－3S$

$(16－3S)÷2＝Q$

また、各自2個以上なので、上の式より、

$S＝2$のとき、**Q＝5個**

$S＝3$のとき、**Q＝3.5個**で**不適**

$S＝4$のとき、**Q＝2個**

$S≧5$のとき、**Q≦0.5個**で**不適**。

従って、**Qは、2個か5個**。

②【ACD】6個食べた人で場合分けする。

P 6個…Q 3個で残り11個。Sは2個以上、RはSの2倍なので（S、R）＝（2、4）か（3、6）。残る個数は、**5個または2個**。

Q 6個…P 9個で残り5個。Sは2個以上、RはSの2倍で、個数が足りないので**不適**。

R 6個…S 3個で残り11個。Qは2個以上、PはQより3個多いので（Q、P）＝（2、5）か（3、6）。残る個数は、**4個または2個**。

S 6個…R 12個で残り2個となり、個数が足りないので**不適**。

65 ①【C】

Ⅰ 独居（1人）世帯は20世帯

Ⅱ 高齢者がいる世帯は35世帯

独居世帯は20世帯なので、2人以上の世帯は$100－20＝80$世帯。この80世帯で高齢者がいる世帯が最も少なくなるのは、独居20世帯がすべて高齢者がいる世帯だった場合。

35－20＝15世帯

	独居世帯	2人以上の世帯
高齢者がいる世帯	20	**35－20＝15**
高齢者がいない世帯	0	80－15＝65
計	20	80

【別解】「2人以上」かつ「高齢者がいる」世帯をx世帯とすると、「2人以上」または「高齢者がいる」世帯は$80＋35－x$世帯。これが100世帯を超えることはないので、

$80＋35－x≦100 → x≧15$

②【E】2人以上の80世帯で、高齢者がいない世帯が最も少なくなるのは、独居20世帯がすべて高齢者がいない世帯だった場合、つまり、高齢者がいる35世帯がすべて2人以上の80世帯に含まれる場合である。従って、

80－35＝45世帯

	独居世帯	2人以上の世帯
高齢者がいる世帯	0	35
高齢者がいない世帯	20	**80－35＝45**
計	20	80

③【E】独居世帯20世帯の75％が高齢者がいる世帯なので、**20×0.75＝15世帯**。高齢者がいる2人以上の世帯は**35－15＝20世帯**。高齢者のいない2人以上の世帯は、

80－20＝60世帯

※整数の推論問題では、合計、最大の数、最小の数、数の差を読み取れば、ほとんどの問題は正解できます。早く解くには、これらの数の何に着目すれば良いかを見抜くことが必要です。

5 推論【平均】 ▶本冊62〜65ページ

66 【DE】条件を式にする。

Ⅱ P、Q、Rの平均は12個

P＋Q＋R＝12×3＝36個

P＋Q＋R＋S＋T＝50個なので、

S＋T＝50−36＝14個

Ⅳ QとS、QとTはそれぞれ3個差

SとTは6個差または同じ個数だが、Ⅰより、同じ個数はないので**SとTは6個差**に確定。

S＋T＝14個で、6個差になる数なので、**SとTは4個と10個**に確定。よって、**10個配られた人はSかT**。

【参考】「S・T（4個・10個）」とQは3個差なのでQは7個。P＋Q＋R＝36個なので、

P＋7＋R＝36個

P＋R＝36−7＝29個

Ⅲ PとRは11個差

P＋R＝29個で、11個差になる数なので、PとRは9個と20個に確定。以上より、

S＝4か10、T＝4か10、Q＝7、P＝9か20、R＝9か20。

67 **1**【B】Ⅰ〜Ⅲの条件からわかる英語の順位を左から得点が高い順にメモすると、

Ⅰ Q S

Ⅱ R P S または S P R

Ⅲ Q R

Ⅰ〜Ⅲより、**Q R P S** または **Q S P R**となる。Qより低いSとRの平均がPなので、当然Pの得点はQよりも低くなる。

2【B】**1**より、

英語…**Q R P S** または **Q S P R**

また、Ⅳより、

数学…○○**Q S**

英語…Q R P Sの順番だと、数学最下位のSが平均点で最も低くなるが、Ⅴより、平均点

はPが最も低いので、**Q S P R**に決定。

数学…英語でPより低いRが、平均点が最低のPより数学でも低いことはありえないので、数学は**R P Q S**に決定。

68 **1**【A】条件を式にする。

Ⅰ L＝M

Ⅱ （K＋L）÷2＝（M＋N）÷2＋5

この両辺に2を掛けると、

K＋L＝M＋N＋10

L＝Mなので、

K＝N＋10

従って、

A KとNの点差は10点…**必ず正しい**

B MとNの得点は等しい…

M＝N（K20、L10、M10、N10）でも、M≠N（K15、L10、M10、N5）でも、成り立つので、**どちらともいえない。**

C Lの得点はKの得点より低い…

K20、L30、M30、N10でも成り立つので、**どちらともいえない。**

2【AC】

A Ⅰより、M30点ならL30点だが、KとNは不明。

B L＋M＜N＋Kでも、点数は不明。

C K＝（M＋N）÷2

K＝N＋10を代入して両辺に2を掛ける。

2（N＋10）＝M＋N

2N＋20＝M＋N

N＝M−20

CにAのM30点、L30点が加われば、

N＝30−20＝10点

K＝10＋10＝20点

となり、すべてを確定できる。

69 **1**【AC】

Ⅱ　5店舗の平均点は3.6点なので、合計は、

3.6 × 5 = 18点 ←5店の合計点

P、Q、Rの平均が4点なので、合計は、

4 × 3 = 12点 ←P・Q・Rの合計点

[P・Q・R] は、

① [4・4・4] [5・5・2] [5・4・3]

残るSとTの合計点は、

18 − 12 = 6点 ←SとTの合計点

[S、T] は、

② [3、3] [5、1] [1、5] [4、2] [2、4]

「Sを含めた3店舗が同じ点数」という条件を考えながら、上の①と②の点数の組み合わせを見比べていくと、次のように、Sが3点または5点という2パターンだけが成り立つ。

[S、T]が[3、3]…[P・Q・R]が[5・4・3]

[S、T]が[5、1]…[P・Q・R]が[5・5・2]

従って、**Tは3点か1点。**

【別解】SとTの合計点は6点。Sを含めた3店舗が同じ点数で、P・Q・Rの合計点は12点。

[S、T] = [1、5]…P・Q・Rのうち1店舗が**12 − 1 × 2 = 10点**となり、最高点5点を超えるので不適。

[S、T] = [5、1]… P・Q・Rのうち1店舗が**12 − 5 × 2 = 2点**となり、条件を満たす。

[S、T] = [2、4]… P・Q・Rのうち1店舗が**12 − 2 × 2 = 8点**となり、最高点5点を超えるので不適。

[S、T] = [4、2]… P・Q・Rのうち1店舗が**12 − 4 × 2 = 4点**となり、Sと同じ点数の店舗がSを含めて4店舗になるため不適。

[S、T] = [3、3]… P・Q・Rのうち1店舗が3点。残り2店舗の合計点が**12 − 3 = 9点**となり、一方が5点、もう一方が4点で、条件を満たす。

従って、**Tは3点か1点。**

2【DE】1店舗だけ1点のとき、残り4店舗の合計点は、

18 − 1 = 17点

Ⅰより、残り4店舗のうちSを含む3店舗は同じ点数。Sの点数を場合分けして、**残る1店舗の点数**の適否を考える。

・Sが3点以下… 17 − 3 × 3 = 8点以上

残る1店舗が最高点5点を超えるので不適。

・Sが4点… 17 − 4 × 3 = **5点**

[1・4・4・4・5]で、適。

・Sが5点… 17 − 5 × 3 = **2点**

[1・5・5・5・2]で、適。

以上より、**Sの点数は4点または5点。**

70 **1**【C】条件を式にする。

甲　PとQの合計 = 19 × 2 = 38円

乙　PQRの合計 = 20 × 3 = 60円

甲と乙より、

R = 60 − 38 = 22円

A　PとQの合計 = 38円、R = 22円。

例えばP = 23円、Q = 38 − 23 = 15円なら、Rは最高にならないので、**必ず正しいとはいえない。**

B　PQRの平日平均は20円、日曜日平均は24円で、平均としては4円高いが、3カ所ともそれぞれ4円ずつ高いとは限らないので、**必ず正しいとはいえない。**

C　PQRの平日平均は20円、日曜日平均は24円で、**平均で4円高いので、3カ所合計で、4 × 3 = 12円高い**ことになる。丙より、3カ所とも日曜日の方が高いので、1カ所だけで12円以上高いところがあると、他2カ所での差が0円以下になってしまうため、日曜日が12円以上高い練習場はない。**必ず正しいといえる。**

2【A】P + R = 19.5 × 2 = 39円

R = 22円なので、

P = 39 − 22 = 17円

71 **1**【LV】

Ⅲ　RとSの平均が170cmで、Rが175cmなので、

S…170×2−175＝165cm

Ⅰ　PとSの差は5cmなので、

P…160cmまたは170cm

Ⅱ　PとQの平均が168cmなので、

Pが160cmのとき、

Q…168×2−160＝176cm

Pが170cmのとき、

Q…168×2−170＝166cm

2【BKUZ】誰が180cmかで場合分けする。

Pが180cm…Sは180−5＝175cm、

　　　Qは168×2−180＝156cm、

　　　Rは170×2−175＝165cmで、適。

Qが180cm…Pは168×2−180＝**156cm**、

　　　Sは156±5で161cmか151cm、

　　　Rは170×2−161＝179cmで、適。

　　　※S151cmはRが170×2−151＝189cm

　　　になるので不適。

Rが180cm…Sは170×2−180＝160cm、

　　　Pは160±5で165cmか155cm、

　　　Qは168×2−165＝171cmで、適。

　　　※P155cmはQが168×2−155＝181cm

　　　になるので不適。

Sが180cm…Rは170×2−180＝160cm、

　　　Pは180−5＝175cm

　　　Qは168×2−175＝161cmで、適。

　　　Pは、156cm、165cm、175cm、180cm。

72 **1**【E】国語は平均点3.3点で20人なので、国語の総得点は、

3.3×20＝66点

（空欄）となっている3点と5点の合計点は、

66−1−2×3−4＝55点

国語の3点と5点の合計人数は、

20−1−3−1＝15人

5点の人数をx人とすれば、3点の人数は（15

−x）人となり、次の式が成り立つ。

5x＋3（15−x）＝55

これを解いて、x＝5人

2【D】（3.3＋2.6）÷2＝2.95　とするのは、国語と算数の人数が違うので間違い。国語と算数の総得点を国語と算数を合わせた人数（35人）で割ったものが答え。

（3.3×20＋2.6×15）÷35

＝（66＋39）÷35＝3点

【別解】国語の平均点が算数より0.7点高いので、国語と算数を合わせた人数（35）に対する国語の人数（20）の比率（$\frac{20}{35}＝\frac{4}{7}$）を0.7に掛けて、算数の平均点2.6に上乗せすると、平均が出る。

$$0.7×\frac{4}{7}＋2.6＝0.4＋2.6＝3点$$

3【C】最高点が6点になったのは、5点の人に1点（18人に1点ずつ）上乗せしたためと考えられる。その最高点6点を5点にするために、全員の点数に数値xを掛けたとあるので、数値xとは6点を5点にする$\frac{5}{6}$に決定できる。従って補正後の平均点は、

$$2.5×\frac{5}{6}＝2.0833…点$$

※問題**72**は時間内に解くのが厳しい難問。これが解けるようなら、相当の実力の持ち主です。自信を持って！

別冊解答・解説

▼

推論【平均】

73【D】条件を表にする。

Ⅰ　Qは2回ともチョキを出した
Ⅱ　Rは1回だけパーを出した
Ⅲ　2回目にPはチョキを出した

	1回目・アイコ	2回目・2人勝ち
P	①	チョキ
Q	チョキ	チョキ
R	②	③パー

ア　①がパーなら②がグーで成り立つ。
イ　②がチョキなら①がチョキで成り立つ。
ウ　②がパーだと③はパー以外になり、2回目の2人勝ちが成り立たないので誤り。

74【E】互いに面識があれば○、なければ×で考えると次の表の通り。不明は①②③。
ア　Sのほか3人とだけ面識があるのがQなら①③が○。そこで②が×だとPも3人とだけ面識があることになってしまうので②は○。

	P	Q	R	S	T
P		①×	②○	○	○
Q	①×		③×	○	×
R	②○	③×		○	×
S	○	○	○		×
T	○	×	×	×	

すると今度はRも3人とだけ面識があることになってしまうので成り立たない。同様に3人とだけ面識があるのがRというのも成り立たない。3人とだけ面識があるのがPなら①または②が×で成り立つ。
イ　③が○。①②が不明で、アと組み合わせても確定しない。
ウ　②が○。アと組み合わせると①が×。ここで③が○ではRも3人とだけ面識ができてしまうので×となって、すべてが決定できる。なお、イと組み合わせても①は確定しない。

【別解】下図で黒線が面識があり、赤線×が面識がない。ここからア、イ、ウの推論を当てはめていけば正解が導ける。

75【BF】トーナメント表を作る。
甲　Pは順不同でS、T、Vと戦った
乙　Wは2回戦でR、Tと戦う可能性があった

乙より、RとTは1回戦で戦ったことがわかる。また甲より、PはWとは戦っていない。よって、トーナメント表は下のようになる。

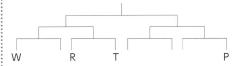

PはS、T、Vと戦ったので、Pは決勝でTと戦い、SとVは表の右半分にいることがわかる。よって、Wと1回戦で戦ったのは残りの**Q、U**と考えられる。

76【B】甲と乙より、QはRに勝ってからPと対戦して負けることになる。
これは表Ⅰでは①の1通り、表Ⅱでは②～⑤の4通りが考えられる。

①

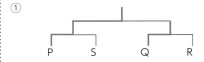

② ③ ④ ⑤

Q R P S　Q R S P

Q S R P　R S Q P

ア　②では、PではなくSが優勝することも
あるので、どちらともいえない。
イ　Sはどの場合も1回しか戦っていないの
で、必ず正しい。
ウ　④と⑤では、Sが2回戦以降出場になっ
ていないので、どちらともいえない。

※対戦問題は、対戦表やトーナメント表をメモ
して解けるようにしておきましょう。

7 推論【%】 ▶本冊72〜73ページ

77【G】ア　丙30%は甲10%の2倍の重さ。
仮に丙200g（含有食塩60g）と甲100g（含
有食塩10g）を混ぜると、濃度は
70÷300＝0.233…→約23.3%。
→誤り
イ　甲を100g（含有食塩10g）とすれば、半
分蒸発させると50g（含有食塩10g）。濃度は、
10÷50＝0.2→20%（乙と同じ）。
→正しい

78　**1**【C】P市とR市の面積を3㎢とすれば、
Q市の面積は（3×2/3＝）2㎢。
それぞれの市の人口は、
P市…310×3＝930人
Q市…330×2＝660人
R市…210×3＝630人
P市の人口**930人**は、R市の人口の1.5倍
（630×1.5＝**945人**）より**少ない**。
→アは誤り
2①【C】S市の面積は3＋2＝5㎢、
人口は、930＋660＝1590人。
人口密度は、1590÷5＝318人/㎢となる。
→イは誤り
②【A】T市の面積は3＋3＝6㎢、
人口は、930＋630＝1560人。

人口密度は、1560÷6＝260人/㎢となる。
→ウは正しい

79　**1**【I】水の質量をX50g、Y100g、
Z200gおいてⅠ式に当てはめると、
Ⅰ　濃度＝物質の質量÷水の質量×100
X　10＝K÷50×100
Kを出すには下線の式を消せばよいので、両
辺に×50÷100する。
　　K＝10×50÷100＝5g
Y　10＝K÷100×100
　　K＝10g
Z　20＝K÷200×100
　　K＝40g
ア　XもYも10%なので、どう混ぜても10
%にしかならない。ちなみにⅠ式でも、
（5＋10）÷（50＋100）×100＝10%となり、
Zの20%にはならない。→誤り
イ　X、Y、ZのⅡ式での濃度は、
Ⅱ　濃度＝物質の質量÷（水の質量＋物質の
　　質量）×100
X　5÷（50＋5）×100＝9.09…%
Y　10÷（100＋10）×100＝9.09…%
Z　40÷（200＋40）×100＝16.6…%
X＋YのⅡ式での濃度は、

$(5+10) \div (50+5+100+10) \times 100$

$= 15 \div 165 \times 100 = 9.09\cdots\%$

でＺの濃度 16.6…％の２分の１の 8.3…％

にはならない。→誤り

②【Ｃ】Ｗを①のＹ同様、水100g、Ｋ10gと

すれば、①より、

Ⅰ　濃度10％

Ⅱ　濃度9.09…％

カ　Ｋを倍の20gにすると、Ⅰより、

$20 \div 100 \times 100 = 20\%$

となり、濃度も倍になる。→正しい

キ　Ｋを倍の20gにすると、Ⅱより、

$20 \div (100+20) \times 100 = 16.6\cdots\%$

となり、濃度は倍にならない。→誤り

※問題⑦①のグラム数は、計算しやすい数値な

ら何でもかまいません。同じ結果になります。

---

8 推論【位置関係】 ▶本冊76〜79ページ

⑧⓪【西← ☑☑□ 駅 □ ☑☑ →東】

Ⅰ　Ｐは駅とＱから10ｍ離れているので、

□ＱＰ駅□□□ または □□□駅ＰＱ□

Ⅱ　ＲはＰとＳから20ｍ離れているので、

□ＱＰ駅Ｒ□Ｓ または Ｓ□Ｒ駅ＰＱ□

以上より、Ｔの位置としてあり得るのは、□。

⑧①【左← ☑□ ☑□ ☑ →右】

条件より、赤い皿は２枚あり、緑の皿としか

隣り合わないので、配置は□緑□緑□にな

り、皿の並びは下の３パターンとなる。

青緑**赤**緑**赤**

赤緑**青**緑**赤**

赤緑**赤**緑**青**

⑧②①【家← □ ☑□ ☑☑ →駅】

Ⅰ　家から見てＱはＰより遠いので、

　　家　**Ｐ → Ｑ**　駅 …ＰはＱより左

Ⅲ　家から見てＰの次にＲがあるので、

　　Ｐ Ｒ が一続きのワンセット。

ⅠとⅢより、

　　家　**Ｐ Ｒ → Ｑ** 駅 …ＰＲはＱより左

Ⅱ　駅から見てＴはＳより近いので、

　　家　　**Ｓ → Ｔ** 駅 …ＳはＴより左

ＰＲがＱより左、ＳがＴより左に来るように

並べると、以下の６パターンとなる。

① 家 **Ｐ Ｒ Ｑ Ｓ Ｔ** 駅

② 家 **Ｐ Ｒ Ｓ Ｑ Ｔ** 駅

③ 家 **Ｐ Ｒ Ｓ Ｔ Ｑ** 駅

④ 家 **Ｓ Ｐ Ｒ Ｑ Ｔ** 駅

⑤ 家 **Ｓ Ｐ Ｒ Ｔ Ｑ** 駅

⑥ 家 **Ｓ Ｔ Ｐ Ｒ Ｑ** 駅

従って、**Ｔは、家から2、4、5番目**。

②【家← ☑□ ☑□□ →駅】

①の並び順のうち、ＱとＳの間隔がＱとＴの

間隔より広いのは③④⑤⑥で、**Ｓは、家から1、**

3番目。

⑧③①【西← □□□ ☑□ ☑ →東】

男性ＰＱＲは**男**、女性ＳＴＵは**女**で表す。

Ⅱ　両端は**女** …**女**○○○○**女**

Ⅲ　Ｑの両隣は**男**ではない …**女Ｑ女**

ⅡとⅢより、

女男男女Ｑ女 または **女Ｑ女男男女**

Ｑ（男）はＴ（女）の１つ西にする …**ＱＴ**

女男男女ＱＴ または **女ＱＴ男男女**

Ⅰ　Ｐ（男）はＳ（女）よりも西にする …

女男男ＳＱＴ または **女ＱＴ男男Ｓ**

以上より、**Ｓは、西から4、6番目**。

24

②【西← □☑□☑□□ →東】

ⅡとⅢより、

女男男女Q女　または　**女Q女男男女**

Ⅰ　P（男）はS（女）よりも西にするので、

女男男SQ女　女男男女QS　女Q女男男S

PはT・Uと隣にならないので、Pの隣に女性が来る場合はSのみとなり、パターンは、

女男PSQ女　または　**女Q女男PS**

以上より、**R（男）は西から2、4番目。**

❽⓸ ①【西← □☑□☑☑□ →東】

隣り合う絵画の距離は5m。

Ⅱ　AとBの距離は5m…**AB・BA**

同じく、AとCの距離が5m…**AC・CA**

従って、AはBとCに挟まれる。

BAC　または　**CAB**

Ⅲ　CとDの距離は10m…**C□D・D□C**

Ⅰ　EはDより東にある…**D→Eの順**

以上より、次の3パターンが考えられる。

BAC□DE…□はF

D□CAB□…□はEかF

□DECAB…□はF

以上より、**Aは、西から2、4、5番目。**

②【西← □□☑☑□□ →東】

AとCの距離が20mなので、

20÷5＝4間隔

間に絵が3枚入ると、間隔が4つになる。

A□□□C　または　**C□□□A**

さらに、Ⅰより…**D→Eの順**

　　　　Ⅱより…**AB・BA**

　　　　Ⅲより…**C□D・D□C**

以上を整理しながら、メモしていくと、下の3パターンとなる。

ABD□C□…□はEかF

□A□DEC…□はBかF

CFD□A□…□はBかE

Dは、西から3、4番目。

❽⓹ ①【F】

Ⅰ　103号室は空き室

Ⅱ　PはUの隣…**PU・UP**

Ⅳ　VはUの真上…**PU・UP**は1階。103が空き室なので、**101と102に確定。**

Ⅲ　Qの部屋の真下がR…**Q204・R104**

201 STV	202 STV	203 ST	204 Q
101 PかU	102 PかU	103 空き室	104 R

選択肢を見ると、

ア　Qは202でなく204なので×。

イ　Sが203はありえるので○。

ウ　Vが202はありえるので○。

②【C】

カ　Uが空き室の隣…102がU、101がP、202がVに確定。S、Tは不明。

キ　SはVの隣…Sは201、202，203のいずれかに入る。

ク　Tは端の部屋…Tが2階の端の部屋201に確定。**Vは202、Vの下102がU、Pは101。Sが203**となり、**すべて確定できる。**

❽⓺ ①【ABE】●がサイコロが入っている可能性があるカップとする。

○○○●○○○○→Ⅰ→○●○○○●○→Ⅱ→●○○○●○●→Ⅲ→●●○○○○○

②【DFG】

Ⅲ、Ⅱ、Ⅰの順に位置を考える。

●○○○○○○○→Ⅲ→○○○○○○○●→Ⅱ→○○○○○●●→Ⅰ→○○○●○●●

❽⓻ ①【ABCE】Sが②の席のとき、残りは①③④⑤⑥。向かい合わせは、①と④、③と⑥。そのいずれかが、PとQになる。

PとQが①と④（順不同）…RはS②の隣の③、TとUは⑤と⑥（順不同）。

別冊解答・解説 ▼ 推論〔位置関係〕

PとQが③と⑥(順不同)…RはS②の隣の①、
TとUは④と⑤(順不同)。
以上より、**Pの席は、①③④⑥**。
2【BCD】 Uが⑥の席のとき、残りは①②③④
⑤。向かい合わせは、①と④、②と⑤。その
いずれかがPとQになる。
PとQが①と④(順不同)…残りは②③⑤。この
うち隣り合うものは②と③。これがRとS(順

不同)になるので、Rは②または③。
PとQが②と⑤(順不同)…残りは①③④。こ
のうち隣り合うものは③と④なので、同様に
Rは③または④。
以上より、**Rの席は、②③④**。

※位置関係は、セットになる関係をもとにして、
推論していくことが解答の近道です。

---

9 順列・組み合わせ【並べ方と選び方】 ▶本冊82〜83ページ

88 【C】 大人3人から2人を選ぶ組み合わせ
は、$_3C_2 = _3C_1 = 3$通り
子供4人から2人を選ぶ組み合わせは、
$_4C_2 = \dfrac{4 \times 3}{2 \times 1} = 6$通り

選んだ4人の走る順番は、
$_4P_4 = 4! = 4 \times 3 \times 2 \times 1 = 24$通り
これらを掛け合わせればよい。
$3 \times 6 \times 24 = 432$通り

※4!(4の階乗)は、4以下の自然数すべてを掛
け合わせるということ。

89 【B】 ①料理が月曜日の場合
テニスは火水木金の4日のうち2回なので、
$_4C_2 = \dfrac{4 \times 3}{2 \times 1} = 6$通り
②料理が水曜日の場合
テニスは火木金の3日のうち2回なので、
$_3C_2 = _3C_1 = 3$通り
③料理が金曜日の場合
テニスは火水木の3日のうち2回なので、
$_3C_2 = _3C_1 = 3$通り
従って、**$6 + 3 + 3 = 12$通り**

90 【B】 5カ国から3カ国を選ぶのは、
$_5C_3 = _5C_2 = \dfrac{5 \times 4}{2 \times 1} = 10$通り
5カ国からイタリア、スペイン、ドイツの3

カ国を選ぶ組み合わせ1通り以外は、少なく
ともオランダかフランスが含まれる。従って、
$10 - 1 = 9$通り
【別解】オランダとフランス両方を入れる組み
合わせは、残り3カ国から1カ国を選ぶ**3通
り**。オランダだけを入れる組み合わせは、フ
ランスを除く残り3カ国から2カ国を選ぶ**3
通り**。フランスだけを入れる組み合わせは、
オランダを除く残り3カ国から2カ国を選ぶ
3通り。従って、**$3 + 3 + 3 = 9$通り**

91 【B】 どちらも少なくとも1問選んで4問と
するので、すべての組み合わせから、余事象
である日本史0問の場合と世界史0問の場合を
引く。すべての組み合わせは、
$_7C_4 = _7C_3 = \dfrac{7 \times 6 \times 5}{3 \times 2 \times 1} = 35$通り
日本史0問の組み合わせは、(世界史が3問し
かないので)ありえないため0通り。世界史0問
の組み合わせは、日本史が4問の場合の**1通り**。
$35 - 1 = 34$通り

92 1【C】 すべての場合の数は、全員の9人
から5人を選ぶ組み合わせなので、
$_9C_5 = _9C_4 = 126$通り

余事象には、男1人女4人の場合と、男5人

の場合(それ以外は必ず男2人、女1人以上は選ばれることになる)がある。男1人女4人は、男5人から1人が選ばれる**5通り**に、女4人全員が選ばれる**1通り**を掛け合わせた**5通り**。男5人は男全員が選ばれる**1通り**。

従って、**126－5－1＝120通り**

2【C】男女2人ずつ選ぶと考える。

男は5人から2人選ぶので、$_5C_2＝$**10通り**

女は4人から2人選ぶので、$_4C_2＝$**6通り**

男2人ABと女2人abの組み合わせは、

2!＝2×1＝2通り(Aa・Bbか Ab・Ba)。

従って、男女のペアを同時に2組選ぶ組み合わせは、**10×6×2＝120通り**

93 **1**【C】計9個から3個を取り出すとき、

・**3個とも同じ色の場合の3通り**

・**3個とも違う色の場合の1通り**

のほか、**2個が同じ色の場合**がある。

同じ色の2個が例えば赤なら、(赤・赤・白)と(赤・赤・黒)の**2通り**。これが赤白黒の**3通り**あるので、全部で**2×3＝6通り**。これらを合計して、**3＋1＋6＝10通り**

【別解】n種類のものからm個を取り出す重複組み合わせの公式 $_{n+m-1}C_m$ を使って、

$_{3+3-1}C_3＝_5C_3＝_5C_2＝$**10通り**

2【B】7個を取り出すのは、次の場合。

・3色が[**3個・2個・2個**]の場合は、**3個にする色だけ**を選べばよいので**3通り**。

・3色が[**3個・3個・1個**]の場合は、**1個にする色だけ**を選べばよいので**3通り**。

これらを合計した**6通り**が答え。

【別解】**9個から7個を選ぶことは選ばれない2個を選ぶことと同じ**。2個の選び方は、

(赤・赤)(白・白)(黒・黒)と

(赤・白)(赤・黒)(白・黒)の**6通り**。

※なお、**2**は3種類3個ずつから7個を取り出します。1種類の個数が取り出す数以上ないので、重複組み合わせでは解けません。

94 **1**【C】最初の1時間は、3人のうち1人で3通り。2～5時間目までの4時間は、直前の人以外の2人のうち1人で2通りずつ。

よって、**3×2⁴＝48通り**

2【B】すべての組み合わせは、

3×2³＝24通り

このうち、受付を1回もやらない人がいるのは、**(PQPQ)、(QPQP)、(PRPR)、(RPRP)、(QRQR)、(RQRQ)の6通り**なので、これを引いて、**24－6＝18通り**

【別解】受付を2回する1人の選び方は、

$_3C_1＝$**3通り**

1～4時間目のうちその人が受付をする2回は、(1回目、2回目)＝(1、3)、(1、4)、(2、4)の**3通り**。それぞれの場合について、残りの2人のうちどちらが先に受付をするかで2!＝**2通り**。以上より、**3×3×2＝18通り**。

95 **1**【D】6局目までに決着する場合以外は、7局目で決着がつく場合だけなので、「すべての組み合わせの数」から、「7局目に決着する組み合わせの数」を引けばよい。

すべての組み合わせの数…7局の中からP(Q)が勝つ4局を選べばよい。

$_7C_4＝_7C_3＝$**35通り**(Qも同じく**35通り**)

7局目に決着する組み合わせの数…6局目までは必ず3勝3敗なので、1～6局目のうちP(Q)が勝つ3局を選べばよい。

$_6C_3＝$**20通り**(Qも同じく**20通り**)

従って、**35×2－20×2＝30通り**

【別解】6局目までに決着がつくので、対戦数は6局以下となる。場合分けで考える。

4局目で決着…Pが4連勝するパターンと、Qが4連勝するパターンの**2通り**

5局目で決着…5局目でPが勝って4勝する場合は、1～4局の中でPが勝つ3局を選べばよいので、$_4C_3＝_4C_1＝$**4通り**。Qが勝つ場合も同じで**4通り**。合計して**8通り**。

6局目で決着…6局目でPが勝って4勝する場合は、1〜5局の中でPが勝つ3局を選べばよいので、$_5C_3＝_5C_2＝10$通り

Qが勝つ場合も同じで**10通り**。合計して**20通り**。以上を合計して、

2＋8＋20＝30通り

2【A】 **1**の解法より、**20通り**。

3【B】 すでに決定しているPの3勝、Qの1勝を「PPPQ」(順不同)と表す。

5局目以降の勝敗を考えると、

PPPQ｜**P** (Pが4勝になり決着)

PPPQ｜**QP** (Pが4勝になり決着)

PPPQ｜**QQP** (Pが4勝になり決着)

PPPQ｜**QQQ** (Qが4勝になり決着)

以上、**4通り**が考えられる。

※本書の問題は、実際のSPIで出題されるパターンばかりです。必ず解けるようにしておきましょう。

10 順列・組み合わせ【席決め・塗り分け】 ▶本冊86〜87ページ

96 **1【D】** 隣り合う2席は、①②、②③、③④、④⑤、⑤⑥、⑥①の**6通り**で、PQの座り方はそれぞれに(P・Q)と(Q・P)の**2通り**があるので、**6×2＝12通り**。残りの4席の決め方は、$_4P_4＝4!＝4×3×2×1＝24$通り 掛け合わせて、**12×24＝288通り**

【参考】席を区別しない場合には、PQをワンセットで考えて、円順列で(5－1)！。PとQが2通りで、(5－1)!×2＝48通りとなる。

2【A】 ②にPが座ったときに、向かい合う2席は、①④と③⑥の**2通り**で、それぞれにQRの座り方が(Q・R)(R・Q)の**2通り**あるので、**2×2＝4通り**。残りの3席の決め方は、$_3P_3＝3!＝3×2×1＝6$通り。掛け合わせて、**4×6＝24通り**

3【D】 向かい合う2席は、①②、③④、⑤⑥の**3通り**で、PQの座り方はそれぞれに(P・Q)と(Q・P)の**2通り**があるので、**3×2＝6通り**。残りの4席の決め方は、$_4P_4＝4!＝4×3×2×1＝24$通り 掛け合わせて、**6×24＝144通り**

4【D】 PとQの座り方は全部で、$_6P_2＝6×5＝30$通り そのうちPとQが隣り合うのは、①③、③⑤、②④、④⑥の**4通り**で、それぞれに(PQ)と(QP)の**2通り**があるので、**4×2＝8通り** 従って、隣り合わない座り方は、**30－8＝22通り** 残りの4席の決め方は、$_4P_4＝4!＝24$通り 掛け合わせて、**22×24＝528通り**

97 **1【C】** 領域は5つだが、隣り合った領域に同じ色は使えないので、色が異なる領域は図の①、②、③の3カ所である。**3色で3カ所に塗るので、**$_3P_3＝3!＝6$通り

【別解】①に赤なら、②③に(青黄)か(黄青)の**2通り**。それが、赤青黄の**3色**について同様なので、**2×3＝6通り**

2【D】 **4色から3色を選んで、図の①、②、③の3カ所に塗るので、**$_4P_3＝24$通り

【別解】①に赤なら、②③には残った**3色**のうち2色を使うので、$_3P_2＝6$通り それが赤青黄緑の**4色**について同様なので、**6×4＝24通り**

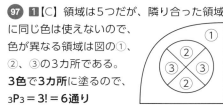

28

98 **1**【C】並び方は下の通り。

○○●●○○　（●が女性）

女性2人は真ん中に固定されているので、残っている男性4人の並び方は、

4！＝4×3×2×1＝24通り

女性2人の並び方は、**2通り**。

従って、**2×24＝48通り**

2【D】並び方は下の通り。

●●○　（前列は女性2人、男性1人）

○○○　（後列は男性3人）

前列…男性4人から前列になる1人を選べば、後列の3人は自然と決まる。前列になる男性1人の選び方は、

4C1＝**4通り**

前列3人の並び方は、3！＝3×2×1＝**6通り**

掛け合わせて、

4×6＝24通り

後列…男性3人の並び方は、

3！＝3×2×1＝**6通り**

よって、前列、後列3人ずつで、女性2人が前列に入る並び方は、**24×6＝144通り**

99 **1**【B】Vが前から3番目のとき、Zは前から4番目か5番目になる。前を左、後ろを右、確定していない席を●とする。

①Zが前から4番目の場合…●●ＶＺ●

●にW、X、Yの3人を並べる順列になるので、3！＝3×2×1＝**6通り**

②Zが前から5番目の場合…●●Ｖ●Ｚ

これも、①同様、**6通り**。

従って、**6＋6＝12通り**

2【C】5人の並び方は、

5！＝5×4×3×2×1＝**120通り**

W、X、Yの3人の並び方は、

3！＝3×2×1＝**6通り**

しかしW、X、Yの並び順は、W→Y→Xの1通りに確定しているので、

120÷6＝20通り

【別解1】W、X、Yの3人の入る場所は、

5C3＝5C2＝**10通り**

並び方はW→Y→Xの**1通り**。

残りの2席にVとZが入るので、**2通り**。

10×1×2＝20通り

【別解2】Wの位置で場合分けする。2つの●は残りのVとZ。

①Wが1番目の場合

WYX●●、WY●●X、W●●YX、

WY●X●、W●Y●X、W●YX●

← **6通り**

②Wが2番目の場合

●WYX●、●WY●X、●W●YX

← **3通り**

③Wが3番目の場合

●●WYX　← **1通り**

合わせて、**6＋3＋1＝10通り**

●●に入るVとZの並び順が（ＶＺ）と（ＺＶ）の2通りあるので、**10×2＝20通り**

【別解3】①●●が隣り合う場合

●●WYX、W●●YX、WY●●X、

WYX●●　← **4通り**

②●と●の間に1人が入る場合

●W●YX、W●Y●X、WY●X●

← **3通り**

③●と●の間に2人が入る場合

●WY●X、W●YX●　← **2通り**

（間にWY、YXが入る2通り）

④●と●の間に3人が入る場合

●WYX●　← **1通り**

4＋3＋2＋1＝10通り

VとZの並び順が、（ＶＺ）と（ＺＶ）の2通りあるので、**10×2＝20通り**

※条件を整理して簡単な計算で解いたり、場合分けして解いたりなど、複数の解法を覚えておくと、いろいろな問題に対応できます。

100 **1**【D】すべての数字が異なるので、千の位には1〜6の6通り、百の位には千の位の数以外の5通り、十の位には千、百の位以外の4通り、一の位には千、百、十の位以外の3通りで、

$6 \times 5 \times 4 \times 3 = 360$個

結局これは、6個から4個を選んで並べる順列、$_6P_4 = 6 \times 5 \times 4 \times 3$と同じ。

2【B】5の倍数なので、一の位が5。従って、千、百、十の3つの位を、5を除く5つの数字から選ぶ順列になる。

$_5P_3 = 5 \times 4 \times 3 = 60$個

3【D】末尾が111なので、❶❷❸111の6けたの数。❶には1〜6の6通り、❷にも1〜6の6通り、❸にも1〜6の6通りなので、

$6 \times 6 \times 6 = 216$個

【別解】n種類のものからr個を取って並べる重複順列の公式n^rを使って、

$6^3 = 6 \times 6 \times 6 = 216$個

※重複順列は、本書92ページ参照。

101 **1**【C】0と3を除けば、カードは1、2、4、5の4種類。これで3けたの数を作るので、

$_4P_3 = 4 \times 3 \times 2 = 24$通り

2【D】54320より大きな自然数は、5けたでは54321の**1通り**だけで、あとは6けた。

6けたの最初の十万の位には1〜5の**5通り**。一万の位には0〜5の6通りから十万の位に入れた数を除いた**5通り**。同様に千の位には**4通り**、百の位に**3通り**、十の位に**2通り**、一の位に**1通り**。これらを掛け合わせて、

$5 \times 5 \times 4 \times 3 \times 2 \times 1 = 600$通り

これに54321の**1通り**をたして**601通り**。

102 **1**【B】コインをn回投げて表がr回出る出方は、$_nC_r$通り。従って、コインを7回投げて表が4回だけ出る出方は、

$_7C_4 = _7C_3 = 35$通り

2【D】7回のうち裏が5回出る出方は、

$_7C_5 = _7C_2 = 21$通り

7回のうち裏が6回出る出方は、

$_7C_6 = _7C_1 = 7$通り

7回のうち裏が7回出る出方は、**1通り**

たし合わせて、**$21 + 7 + 1 = 29$通り**

103 **1**【A】問題文は、1〜6の6つの数にP>(QRS)という大小関係を満たす2つの数（つまり異なる数）の組み合わせはいくつあるか、という意味と同じ。従って、

$_6C_2 = 15$通り

【別解】Pが6→他の数は1〜5の5通り。Pが5→他の数は1〜4の4通り。Pが4→他の数は1〜3の3通り。Pが3→他の数は1と2の2通り。Pが2→他の数は1だけで1通り。従って、

$5 + 4 + 3 + 2 + 1 = 15$通り

2【A】1〜6の数にP>Q>R>Sという大小関係を満たす4つの数の組み合わせはいくつあるか、という意味と同じ。従って、

$_6C_4 = _6C_2 = 15$通り

3【C】PとQが同じ目になるのは、(1・1)(2・2)(3・3)(4・4)(5・5)(6・6)の**6通り**。PとQが(1・1)の場合、RとSが同じ目になる出方は、(1・1)(2・2)(3・3)(4・4)(5・5)(6・6)の**6通り**。以下、PとQが(2・2)の場合も**6通り**、PとQが(3・3)の場合も**6通り**…。PとQの6通りにそれぞれ、RとSの6通りがあるので、

$6 \times 6 = 36$通り

※問題文の解釈が速解のポイントです。

12 順列・組み合わせ【重複・円・応用】 ▶本冊94〜97ページ

104 **1**【C】場合分けで解く。4個のうち、
【3個が同じ場合】（リリリ・ミ）（リリリ・カ）
（ミミミ・リ）（ミミミ・カ）の**4通り**。
【2個が同じ場合】（リリ・ミミ）（リリ・カカ）
（ミミ・カカ）の**3通り**と、（リリ・ミカ）（ミ
ミ・リカ）（カカ・リミ）の**3通り**。これらをた
し合わせて、**4＋3＋3＝10通り**

2【B】どれも最低1個選ぶので、**5個のう
ち3個は（リミカ）に確定**し、残りは2個。
【2個が同じ場合】（リリ）（ミミ）の**2通り**。
【2個が違う場合】（リミ）（リカ）（ミカ）の**3通り**
（3種類から2種類を選ぶ$_3C_2$通り）。
これらをたし合わせて、**2＋3＝5通り**

3【C】8個を横一列に並べるということは、
①〜⑧の番号の箱に1個ずつ入れることと同
じ。すると、リンゴは、①〜⑧の箱から3つ
を選ぶ選び方なので、$_8C_3$。ミカンはリンゴ
が入っていない5つの箱から3つを選ぶ選び
方なので、$_5C_3＝_5C_2$。カキは残った2箱に自
然と決まる。
従って、並べ方は、

$$_8C_3 \times _5C_2 = \frac{8 \times 7 \times 6 \times 5 \times 4}{3 \times 2 \times 1 \times 2 \times 1} = 560通り$$

105【A】各種類最低1枚は選ぶので、5枚の
うち3枚は確定。**3種類から残り2枚を取り
出す重複組み合わせ**なので、

$$_{3+2-1}C_2 = _4C_2 = \frac{4 \times 3}{2 \times 1} = 6通り$$

【別解】3種類から各種類1枚以上選んで5枚
なので、5枚を3種類に仕切ると考える。
○ ○ ○ ▌○ ▌○ ←3枚・1枚・1枚
4カ所のすき間のうち2カ所に仕切りを入れ
るので、$_4C_2$と考えられる。

●n種類のものからm個を取り出す公式
各種類0個以上：$_{n+m-1}C_m$
各種類1個以上：$_{m-1}C_{n-1}$ （ただしm≧n）

106【E】公式$_{n+m-1}C_m$を使って、

$$_{3+4-1}C_4 = _6C_4 = _6C_2 = \frac{6 \times 5}{2 \times 1} = 15通り$$

【公式の意味】4個を赤、黒、青の3色で仕分
けると考えると、次の図のようになる。

赤　　黒　青
○○ ▌○ ▌○　←赤2、黒1、青1

○は取り出す4個を、▌は赤、黒、青に仕分
ける仕切りを表す。上図は赤2、黒1、青1に
仕分けることを表している。仕切りの位置を
次の図のように変えると、4個すべてが赤に
なる。

赤　　　　黒 青
○○○○ ▌▌　←赤4、黒0、青0

**取り出す4個＋仕切りが2個＝合計6個あり、
6個のうち2個を仕切りとして選ぶと赤黒青
の配分が変わるので、6個から2個を選ぶ組
み合わせの数**$_6C_2$**となる。これは、重複組み
合わせの公式と同じ式になる。**

107 **1**【D】赤と白の2種類から10本を取り出
す重複組み合わせなら、

$_{2+10-1}C_{10} = _{11}C_{10} = _{11}C_1 = 11通り$

しかし、この11通りには「赤10本」と「白10
本」という1色の組み合わせが2通り入ってい
るので、この2通りを除く。

11－2＝9通り

この9通りが、赤と白、赤とピンク、白とピ
ンクの3通りあるので、

9×3＝27通り

【別解】赤と白なら**赤1〜9（白9〜1）まで**の**9通り**（$_{m-1}C_{n-1} = _{10-1}C_{2-1} = 9通り$）。これが赤とピンク、白とピンクのそれぞれにあるので、**9×3＝27通り**

2【D】 3色をそれぞれ少なくとも2本ずつ使うので、赤2本、白2本、ピンク2本の計6本は決まっている。3色から残りの4本を選ぶ重複組み合わせになる。

$$_{3+4-1}C_4 = _6C_4 = _6C_2 = \frac{6 \times 5}{2 \times 1} = 15通り$$

3【F】 少なくとも赤3本は決まっているので、3色から残りの7本を選ぶ重複組み合わせになる（赤は4本以上でもよい）。

$$_{3+7-1}C_7 = _9C_7 = _9C_2 = \frac{9 \times 8}{2 \times 1} = 36通り$$

108 1【B】 全員で8人の円順列なので、円順列の公式$(n-1)!$を使う。

$(8-1)! = 7!$ **通り**

2【B】 大人2人が向かい合うので、大人の位置は固定される。残った6カ所に6人の子供が並ぶ順列なので、

$_6P_6 = 6! = 6 \times 5 \times 4 \times 3 \times 2 \times 1 = 720通り$

3【F】 大人Aと大人Bが手をつなぐので、隣り合う2カ所が確定し、残り6カ所に6人の子供が並ぶ順列で、$_6P_6 = 720通り$。さらに、今度は円で回転しても（A・B）と（B・A）の区別が必要なのでこれが**2通り**。従って、**720×2＝1440通り**

109【B】 この場合は、3種類から6個を選ぶ重複組み合わせになる。

$$_{3+6-1}C_6 = _8C_6 = _8C_2 = \frac{8 \times 7}{2 \times 1} = 28通り$$

【公式の意味】6個○○○○○○のミカンを仕切り2個■■で、X、Y、Zの3つの箱に仕分けると考えると、次のようになる。

```
    X       Y       Z
  ○○  ■  ○○  ■  ○○    ←X2、Y2、Z2
```

※○はミカン、■はX、Y、Zを仕切る仕切り。左下の図はX、Y、Zの3つの箱に2個ずつ入れるパターンだが、仕切りの位置を次のように右端に変えると、Xに6個入っていることになる。

```
        X           Y Z
  ○○○○○○  ■■    ←X6、Y0、Z0
```

ミカンが6個＋仕切りが2個＝合計8個あり、8個のうち2個を仕切りとして選ぶとX、Y、Zへの配分が変わるので、8個から2個を選ぶ組み合わせの数 $_8C_2 = 28通り$になる。これは、重複組み合わせの公式と一致する。

110【D】 まず、赤皿2枚を5カ所のうちのどれか2カ所に飾るので、$_5C_2$。次に白皿2枚を空いている3カ所のうちの2カ所に飾るので、$_3C_2 = _3C_1$。青皿は残った1カ所に自然と決まる。並べ方は、

$$_5C_2 \times _3C_1 = \frac{5 \times 4 \times 3}{2 \times 1 \times 1} = 30通り$$

111 1【A】 男女の並び方は（男女男女男女）、（女男女男女男）の2通り。このそれぞれに対して男性だけの順列と女性だけの順列があるので、すべてを掛け合わせて、

2×$_3P_3$×$_3P_3$＝2×3×2×1×3×2×1＝72通り

2【B】 男性の位置は（**男男男**女女女）、（女**男男男**女女）、（女女**男男男**女）、（女女女**男男男**）の4通り。この4通りに対して、男性だけの順列と女性だけの順列があるので、

4×$_3P_3$×$_3P_3$＝144通り

3【E】 回転すると同じなので、男性1人を固定する。他の位置は男女交互に決まっているので、あとは並び方だけ。男性は残り2人で2!。女性は3人で3!。従って、

2!×3!＝2×1×3×2×1＝12通り

【別解1】男性だけで円になり、その間に女性が入ると考える。男性の並び方は円順列の公式より、$(3-1)! = 2! = 2通り$

その間に女性が入る入り方は、女性3人を並べる順列で、**3!＝3×2×1＝6通り**

従って、**2×6＝12通り**

【別解2】交互に一列になるのは、**①**の通り72通り。円の場合、6人各々の位置は回転するため関係ない。従って、

72÷6＝12通り

⬤112 **①**【C】3種類をA、B、Cとする。

試飲1回のとき3種類から1種類…

$_3C_1 ＝ 3 通り$（A、B、Cの3通り）

試飲2回のとき3種類から2種類…

$_3C_2 ＝ 3 通り$（AB、AC、BCの3通り）

試飲3回のとき3種類

$_3C_3 ＝ 1 通り$（ABCの1通り）

以上を合計して、**3＋3＋1＝7通り**

【別解】A、B、Cそれぞれ試飲するかしないか2通りずつで、$2^3＝8通り$。「すべて試飲しない」1通りを除いて、**7通り**。

②【E】2人で合計4回（4杯）、1人3回（3種類）までの試飲なので、PとQのワインの種類の組み合わせは、以下の3通り。

P1種類とQ3種類…

$_3C_1 × _3C_3 ＝ 3 × 1 ＝ 3 通り$

（AとABC）（BとABC）（CとABC）

P2種類とQ2種類…

$_3C_2 × _3C_2 ＝ 3 × 3 ＝ 9 通り$

（ABとAB）（ABとAC）（ABとBC）
（ACとAB）（ACとAC）（ACとBC）
（BCとAB）（BCとAC）（BCとBC）

P3種類とQ1種類…

$_3C_3 × _3C_1 ＝ 1 × 3 ＝ 3 通り$

（ABCとA）（ABCとB）（ABCとC）

合計　**3＋9＋3＝15通り**

⬤113 **①**【F】4個ずつ、合計12個なので、**12÷4＝3種類**を選ぶことになる。8種類から3種類を選ぶ組み合わせの数なので、

$_8C_3 ＝ 56通り$

②【C】どの種類も同じ個数にして、洋菓子8個＋和菓子8個にしたいので、可能な組み合わせは次の2通り。

①洋菓子1種類を8個＋和菓子1種類を8個…洋菓子は5種類から1種類、和菓子は3種類から1種類。

5×3＝15通り

②洋菓子2種類を4個ずつ＋和菓子2種類を4個ずつ…洋菓子は5種類から2種類なので$_5C_2$、和菓子は3種類から2種類なので$_3C_2 ＝ _3C_1$

$_5C_2 × _3C_1 ＝ 30通り$

①と②を合計して、

15＋30＝45通り

③【D】①洋菓子5種類から3個を選ぶ重複組み合わせは、

$_{5+3-1}C_3 ＝ _7C_3通り$

②和菓子3種類から3個を選ぶ重複組み合わせは、

$_{3+3-1}C_3 ＝ _5C_3 ＝ _5C_2通り$

①と②を掛け合わせて、

$_7C_3 × _5C_2 ＝ 350通り$

※順列・組み合わせは解法を忘れがちな分野です。試験日の直前に復習しておくと効果的です。

別冊解答・解説 ▼ 順列・組み合わせ【重複・円・応用】

33

114【B】Pが大吉を引く確率は1/10、Qが小吉を引く確率は1/5なので、

Pが大吉を引き、Qが小吉を引く確率は、

$$\frac{1}{10} \times \frac{1}{5} = \frac{1}{50}$$

Pが小吉を引き、Qが大吉を引く確率も同じく1/50なので、求める確率は、

$$\frac{1}{50} \times 2 = \frac{1}{25}$$

115【C】金額の合計が200円になる組み合わせは、「①50円玉2枚＋100円玉1枚」、または「②100円玉2枚」の2通り。

①50円玉2枚＋100円玉1枚が表となる確率

・50円玉2枚が表となる確率は、**1/2×1/2**

・100円玉2枚のうち1枚が表、1枚は裏となる確率はどちらも1/2で、2枚のうちどちらが表となるかで2通りあるので、この確率は、1/2×1/2×2

従って、**1/2×1/2×1/2×1/2×2＝1/8**

②100円玉2枚が表、50円玉2枚が裏となる確率

1/2×1/2×1/2×1/2＝1/16

以上より、求める確率は、

$$\frac{1}{8} + \frac{1}{16} = \frac{3}{16}$$

【別解】2枚の硬貨を投げて表裏が出る組み合わせは、**表表、表裏、裏表、裏裏**の4通り。50円玉2枚が**表表**となる確率は1通りで**1/4**。100円玉が1枚だけ表となる確率は、表裏、裏表の2通りなので2/4＝**1/2**。50円玉2枚＋100円玉1枚が表となる確率は、1/4×1/2＝**1/8**。同様に、100円玉2枚が表、50円玉2枚が裏となる確率は、1/4×1/4＝**1/16**。求める確率は、**1/8＋1/16＝3/16**

116 PとQのサイコロの目の出方は、6×6＝**36通り**で、これが**分母**になる。

1【B】P＞Qという大小関係が成り立てばよいので、**違う数字2つの組み合わせの数**（順列の数ではない）となる。これは ₆C₂＝**15通り**。

従って、$\dfrac{15}{36} = \dfrac{5}{12}$

【別解1】引き分けになるのは（1と1）〜（6と6）まで同じ数同士の6通り。引き分けにならないのは、**36－6＝30通り**。PとQが勝つ確率は等しいので、**Pが勝つのは30通りを2で割った15通り**。

【別解2】P＞Qになる組み合わせは、（2＞1）（3と1＞2）（4＞1〜3）（5＞1〜4）（6＞1〜5）で、**1＋2＋3＋4＋5＝15通り**

2【A】Pが3以上を出して負けるのは、

(P対Q)が、（3対4か5か6）…**3通り**

（4対5か6）…**2通り**

（5対6）…**1通り**

の場合なので、3＋2＋1＝**6通り**

従って、$\dfrac{6}{36} = \dfrac{1}{6}$

3【A】Pが4以上の差で勝つのは、（P対Q）が（5対1）、（6対2）、（6対1）なので、**3通り**。

従って、$\dfrac{3}{36} = \dfrac{1}{12}$

117 **1**【B】甲が勝つ確率は1/3（負け1/3、アイコ1/3）。1回だけ勝つには、他の2回は勝たない（勝たない確率は2/3）ので、

$$\frac{1}{3} \times \frac{2}{3} \times \frac{2}{3} = \frac{4}{27}$$

1回目だけ、2回目だけ、3回目だけ勝つ場合があるので、これを3倍して、

$$\frac{4}{27} \times 3 = \frac{4}{9}$$

2【C】 余事象である「甲が3回のうち1回も勝たない確率」を全体の1から引く。勝たない確率は、**負け1/3＋アイコ1/3＝2/3**

3回すべて2/3なので、$\dfrac{2}{3} \times \dfrac{2}{3} \times \dfrac{2}{3} = \dfrac{8}{27}$

これを全体の1から引いて、$1 - \dfrac{8}{27} = \dfrac{19}{27}$

118 1【B】 くじ引きは引く順番に関係なく、どの人も同じ確率になるので、PとSではなくPとQで考えてよい。Pが当たりを引くのは6本中2本、当たりを引かれた後、Qが当たりを引くのは5本中1本なので、

$$\frac{2}{6} \times \frac{1}{5} = \frac{1}{15}$$

【別解1】6本から2本を引く組み合わせの数は、$_6C_2＝$**15通り**で、これが分母。2本の当たりくじから2本を引くのは、$_2C_2＝$**1通り**で、これが分子。従って、**1/15**。
【別解2】問題は、○→×→×→○→×→×という順番にくじを引く確率となる。
2/6×4/5×3/4×1/3×2/2×1/1＝1/15

2【D】 6人はすべて同じ確率なので、PRが最初に引くことにする。Pだけが当たりを引いて、Rが当たりを引かない確率は、

$$\frac{2}{6} \times \frac{4}{5} = \frac{4}{15}$$

Rだけが当たりを引いて、Pが当たりを引かない確率も同じく4/15なので、どちらか1人だけが当たりを引く確率は、

$$\frac{4}{15} \times 2 = \frac{8}{15}$$

【別解1】6本から2本を引く組み合わせの数は、$_6C_2＝$**15通り**でこれが分母。2本の当たりくじから1本を引くのは、$_2C_1＝$**2通り**。4本のはずれくじから1本を引くのは、$_4C_1＝$**4通り**。分子はこの2つの積になるので、**2×4＝8通**

り。従って、**8/15**。
【別解2】全体の確率から余事象を引く。2人とも当たりを引く確率は、**1**の1/15。2人とも外れを引く確率は、**4/6×3/5＝2/5＝6/15**。全体の確率からこの2つを引けば、どちらかが当たりを引く確率になる。従って、

$$1 - \frac{1}{15} - \frac{6}{15} = \frac{8}{15}$$

※6本のくじを1人ずつ順番に引くのも、6人がいっぺんに引くのも同じ。当たりの確率は2/6。

119 1【B】 連続3個が赤玉の確率は、

$$\frac{5}{10} \times \frac{4}{9} \times \frac{3}{8} = \frac{1}{12}$$

2【D】 赤玉なら箱に戻し、白玉なら戻さない。赤・白・赤の順番をそのまま掛け合わせて、

$$\frac{5}{10} \times \frac{5}{10} \times \frac{5}{9} = \frac{5}{36}$$

120 1【A】 同時に引く場合、甲と乙は同じカードを引くことはできない（甲が16枚から引けば、乙は残った15枚から引く）ので、分母は16と15になる。

$$\frac{4}{16} \times \frac{3}{15} = \frac{1}{20}$$

【別解】16枚から2枚を引くのは、$_{16}C_2＝$**120通り**。
ハート4枚から2枚を引くのは、$_4C_2＝$**6通り**。従って、

$$\frac{6}{120} = \frac{1}{20}$$

2【D】 16枚中、4枚のダイヤ以外は12枚。

$$\frac{12}{16} \times \frac{11}{15} = \frac{11}{20}$$

3【B】 2人ともクラブ（ある1種類のカード）を引かない確率（**2**で出した11/20）を、1から引いて**9/20**。

※確率はいろいろな解き方ができる分野です。自分が解きやすい方法をマスターしましょう。

121【C】2商品の組み合わせには、PX、PY、QX、QYの4通りがあるが、このうちQもYも入っていない袋はPXのみ。PXの袋を買う確率は、「PかつX」なので、Pが入っている袋を買う確率**80/100**とXが入っている袋を買う確率**70/100**を掛け合わせる。

$$\frac{80}{100} \times \frac{70}{100} = \frac{14}{25}$$

122 **1**【B】分母、分子が1ずつ減る。

$$\frac{4}{6} \times \frac{3}{5} \times \frac{2}{4} = \frac{1}{5}$$

【別解】6個から3個を取り出す組み合わせが$_6C_3$=**20通り**で、これがすべての場合。黒4個から3個を取り出す組み合わせが$_4C_3$=$_4C_1$=**4通り**なので、**4/20＝1/5**。

2【D】黒が2個以上とは、黒が2個または3個の場合。黒2個になるのは、(白黒黒)(黒白黒)(黒黒白)の3通り。どれも同じ確率なので、(白黒黒)の確率を3倍する。

$$\frac{2}{6} \times \frac{4}{5} \times \frac{3}{4} \times 3 = \frac{3}{5}$$

ここに、黒3個の確率(**1**より)**1/5**をたし合わせた**4/5**が答え。

【別解】**1**より、**20通りが分母**。黒4個から3個は**4通り**。次に黒2個と白1個の組み合わせは、黒4個から2個の$_4C_2$=**6通り**と、白2個から1個の$_2C_1$=**2通り**を掛け合わせた**12通り**。4＋12＝**16が分子**で、**16/20＝4/5**。

3【D】白1度になるのは(白黒黒)(黒白黒)(黒黒白)の3通り。どれも同じ確率なので、(白黒黒)の確率を3倍する。石を袋に戻すので、分母、分子の石の数は変わらない。

$$\frac{2}{6} \times \frac{4}{6} \times \frac{4}{6} \times 3 = \frac{4}{9}$$

4【C】4回目で3度目の黒が出るということは、3回目までに黒が2度出ているということになる。これは(白黒黒)(黒白黒)(黒黒白)の3通りで、**3**の確率と同じなので**4/9**。最後の4回目に黒が出る確率は、**4/6**なので、これを掛け合わせる。

$$\frac{4}{9} \times \frac{4}{6} = \frac{8}{27}$$

123 **1**【B】2枚で7000円なので、2000円＋5000円。最初に二千円札を取り出す確率は**8枚中2枚の1/4**。次に五千円札を取り出す確率は**7枚中2枚の2/7**。掛け合わせて**1/4×2/7＝1/14**。これは最初に五千円札、次に二千円札の場合も同じ確率なので、2倍して、**1/14×2＝1/7**。

【別解】8枚から2枚を取り出す組み合わせは$_8C_2$=**28通り**。二千円札と五千円札の組み合わせは、どちらも2枚から1枚を引くので、$_2C_1 \times _2C_1$=**4通り**。従って、**4/28＝1/7**

2【A】20000円になるのは、5000円＋5000円＋10000円の場合。これは(5千・5千・1万)(5千・1万・5千)(1万・5千・5千)の3通りでどれも同じ確率。(5千・5千・1万)は、**2/8×1/7×2/6＝1/84**。これを3倍して、**1/84×3＝1/28**

【別解】8枚から3枚を取り出す組み合わせは$_8C_3$=**56通り**。五千円札2枚と一万円札1枚の組み合わせは、$_2C_2 \times _2C_1$=**2通り**。従って、**2/56＝1/28**

124 **1**【C】すべての組み合わせの数は、$_4C_1 \times _3C_1$=**12通り**…分母

Pの方が大きい数字を選ぶ場合、Pの1、3、5、7にそれぞれ対応(Pが1なら0通り、

Pが3ならQが2の1通り…）して、
0＋1＋2＋3＝6通り…分子
従って、**6/12＝1/2**
【別解】場合分けで考える。
Pが1…Qより大きい数になる確率は、**0**。
Pが3（4枚中1枚）…Qの2（3枚中1枚）よ
り大きいので、確率は、**1/4×1/3＝1/12**。
Pが5…Qの2と4より大きいので、確率は、
1/4×2/3＝2/12。
Pが7…Qの2、4、6より大きいので、確
率は、**1/4×3/3＝3/12**。以上を合計して、
0＋1/12＋2/12＋3/12＝6/12＝1/2
2【C】すべての組み合わせの数は、
₄C₂×₃C₂＝18通り…分母
Qの2枚の合計は**6か8か10**のいずれか。
Pの2枚の合計も**6か8か10**になるのは、
（1＋5）、（1＋7）、（3＋5）、（3＋7）の
4通りで、それぞれに対してQの1通り（6
か8か10）が対応するので、
4×1＝4通り…分子
従って、**4/18＝2/9**
【別解】数字の和が等しくなる（**P＝Q**）の組は、
**（1＋5＝2＋4）、（1＋7＝2＋6）、（3＋5＝
2＋6）、（3＋7＝4＋6）**。Pが（**1と5**）を出
すのは、1枚目に1か5、2枚目に残った方の
1か5を出す確率で、**2/4×1/3＝1/6**。Qが
（**2と4**）を出す確率は、**2/3×1/2＝1/3**。
（1＋5＝2＋4）となる確率は、**1/6×1/3＝
1/18**。同じ確率の組が**4パターン**あるので、
1/18×4＝2/9

125 1【B】赤：白＝3：2の比率なので、
赤玉は3/5、白玉は2/5入っていることにな
る。赤玉の当たりは3/5のうち20%なので、
3/5×0.2＝0.12＝12%
2【C】赤玉の当たりは、0.12。
白玉の当たりは、2/5×0.1＝0.04。
よって、当たりの玉の割合は全体の、

0.12＋0.04＝0.16
当たりでない玉の割合は、**1－0.16＝0.84**
2回とも当たりが出ない確率は、
0.84×0.84＝0.7056＝70.56% → 71%

126 1【B】Pがグー（Qがチョキ）を出して勝
つ確率は**1/2×1/4＝1/8**
Pがグーで勝たない確率は、**1－1/8＝7/8**
2回ともPがグーで勝たない確率は、
7/8×7/8＝49/64
全体1から引いて、**1－49/64＝15/64**
【別解】少なくとも1回はPがグーで勝つのは、
以下の3パターン。
①1回目だけに勝つ → **1/8×7/8＝7/64**
②2回目だけに勝つ → **7/8×1/8＝7/64**
③1回目も2回目も勝つ → **1/8×1/8＝1/64**
以上を合計して、**15/64**
2【C】確率は下表の通り。

P　＼　Q	グー1/4	チョキ1/4	パー1/2
グー1/2	1/8	1/8	1/4
チョキ1/4	1/16	1/16	1/8
パー1/4	1/16	1/16	1/8

Pがチョキかパーを出して勝つかアイコにな
る確率は、表の赤字の合計で、
1/16＋1/16＋1/8＋1/8＝3/8
それ以外の確率は5/8で、これが2回連続で
起きる**5/8×5/8＝25/64**を全体1から引
く。**1－25/64＝39/64**
【別解】①1回目だけにPがチョキかパーを出し
て勝つかアイコになる → **3/8×5/8＝15/64**
②2回目だけにPがチョキかパーを出して勝
つかアイコになる → **5/8×3/8＝15/64**
③1回目も2回目もPがチョキかパーを出して
勝つかアイコになる → **3/8×3/8＝9/64**
以上を合計して、**39/64**
※おめでとう！ SPI最大の難所「確率」が終わ
りました。本書で必ず合格点が取れるようにな
ります。がんばってください！

別冊解答・解説 ▼ 確率の応用

127【C】仮に以前の料金を1、入場者数を100とおくと、以前の売上は、**1×100＝100。**
20％アップした料金は1.2、15％減った入場者数は100－15＝85になるので、
値上げ後の売上は、**1.2×85＝102。**
100から102に増えたので、**2.0％増加。**

128【B】全体の42％に相当する3日目が、2日目の1.2倍に当たるので、
2日目（％）…42÷1.2＝35％
1日目（％）…100－35－42＝23％

3日間 100%		
1日目	2日目	3日目 42%
	3日目÷1.2	2日目×1.2

129【D】X全体の人数は、20人増えたので、
50＋35＋20＝105人
これに占める女性の割合が40％なので、女性の人数は、**105×0.4＝42人**
元の女性は35人だったので、新たに入った女性の人数は、**42－35＝7人**
これが新たに入った人20人に占める割合は、
7÷20＝0.35 → 35％

130【D】先週日曜の来場者数をx人とおくと、先週土日の合計来場者数が600人なので先週土曜の来場者数は（600−x）人。
先週土曜の5％減である今週土曜は0.95×（600−x）人、先週日曜の25％増である今週日曜は1.25x人、この合計が600人より7％増の642人なので、
0.95（600－x）＋1.25x＝642
570－0.95x＋1.25x＝642 → 0.3x＝72
x＝240
今週日曜は、**240×1.25＝300人**

131【B】金曜日に4/15、土曜日は残った11/15のうちの2/9、つまり、
11/15×2/9＝22/135
を読んだ。金土の2日間では、全体の**4/15＋22/135＝58/135**
を読んでいるので、**残りは77/135。**全体のページ数をxページとすると、

$$73＋81＝\frac{77}{135}x$$

x＝270ページ
残りのページは81ページなので、
81÷270＝0.3 →3割

132【C】合併後の劇団Rの人数をx人とする。
42％だった男性の人数が、5人減ったために40％になったことを式にする。
0.42x－5＝0.4×（x－5）
0.02x＝5－2
x＝150
R150人はPの3倍の人数なので、Pは、
150÷3＝50人
【別解1】Rの人数をx人とすると、Rの男性の人数は0.42x人、また男性5人がやめた後のR'の男性の人数は0.4×（x－5）人。女性の人数は変わらないことに注目して、
Rの女性の人数＝R'の女性の人数
x－0.42x＝（x－5）－0.4×（x－5）
これを解いて、**x＝150人**
R150人はPの3倍なのでPは150÷3＝50人
【別解2】劇団Pをx人とすると、倍の人数の劇団Qは2x人、合併後の劇団Rは3x人となる。
ここで、Q内での男性の割合をyとして、男性の人数について式を立てると、
Pの男性の人数＋Qの男性の人数＝Rの男性の人数
0.48x＋y×2x＝0.42×3x…①

また、5人の男性がやめた後は、
$0.48x + y \times 2x - 5 = 0.4 \times (3x - 5) \cdots ②$
$0.48x + y \times 2x$ が共通なので、
①を②の $0.48x + y \times 2x$ へ代入して
$0.42 \times 3x - 5 = 0.4 \times (3x - 5)$
これを解いて、**x＝50人**
【別解3】選択肢を当てはめて計算する。
A…Pが40人だとRは120人。120人のうち男性が120×0.42で計算すると50.4人。割り切れないので×。
B…Pが49人だとRは147人。147人のうち男性が147×0.42で計算すると61.74人。割り切れないので×。
C…Pが50人だとQは100人、Rは150人。150人のうち男性が150×0.42で計算すると63人。男性5人を引き145人の40%が男性58人でぴったりなので○。

133【A】全体の人数は、
850＋650＝1500人
全体1500人の27%である購入者数は、
1500×0.27＝405人
東日本850人の40%である購入者数は、
850×0.4＝340人
従って、西日本の購入者数は、
405－340＝65人
西日本に占める購入者の割合は、
65÷650＝0.1 → 10%

134【A】正社員の人数は、従業員300人のうちの60%なので、**300×0.6＝180人**。
25人増やすと、**180＋25＝205人**。
また、総従業員数も25人増えて、**325人**。
正社員の割合は、
205÷325＝0.6307… → 63%

135【C】男女比は **2：3**（＝40：60）なので、全体100%のうち、男性40%、女性60%。会

員は、男性の**30%**、女性の**40%**なので、
$0.4 \times 0.3 + 0.6 \times 0.4 = 0.36$ →36%

136 1【D】今年の従業員520人は昨年の65%に当たるので、昨年の従業員は、
520÷0.65＝800人
2【C】昨年の女性の人数をx人とすると、40%減った今年の女性は0.6x人。
昨年の男性は(800－x)人で、30%減った今年の男性は0.7×(800－x)人。
女性＋男性＝従業員数なので、
$0.6x + 0.7 \times (800 - x) = 520$
$-0.1x = 520 - 560$
x＝400人
今年の女性は、**0.6×400＝240人**

137 1【D】1冊以上本を借りた人の貸出冊数の平均が1.5冊で、合計696冊なので、1冊以上本を借りた人の人数は、
696÷1.5＝464人
1冊も借りなかった人は
1450－464＝986人
これが1450人に占める割合は、
986÷1450＝0.68 → 68%
2【C】1週間の貸出冊数は、前の週の696冊より25%増加したので、
696×1.25＝870冊
1冊以上本を借りた人が600人なので、1人あたりの平均は、
870÷600＝1.45冊
前の週の1.5冊と比較した減少の割合は、
$(1.5 - 1.45) \div 1.5 = 0.0333\cdots$ → 3%

138 1【C】XとYを2：1で混ぜるので、全体量を30とすると、Xは20になる。
その中では、P：Q＝2：3＝8：12。
Yは10で、その中では、P：R＝3：7。
全体量30の中で、Pは8＋3＝11を占めるの

で、$11÷30＝0.366\cdots → 37\%$

【別解】Z（X：Y＝2：1なので全体は2＋1＝3）に含まれるX（P：Q＝2：3なので全体は2＋3＝5）の中のPは、

$$\frac{2}{3}×\frac{2}{5}＝\frac{4}{15}$$

Z（X：Y＝2：1なので全体は2＋1＝3）に含まれるY（P：R＝3：7なので全体は3＋7＝10）の中のPは、

$$\frac{1}{3}×\frac{3}{10}＝\frac{1}{10}$$

従って、Zに含まれるPの合計は、

$$\frac{4}{15}＋\frac{1}{10}＝\frac{11}{30}＝0.366\cdots →37\%$$

❷【D】1/6と1/7の差は、

$$\frac{1}{6}－\frac{1}{7}＝\frac{7}{42}－\frac{6}{42}＝\frac{1}{42}$$

20cc＝1/42なので、全体は、

$$20÷\frac{1}{42}＝20×42＝840cc$$

139 ❶【B】 s を含む単語の数を100%とすると、そのうちの20%に2字、80%に1字のsが含まれている。

s を含む単語の数に対する s の数の割合は、

20%×2＋80%＝120%

120%＝132字なので、

s を含む単語の数＝132÷1.2＝110

❷【C】 r を含む単語の数を100%とすると、そのうちの5%に3字、15%に2字、残り80%に1字の r が含まれている。

r を含む単語の数に対する r の数の割合は、

5%×3＋15%×2＋80%＝125%

125%＝150字なので、

r を含む単語の数＝150÷1.25＝120

140 ❶【D】「前期にサッカーを選択した学生48人＋後期にサッカーを選択した学生50人」から、「前期・後期ともにサッカーを選択した学生12人」を引けば人数が出る。

$48＋50－12＝86$人

割合は、$86÷200＝0.43 → 43\%$

❷【B】前期に卓球を選んだx人のうちの30%が後期に野球を選んだので、「前期に卓球、後期に野球を選んだ学生」は0.3x人。表より、

$8＋15＋12＋0.3x＝x$

$35＝x－0.3x → 0.7x＝35$

$x＝35÷0.7＝50$人

前期 後期	卓球	テニス	サッカー	野球	合計
卓球	8	17	12	11	48
テニス	15	12	14	15	56
サッカー	12	16	12	t=10	50
野球	0.3x	q=12	10	s=9	r=46
合計	x	p=57	48	45	200

「前期に卓球、後期に野球を選んだ学生」は、

$50×0.3＝15$人

【別解】「前期に卓球、後期に野球を選んだ学生」をx人とおいてもよい。

$8＋15＋12＋x＝x÷0.3$

❸【C】 全体200人から「前後期ともサッカーと野球しか選択していない学生（上表のピンク部分）」を引けば、「前後期で少なくとも1度は卓球かテニスを選択した学生」が求まる。

❷より、前期卓球の人数の合計xは50人。

前期テニスの人数の合計pは、

$p＝200－(50＋48＋45)＝57$人

さらに、

$q＝57－(17＋12＋16)＝12$人

$r＝200－(48＋56＋50)＝46$人

$s＝46－(15＋12＋10)＝9$人

$t＝50－(12＋16＋12)＝10$人

よって、前後期ともサッカーと野球しか選択していない学生は、$12＋10＋10＋9＝41$人

前後期で少なくとも1度は卓球かテニスを選択した学生の割合は、

$(200－41)÷200＝0.795 → 79.5\%$

※「割合と比」の考え方は、就職試験で最重要。必ず完璧にマスターしておきましょう。

16 損益算 ▶本冊114〜115ページ

141 【C】定価をx円とおく。1割引で100個、2割引で200個売ったときに、売上額が、原価500円×300個＋利益125000円＝275000円になるようにしたいので、

$(1-0.1)x×100+(1-0.2)x×200$
$=275000$
$90x+160x=275000$
$250x=275000$
$x=1100円$

142 【D】仕入れ値は、
$400×100=40000円$
1割の利益が出る売上額は、
$40000×1.1=44000円$
400個のうち1割が割れると残りは、
$400×0.9=360個$
360個で44000円になればよいので、
$44000÷360=122.2…$
従って、123円以上で売ればよい。
ちなみに、この問題では仕入れた数が何個に設定されていても、答えは123円になる。

143 【D】400円の2割5分の利益は、
$400×0.25=100円$
定価で売れた80個の利益は、
$100×80=8000円$
定価の1割引は、
$400×1.25×0.9=450円$で、
利益は、
$450-400=50円$
1割引で売った150−80＝70個の利益は、
$50×70=3500円$
従って、利益は全部で、
$8000+3500=11500円$

144 【B】Pの原価をp円、Qの原価をq円とすると、10個ずつ仕入れて18000円なので、
$10p+10q=18000…①$
Pを原価の1.2倍、Qを1.4倍で10個ずつ販売して売上総額が24000円なので、
$(1.2p+1.4q)×10=24000$
$12p+14q=24000…②$
①と②を解いて※、p＝600円。原価600円の2割の利益があるPの定価は、
$600×1.2=720円$
※連立方程式の解き方には、加減法と代入法があります。加減法では、例えば、
$x+y=3…①$
$2x+5y=9…②$
①の両辺に2を掛けると、$2x+2y=6…①'$
②から①'を引けば、y＝1と出ます。

$$\begin{array}{r} 2x+5y=9 \\ -)\ 2x+2y=6 \\ \hline 3y=3 \end{array}$$

代入法では、①をx＝3−yとして、②のxに代入し、$2(3-y)+5y=9$を解きます。

145 【B】250円の2割増しの1割引は、
$250×1.2×0.9=270円$
従って、利益は、
$270-250=20円$

146 【A】定価600円の1割引である「売値」を求めてから、原価を求める。
定価×（1−割引率）＝売値
$600×(1-0.1)=600×0.9=540円$
原価xの2割の利益が出る売値が540円
原価×（1＋利益率）＝売値
$x×(1+0.2)=540$
$x=540÷1.2=450円$

別冊解答・解説 ▼ 損益算

41

147【C】元の仕入れ値をx円とすると、元の利益は、（$100-x$）円。

15%上がった仕入れ値は$1.15x$円で、そのときの利益は、（$100-1.15x$）円。

これが元の利益から1割減なので、

$100-1.15x=(100-x)\times0.9$

$100-1.15x=90-0.9x$

$-1.15x+0.9x=90-100$

$-0.25x=-10$

$25x=1000$

$x=40$円

148 **1**【C】仕入れ値850円の品物Pは、定価の3割引で販売したときに200円の利益が出るので、3割引で販売した場合の売値は、

$850+200=1050$円

この売値が定価の3割引なので、定価は、

$1050\div(1-0.3)=1500$円

仕入れ値は850円なので、定価で売ったときの利益は、

$1500-850=650$円

2【D】定価の1割引で、利益が560円。

定価の3割引で、利益が200円。

つまり、$560-200=360$円が、定価の2割分に相当する。

従って、定価は、

$360\div0.2=1800$円

149 **1**【B】Pの利益は、

$(350\times0.3)\times40=4200$円

Qの利益は、

$(280\times0.4)\times80=8960$円

利益合計は、

$4200+8960=13160$円

2【A】Qの定価で売った60個の利益は、

$(280\times0.4)\times60=6720$円

値下げ後のQの売値x円で20個の利益は、

$(x-280)\times20=20x-5600$円

定価60個の利益6720円と値下げ後の20個の利益$20x-5600$円の合計が、Pの利益である4200円以上になるようにしたいので、

$6720+20x-5600\geqq4200$

$20x\geqq4200-6720+5600$

$20x\geqq3080$

$x\geqq154$円

【別解】Qの定価で売った60個の利益は、

$(280\times0.4)\times60=6720$円

Pを定価で全部売った利益は、**1**より、

4200円

この時点で、QはPよりも、

$6720-4200=2520$円

多くの利益を出している。このとき、Qの残り20個での赤字を2520円以下にすれば、定価で売れたものと合わせたQの利益が、Pの利益以上になる。

Q1個あたりの赤字は最大で、

$2520\div20=126$円

Qの仕入れ値は280円なので、売値は、

$280-126=154$円

※損益算は、原価（仕入れ値）、売値、利益、定価の関係から、解法のパターンを覚えておくことが大切です。

17 料金割引 ▶本冊118〜119ページ

150【C】最初の3か月までは、
1×3＝3万円
4〜12か月目の9か月間は、
1×0.9×9＝8.1万円
13〜18か月目の6か月間は、
1×0.8×6＝4.8万円
合計して、
3＋8.1＋4.8＝15.9万円

151【B】最初の5か月目までは、
5万円×5＝25万円
6〜11か月目の6か月間は、
5万円×0.8×6＝24万円
12〜20か月目の9か月間は、
5万円×0.6×9＝27万円
合計して、
25＋24＋27＝76万円

152【B】7連泊と2連泊・5連泊の差額は、
（5連泊は共通しているので）7連泊の「6泊
目以降の2泊分」と「2連泊の1泊目と2泊
目」の割引額の差額と考えられる。つまり、
「9000円×30%×2」と「9000円×（10%
＋20%）」の差になるので、
9000×0.3＝2700円

153【B】飲み物だけ3人、デザートだけ2人、
両方4人の追加金額をまとめると、
200×（3＋4）＋300×（2＋4）
＝3200円
クーポン200円4枚の利用分を引くと、
3200－200×4＝2400円
パスタ880円をx人とすると、ランチプレー
ト1050円は（9－x）人。全部の合計は、
880x＋（9－x）×1050＋2400＝11510

170x＝340
x＝2人

154 **1**【C】1個120円なので、
1〜10個目までは、
120×10＝1200円
11〜30個目までは1割引なので、
120×0.9×20＝2160円
31〜35個目までは3割引なので、
120×0.7×5＝420円
35個買ったときの代金の合計は、
1200＋2160＋420＝3780円
2【B】平均購入価格が120円より安いので11
個以上買ったことになる。
仮に30個とすると、代金は、**1**より、1〜10
個目までは**1200円**。
11〜30個目までは**2160円**なので、合計で、
1200＋2160＝3360円
平均購入価格は、1個あたり
3360÷30＝112円 ＜ 113円
30個より多くなると平均価格は112円を下回
るので、平均購入価格が1個あたり113円の
場合の個数xは、11以上30未満に確定する。
{1200＋（120×0.9）×（x－10）}÷x＝113
x＝24個
【別解】仮に、30個以下として、n個買ったと
考えると、合計金額は、
120×10＋（120×0.9）×（n－10）＝
108×n＋120 円
このとき平均購入価格が113円なので、合計
金額は、113×n円。
これらが等しいので、
108×n＋120＝113×n
5×n＝120
n＝24個

別冊解答・解説 ▼ 料金割引

155 入場券の買い方は、余りが出てもよいので回数券のみを買うか、余りが出ないように回数券とバラを組み合わせて買うか、の2通りある。

１【C】 20枚つづりの回数券を２つ買えば、40人が**30x円**で入場できる。残り10人は**10x円**なので、**30x＋10x＝40x円**。

20枚つづりの回数券を３つ買うと、総額は15x×3＝45x円で、40x円の方が安い。

２【A】 45人は、回数券２つ＋５人分で、

30x＋5x＝35x円。これは、回数券３つの45x円より安い。1人分は、

$$\frac{35}{45}x＝\frac{7}{9}x$$

56人は、回数券２つと16人分では、

30x＋16x＝46x円

ところが、回数券３つ（60人分）を買えば、

15x×3＝45x円

で、回数券３つを買う方が安い。

従って、1人分は、$\frac{45}{56}$**x円**。

1人あたりの差額は、

$$\frac{45}{56}x－\frac{7}{9}x＝\frac{13}{504}x円$$

156 **１【C】** 13～15時の2時間は15％引きで、

25000×（1－0.15）×2＝42500円

15～17時の2時間は10％引きで、

25000×（1－0.1）×2＝45000円

42500＋45000＝87500円

２【C】 割引をしない使用料は6時間で、

25000×6＝150000円

割引後は128750円なので、割引額は、

150000－128750＝21250円

ここで5％の割引分は、

25000×0.05＝1250円

割引額を5％の割引分で割れば、

21250÷1250＝17

つまり、**5％が17個分**割引されている。「20％＝5％を4個」「15％＝5％を3個」「10％＝5％を2個」と考えると、9時から17時までは、１時間ずつ順に、

　9～12時…**4個、4個、4個**
12～15時…**3個、3個、3個**
15～17時…**2個、2個**
17～24時…**0個**

の割引になる。

ここで、**6時間で17個分の割引になる範囲**を探すと、**上の赤字の部分**が見つかる。

従って、**11～17時**に借りていたことがわかる。

【別解】 1時間あたりの使用料は、

　9～12時…25000×0.8＝**20000円**
12～15時…25000×0.85＝**21250円**
15～17時…25000×0.9＝**22500円**

6時間で128750円なので、1時間あたりで、

128750÷6＝**21458.333…円**

12～15時の使用料に最も近くて、15～17時の使用料との間に入る料金になる。ここから、

　9～12時…**1時間使用**
12～15時…**3時間使用**
15～17時…**2時間使用**

という見当をつけて、計算をしてみる。

20000＋21250×3＋22500×2＝128750円

合っているので、**11～17時**に借りていたことがわかる。

※時間に追われて、個数や値段を読み間違えないようにしましょう。

18 仕事算 ▶本冊122〜123ページ

157 1【E】 全体の作業量を1とすれば

$9x+9y=1$　←XとYの2人では9時間

$3x+18y=1$　←X3時間とY18時間

これを解いて、y＝2/45。1時間で2/45の仕事量のY1人で行うと、

$$1÷\frac{2}{45}=\frac{45}{2}=22\frac{1}{2}$$

→ 22時間30分かかる

【別解】「X3時間＋Y18時間」は、「X3時間＋Y3時間＋**Y15時間**」と同じ仕事量。もともと「X9時間＋Y9時間」かかる作業なので、「X3時間＋Y3時間」の作業量は全体の3/9＝1/3。残り2/3に「**Y15時間**」がかかるので、Yの1時間の作業量は、**2/3÷15＝2/45**

2【D】 **1**の方程式を解くと、**xは1/15**。従って、X1人で行うと、**15時間**かかる。

【別解】Xの1時間の作業量は、2人の1時間の作業量1/9からYの作業量2/45を引いて、

$$\frac{1}{9}-\frac{2}{45}=\frac{5-2}{45}=\frac{3}{45}=\frac{1}{15}$$

158 1【D】 全体の作業量を1とすれば、Xの1日の仕事量は1/30、Yの1日の仕事量は1/20。Xの働いた日数をx日とすると、

$$\frac{1}{30}×x+\frac{1}{20}×(25-x)=1$$

$$\frac{x}{30}+\frac{25-x}{20}=1$$

$$\frac{2x+75-3x}{60}=1$$

$$x=15$$

2【C】 1日の仕事量は、P、Q、Rの3人合わせて1/4、Pだけで1/10、Qだけで1/15。

$$\frac{1}{4}-\frac{1}{10}-\frac{1}{15}=\frac{15}{60}-\frac{6}{60}-\frac{4}{60}=\frac{5}{60}=\frac{1}{12}$$

従って、Rが1人で行うと**12日**かかる。

159 1【D】 P管で1時間注水すると、1/3の水がたまるので、残り2/3。これを1時間に1/3注水できるP管と、1時間に1/5注水できるQ管で注水するので、

$$\frac{2}{3}÷\left(\frac{1}{3}+\frac{1}{5}\right)=\frac{2}{3}×\frac{15}{8}=\frac{5}{4}時間$$

→ 1時間15分

P管だけの1時間をたして、2時間15分。

2【E】 P管とQ管では1時間に1/3＋1/5＝8/15の水がたまる。R管とS管では1時間に1/6＋1/10＝4/15の水が出る。

$$1÷\left(\frac{8}{15}-\frac{4}{15}\right)=1÷\frac{4}{15}=\frac{15}{4}時間$$

→3時間45分

160 1【B】 頭金に25％＝1/4払う。残額は3/4で、利子はその10％（＝1/10）なので3/40。合計を11等分すると、

$$\left(\frac{3}{4}+\frac{3}{40}\right)÷11=\frac{33}{40}÷11=\frac{3}{40}$$

【別解】残額3/4で、利子が10％つくので、支払額は、3/4×11/10＝33/40。これを11等分すればよい。

2【E】 残額をxとすると、利子はx/10、この合計を11等分した額が1/20になる。

$$\left(x+\frac{x}{10}\right)÷11=\frac{1}{20}$$

$$\frac{11x}{10}÷11=\frac{1}{20}$$

$$\frac{x}{10}=\frac{1}{20}$$

$$x=\frac{1}{2}$$

残額が1/2なので、**頭金として1/2払う。**

※確実に得点したい分野です。ここで挙げたレベルの分数の計算は、必ずできるようにしておきましょう。

別冊解答・解説 ▼仕事算

161【E】支払総額は、食事代12000円とコーヒー代900円で、**合計12900円**。
これを3人で同額負担するので、1人分は、
12900÷3＝4300円
Yの精算額　4300－2000＝2300円
Zの精算額　4300－900＝3400円

162 **1**【E】個別に見ていけば簡単な問題。
Sは3000円とTに貸した6000円で、**合計9000円**の出費。Tは10000円支払ったが、6000円借りたので、**合計4000円**の出費。送別会の金額は13000円を2人で分けるので
13000÷2＝6500円。
つまり、**Sは9000－6500＝2500円多く**、逆に**Tは6500－4000＝2500円少なく**支払っていることになる。
正しい精算額はTからSへ2500円。
SがTに500円支払って精算すると、
Sは2500＋500＝3000円の損。
2【E】**1**より、**TがSに2500円払う。**

163【E】グレーのネクタイ3000円は精算には関係ないので、計算に入れないこと。
「出た額（支払額、預けた額、貸した額）」と「入った額（預かった額、借りた額）」との差額が精算額になる。
Yで考えると、出た額はXに預けた5000円。入った額は借りていた4000円と青のネクタイ代3500円なので、
5000－4000－3500＝－2500円
出た額より入った額が多いので、精算では**YがXに2500円払う。**
【別解】Xで考えると、出た額はYに貸していた4000円とYに買った青のネクタイ代3500円。入った額はYから預かった5000円なので、

4000＋3500－5000＝**2500円**
出た額より入った額が少ないので、精算では
XがYから2500円もらう。

164 **1**【C】Nは2000円貸していて、釣りを1000円もらったので、ここまでの支払いは、
2000－1000＝1000円。
プレゼント代9000円を3人で同額負担するので1人あたりは**3000円**。従ってNは、
3000－1000＝2000円
で、2000円支払う。

※ちなみに、LとMは下の通り。
L　3000－1500＝1500円 で1500円払う
M　3000－（－1500－2000＋10000）
　　＝－3500円 で3500円受け取る

2【E】金額の動きを計算しやすいLの支払い額を出して、それを3倍すればプレゼント代になる。Lの支払いは、元々貸していた1500円と最後に支払う2000円と1000円。全部で、
1500＋2000＋1000＝4500円
3人で同額負担のプレゼント代は、
4500×3＝13500円

※代金精算は、図にしてメモを取る必要はありません。頭が混乱して出題者の思うつぼです。本書のように、個別に計算することが最大のコツ。どんなに複雑に書かれている貸し借りでも、この方法でなら確実に素早く解けます。

20 速度算 ▶本冊130～131ページ

165 **1**【D】第2区の距離は5kmで、かかった時間は、52－37＝15分＝1/4時間。

5÷1/4＝5×4＝20km/時

2【C】第4区6.5kmを19.5km/時で走ったので、かかった時間は、

6.5÷19.5＝1/3時間＝20分

第3区までに60分かかっているので、第4区の20分をたして、全区間でかかった時間は80分。全長24kmに80/60時間＝4/3時間かかったので、

$$24÷\frac{4}{3}＝24×\frac{3}{4}＝18km/時$$

166 **1**【C】池を1周して出会うので、2人が出会うまでに歩く距離の合計は池の1周分の1.5km。2人が近づいていく速度は、2人の速度の合計、**5.4＋3.6＝9km/時**。

1.5÷9＝1.5/9時間＝1/6時間＝10分。

【別解】1.5km＝1500m。2人の速度の合計は、9km/時＝9000m/時。分速に直すと、**9000÷60＝150m/分**。

つまり、1500mを150m/分の速度で近づくので10分かかる。

2【D】Pは、**5400÷60＝90m/分**

Qは、**3600÷60＝60m/分**

速度の差は、**90－60＝30m/分**

9分後のPは、Qより90×9＝810m先にいる。PはQより速いので、さらに池の周囲をぐるりと1周回って、9分後に出発したQに後ろから追いつくことになる。従って、1500－810＝690mの距離を30m/分の速度で縮めることになる。

690÷30＝23分

23分は、Pが出発して9分後からの計算なので、Pが最初にQに追いつくのは、Pが歩き出

してから、**23＋9＝32分後**。

167【E】XがRSの中間地点に到達するのにかかる時間は、25kmを50km/時で走行するので、1/2時間＝30分。Xは10時5分に出発しているので、このとき時刻は10時35分。10時15分に出発したYは、25kmを20分（1/3時間）で走行したので、

25÷1/3＝25×3＝75km/時

168【D】時速3kmの動く歩道の上を時速2.4kmで歩いたので、移動速度は時速5.4km。

5400÷3600＝1.5m/秒

で、時速5.4kmは秒速1.5m。

この速度で40秒進むとき、進んだ長さは

1.5×40＝60m

【参考】1秒間に1m進むとき、1時間すなわち60×60＝3600秒では3600m＝3.6km進む。**時速3.6km＝秒速1m**を利用して、3.6で割ることで時速から秒速への変換ができる。

時速5.4km → 5.4÷3.6＝秒速1.5m

169 **1**【B】乙が11：10にR駅を出発して、5分後に甲がQ駅を出発する。最初の5分は乙だけが48km/時で走行して、それから、甲乙が48＋48＝96km/時で近づいていく。5分（＝5/60時間＝1/12時間）で乙は、

48×1/12＝4km進んでいる。QR間は20kmなので、残り20－4＝16kmを96km/時で近づく。これにかかる時間は、

16÷96＝1/6時間＝10分

甲が出発して10分後の**11：25にすれ違う**。

2【C】11：20にすれ違うので、走行時間は乙が10分（＝10/60時間）で、5分後に出発する甲が5分（＝5/60時間）。甲の速度をvkm/時と

すると、乙の速度は1.5vで、全長20kmを走るので、

$$1.5v \times \frac{10}{60} + v \times \frac{5}{60} = 20$$

乙　　　　甲

$$\frac{15v + 5v}{60} = \frac{20v}{60} = \frac{v}{3} = 20$$

$$v = 60km/時$$

乙は甲の1.5倍の速度なので、

$$60 \times 1.5 = 90km/時$$

※SPIでは分を時間にするとき、分数で考えると早く計算できる問題が多く出されます。小数、分数、比を使い分けて最も簡単な計算を見つけ出す能力も問われているものと思われます。

21 集合 ▶本冊134〜135ページ

170【E】電車とバスどちらも利用しない人をx人として、ベン図で表す。

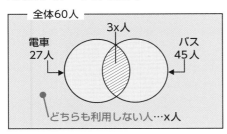

$$x = 60 - (27 + 45 - 3x)$$
$$x = 6人$$
両方利用する人は、x × 3 = 18人

171【C】2回とも正解が10問未満だった人が3人なので、少なくとも1回は10問以上正解した人が、**50 − 3 = 47人**

10問以上の正解者は1回目42人、2回目43人。従って、2回とも10問以上正解した人は、**42 + 43 − 47 = 38人**

172 ■**1**【B】販売員に満足と答えた人が185人おり、そのうち140人が配送員にも満足と答えた。販売員に満足で配送員に不満足と答えた人の数は、**185 − 140 = 45人**

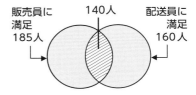

2【C】全体240人のうち、販売員に不満足と答えた人が55人。そのうち30人が商品には満足と答えたので、販売員にも商品にも不満足と答えた人の数は、**55 − 30 = 25人**

【別解】商品に満足と答えた人が200人おり、そのうち30人が販売員には不満足と答えた。商品にも販売員にも満足と答えた人の数は、**200 − 30 = 170人**

販売員に満足と答えた人は185人なので、そのうち商品には不満足と答えた人の数は、**185 − 170 = 15人**

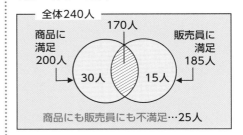

従って、商品か販売員の少なくとも一方に満足と答えた人の数は、

30＋170＋15＝215人

全体で240人なので、商品にも販売員にも不満足と答えた人の数は、

240－215＝25人

173 **1**【B】土曜日不参加は44人、日曜日不参加は31人なので、両日とも参加できない人は、**最も多くて31人**。

2【E】日曜日の参加者69人のうち、日曜日だけの参加が13人なので、両日参加は、

69－13＝56人

174 **1**【C】どれも読まない人が0人なので、Rだけを読む人は、全体50人から「PかQを読む人」を引けば求められる。

50－（28＋20－8）＝10人

2【D】2紙以上を読む人とは、ベン図の黒い斜線と赤い斜線をたした部分のこと。

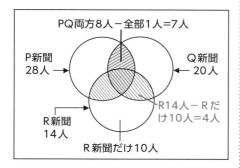

黒い斜線部分は、PQ両方読む8人（▨）から中央の3紙全部を読む1人を引いた**7人**。赤い斜線部分は、**R新聞を読む14人**から**1**で求めた**R新聞だけ読む10人**を引いた**4人**。2紙以上を読む人は、**7＋4＝11人**。

175 **1**【C】心理学には分類できないが教育学に分類できる本は、教育学に分類できる本40冊から、心理学と教育学の両方に分類できる本15冊を引けば求められる。

40－15＝25冊

2【D】心理学、教育学、社会学のいずれにも分類できない本は、下のベン図の円の外側で、全部の本150冊から3つの円の部分「心理学に分類できる本**70冊**＋心理学には分類できないが教育学に分類できる本**25冊**（**1**の解答）＋社会学だけに分類できる本**34冊**」を引けば求められる。

150－（70＋25＋34）＝21冊

3【D】すべてに分類できる本はベン図の①。心理学と社会学だけに分類できる本は②。教育学と社会学だけに分類できる本は③。

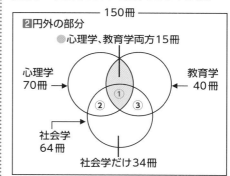

①＋②＋③は、ベン図で社会学64冊から社会学だけ34冊を引いた**30冊**になることに注目。30冊を①：②：③に分けると、

1：1/3：2＝3：1：6。①は全体（3＋1＋6＝）10のうちの3なので、3/10。

30冊×3/10＝9冊

※「集合」の難問を再現してあります。以上の問題が時間内に正解できるなら、自信をもって本番に臨むことができるでしょう。

22 表の解釈 ▶本冊138〜145ページ

176 **1**【B】各元素の重量比に、表にあるPの中のそれぞれの原子個数比(=構成割合)を掛け合わせればよい。

	水素	炭素	酸素	窒素	その他	合計
P	62.3%	22.1%	10.8%	3.5%	1.3%	100%

重量比×原子個数比を概算すると、

水素　1×62.3→計算不要(小さい)

炭素　12×22.1→220より大

酸素　16×10.8→約160

窒素　14×3.5→計算不要(小さい)

以上より、**重量が最大のものは炭素。**

2【B】4.0%のRの窒素の個数を4個とすると、Qの窒素の個数は8個。8個が1.6%なので、

	炭素	窒素	個数比
Q	24.6%	1.6%	1
R	25.0%	4.0%	1/2

24.6%のQの炭素の個数は、

$$8 \times \frac{24.6}{1.6} = 8 \times \frac{246}{16} = \frac{246}{2} = 123個$$

25.0%のRの炭素の個数は25個となり、これを123個で割れば、

25÷123=0.203… →0.20倍

【別解1】Q、Rの全体の個数をq、rとする。窒素の個数比は1：1/2 = 2：1より、

Q：R＝q×1.6%：r×4.0%＝2：1

内積＝外積より、

1.6q×1=4r×2

1.6q=8r

q：r＝8：1.6＝5：1

Q、Rの炭素の比は、

5×24.6：1×25.0＝123：25

＝1：0.203… →0.20倍

【別解2】窒素原子の個数はQが1、Rが1/2なので、Qの窒素1.6%の1/2である0.8%が、Rの窒素4.0%と等しい個数となる。

Q全体×0.8＝R全体×4.0

Q全体＝R全体×4.0÷0.8＝R全体×5

これにより、**Q全体の個数はR全体の個数の5倍**とわかる。ここで、**Q全体の個数を100**とすると、**R全体の個数は20**とおける。次に、炭素の個数を割り出す。

Qの炭素は24.6%。Q全体を100として、

Qの炭素の個数…100×0.246＝24.6個

Rの炭素は25.0%。R全体を20として、

Rの炭素の個数…20×0.25＝5個

Rの炭素の原子の個数はQの、

5÷24.6＝0.203… →0.20倍

177 **1**【B】水溶液Xに含まれる薬品aと薬品bの重さの比は、3.0：1.8。

aを20g、bをxgとすると、

3.0：1.8 = 20：x　→ x = 12g

2【C】薬品dの重量百分率は、Xが0.8%、Yが1.8%で、Zが1.2%。Xをxg、Yをyg混ぜてZに含まれるdと等しくするので、

$$0.8x + 1.8y = 1.2(x + y)$$
$$0.6y = 0.4x$$
$$3y = 2x$$

従って、**X：Y = 3：2**となる。

【別解】XとZの濃度の差は0.4。YとZの濃度の差は0.6で、

0.4：0.6 = 2：3

Zとの濃度の差が大きいYの方を少なく混ぜて、Zの濃度にするので、

2：3の逆数比で3：2となる。

3【B】Xをxg、Yをyg混合したとする。薬品aは16gなので、表の割合より、

0.03x＋0.02y＝16

$$3x + 2y = 1600 \cdots ①$$

薬品cは10gなので、表の割合より、

$$0.025x + 0.01y = 10$$
$$25x + 10y = 10000$$
$$\mathbf{5x + 2y = 2000}\cdots②$$

加減法によって、②－①でyを消すと、

2x = 400

x = 200g

178 **1【D】** 気体Xの構成体積比率は、メタン80.0％、エタン10.0％なので、エタンの体積はメタンの1/8となる。気体Xでメタン56gと同じ体積のエタンの重量は1.8倍で、その1/8をとると、

$$\underset{7}{56} \times 1.8 \times \underset{1}{\frac{1}{8}} = 12.6g$$

【別解】メタンとエタン(xg)の重量比は、
メタン：エタン＝1.0×80.0：1.8×10.0
$$=80:18=56g:xg$$

よって、$x = 56 \times \dfrac{18}{80} = 12.6g$

2【C】 気体Yのメタンを除く気体の体積比率を重量比率にする。

エタン　→1.8×5.5 ＝ 9.9
プロパン→2.8×3.5 ＝ 9.8
ペンタン→4.5×1.0 ＝ 4.5
合計　　→　　　　　24.2

メタンを除く重量は72.6gなので、重量比率が4.5/24.2のペンタンの重量は、

$$72.6 \times \frac{4.5}{24.2} = \frac{3 \times 4.5}{1} = 13.5g$$

179 **1【B】** Y県の2020年の人口を100人とすれば、表の100％を100人として計算できる。
Y県の2020年の0～14歳は15人。
10年前の0～14歳は15÷3/4＝20人。
2020年の65歳以上は20人。
10年前の65歳以上は**20÷2＝10人**。
その他は横ばいなので、10年前のY県の人口は、2020年の100人よりも0～14歳が5人多く、65歳以上が10人少ない、合計**95人**と

なる。
10年前の65歳以上の人が占める比率は、
10÷95＝0.1052… →10.5％

2【D】 X県の2020年の人口(表内)に、2000年の指数を掛ければよい。
①0～14歳…**10×110＝1100**
②15～39歳…**30×120＝3600**
③40～64歳…**35×80＝2800**
④65歳以上…**25×60＝1500**
多い順に「②、③、④、①」。

180 **1【B】** 昨年の2日目の入場者数は、
2800×0.4＝1120人
これが、一昨年の延べ入場者数アの70％と等しいので、一昨年の延べ入場者数アは、
1120÷0.7＝1600人

2【D】 昨年の「2日入場券」購入者1000人は、全員2日間とも入場したので、延べ入場者数では2000人となる。イは、昨年の延べ入場者数2800人から2000人を引けばよいので、
2800－2000＝800人

3【B】 今年の延べ入場者数は3200人、1日入場券での入場者は1300人なので、2日入場券での入場者数は、
3200－1300＝1900人
「2日入場券」購入者数x人のうちの90％は2日間入場したので、1900人のうちの2人に数えられ、10％は1日だけ入場したので1人に数えられる。これを式にすると、
0.9x×2＋0.1x＝1900人
x＝1000人
ウは、1000人。

181 **1【D】** Q駅からR駅の間、列車Aに乗っている人とは、P駅かQ駅から乗車して、R駅かS駅で降りた人のことを指す。これは、「P駅乗車R駅下車の18人＋P駅乗車S駅下車の32人＋Q駅乗車R駅下車の20人＋Q駅乗車S駅

下車の15人」なので、

18＋32＋20＋15＝85人

【別解】P駅で28＋18＋32＝78人乗って、
Q駅で28人下りて35人乗ったので85人。

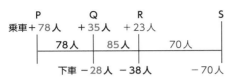

2【D】S駅下車の人は、P、Q、R駅のどの駅から乗車したかで運賃が変わる。

P駅乗車（108km）**1000×32＝32000円**

Q駅乗車（70km）**800×15＝12000円**

R駅乗車（48km）**600×23＝13800円**

合計**32000＋12000＋13800＝57800円**

3【C】区間別の乗車率は、

PQ間→（28＋18＋32）÷100＝0.78

QR間→（18＋32＋20＋15）÷100＝0.85

RS間→（32＋15＋23）÷100＝0.70

3区間の乗車率の平均なので、

（78＋85＋70）÷3＝77.66…→77.7%

182 1【C】平均点×人数＝合計点

Pクラスの3科目それぞれの合計点を合算して、40人で割れば求められる。

（72.0×8＋70.7×20＋69.5×12）÷40＝70.6点

2【A】物理を受験した全人数は、

8＋16＋10＋11＝45人

物理の4クラスそれぞれの合計点を合算して、45人で割れば求められる。

（72.0×8＋64.5×16＋65.0×10＋64.0×11）÷45＝65.82…→65.8点

3【C】Rクラスの3科目を合計した点数は、

67×40＝2680点

ここから、物理10人の合計点を引けば、化学と生物を合わせた合計点になる。

2680－（65×10）＝2030点

化学＋生物の受験者数は、40人から物理10

人を引いた30人。生物の受験者数をx人とすると、化学の受験者数は（30－x）人。

化学の合計点＋生物の合計点＝2030点

（30－x）×70＋63x＝2030

x＝10人

183 表1と表2を使い分ける。

【表1】利用した交通手段

交通手段＼スキー場	W	X	Y	Z	合計
乗用車	（　）	50%	20%	20%	34%
バス	30%	20%	30%	60%	（　）
電車	（　）	20%	30%	10%	（　）
その他	10%	10%	20%	10%	13%
合計	100%	100%	100%	100%	100%

【表2】スキー場ごとの回答者数の割合

	W	X	Y	Z	合計
回答者の割合	25%	30%	30%	15%	100%

1【B】全体の回答者数を100人とすると、表2より、スキー場Xの回答者数は30%なので30人。表1より、スキー場Xの回答者数30人のうち、「電車」と答えた人は20%なので、**30×0.2＝6人**。全体の回答者100人のうちの6人が、スキー場Xで「電車」と答えたので、

6÷100＝0.06＝6%

2【C】表1では、Z60%はX20%の**3倍**だが、表2ではZ15%はX30%の**1/2**なので、

3×1/2＝1.5倍。

【別解】全体の回答者数を100人とすると、表2より、スキー場Zの回答者数は15%なので15人。表1より、スキー場Zの回答者数15人のうち、バスと答えた人は60%なので、**15×0.6＝9人**。スキー場Xの回答者の割合は30%で30人。30人のうち20%がバスと答えたので、**30×0.2＝6人**。よって、Zでバスと答えた人は、Xで「バス」と答えた人の、

9÷6＝1.5倍

③【D】全体の回答者数を100人として、乗用車の人数をスキー場ごとに算出する。

X＝100×0.3×0.5＝15人

Y＝100×0.3×0.2＝6人

Z＝100×0.15×0.2＝3人

乗用車合計＝100×0.34＝34人

よって、Wで「乗用車」と答えた人は、

34−（15＋6＋3）＝10人

Wの回答者の割合は25％なので25人。

よって、Wの回答者数に対するWで「乗用車」と答えた人の割合は、

10÷25＝0.4 → 40％

【表1】利用した交通手段

スキー場 交通手段	W	X	Y	Z	合計
乗用車	(40%)	50%	20%	20%	34%
バス	30%	20%	30%	60%	(　)
電車	(20%)	20%	30%	10%	(　)
その他	10%	10%	20%	10%	13%
合計	100%	100%	100%	100%	100%

④【C】スキー場Yの回答者の割合は全体の30％、そのうち20％が「その他」と答えており、その人数が84人なので、全体の回答者数は、**84÷0.3÷0.2＝1400人**

※いろいろな表の見方を覚えておきましょう。

23 特殊算 ▶本冊148〜151ページ

⑱【C】 90円の菓子を12個買うと、90×12＝1080円で、80円オーバーする。この80円分を90円の菓子でなく70円の菓子にかえることで、1個あたり90−70＝20円ずつ減らしていくと考える。

80÷20＝4個

12個のうち4個を70円の菓子にかえれば、1000円ちょうどになるので、**90円の菓子は12−4＝8個**

⑱【B】 13枚で1450円（十の位が5）にするので、10円玉は5枚か10枚。10枚では、残り3枚（500円、100円、50円）で1350円を作ることができないので、**10円玉は5枚**。10円玉の分を引いて、13−5＝8枚で、

1450−50＝1400円

これを500円玉（1枚か2枚）と100円玉（x枚）と50円玉（y枚）で作る。

・500円玉1枚の場合

1＋x＋y＝8

500＋100x＋50y＝1400

これを解くと、

x＝11、y＝−4で不適。

・500円玉2枚の場合

2＋x＋y＝8

500×2＋100x＋50y＝1400

これを解くと、x＝2、y＝4。

従って、**100円玉（x）は2枚**。

⑱【C】 必ず買うぬいぐるみの代金は、

1800×6＋（800＋1200＋1600）×2＝18000円

残りは、20000−18000＝2000円

2000円分は、800円と1200円を1個ずつ買えばちょうどになるので、合計は、

6＋3×2＋2＝14個

⑱【C】 6月100円の個数をx個とすると、7月115円の個数は（10000−x）個。平均原価109円で10000個なので、総額は1090000円。これを式にまとめる。

100x＋115（10000−x）＝1090000

$100x + 1150000 - 115x = 1090000$

$100x - 115x = 1090000 - 1150000$

$-15x = -60000$

$x = 4000$個

188【D】1800円の食器だけは2個以上、その他の種類は1個以上買う。この必要条件での個数は5個で、金額は、

$1800 \times 2 + 800 + 1200 + 1600 = 7200$円

10000円分買うので、残りの金額は、

$10000 - 7200 = 2800$円

金額の小さい800円を2個と1200円を1個買えば、ちょうど2800円になる。
個数の合計は、

$5 + 2 + 1 = 8$個

189【D】x年後に子供の年齢の和が父親の年齢と等しくなると考える。3人それぞれがx年だけ年をとるので、

$40 + x = (16 + x) + (12 + x)$

$x = 12$

12年後に等しくなるので、超えるのは、

$12 + 1 = 13$年後

190【C】1周200mの遊歩道に5m間隔で木を植えるので、$200 \div 5 = 40$本。
円…木の数と間の数が等しい。
一直線…木の数より間の数が1少ない。

木の数は8本、　　　　木の数は8本、
間の数も8個。　　　　間の数は7個。

191【D】合計75人から男女の差9人を引いて2で割れば、少ない方の数がわかる。
少ない方は、$(75 - 9) \div 2 = 33$人

多い方は、$33 + 9 = 42$人

女性が42人だとすると、3人少ないY社の女性人数が、$(42 - 3) \div 2 = 19.5$人
となって割り切れないので、女性は33人、**男性が42人**とすれば計算が合う。

192 **1**【C】6人部屋が22室なので、残りは、

$165 - 6 \times 22 = 33$人

これを$30 - 22 = 8$室に分ける。4人部屋をx室とすれば、5人部屋は$(8 - x)$室。

$4x + 5(8 - x) = 33$

$4x + 40 - 5x = 33$

$4x - 5x = 33 - 40$

$x = 7$室

2【C】4人部屋x室と5人部屋x室とすれば、6人部屋は$(30 - 2x)$室。式にすると、

$4x + 5x + 6(30 - 2x) = 165$

$9x + 180 - 12x = 165$

$3x = 180 - 165$

$x = 5$室

4人部屋と5人部屋が5室ずつで、計10室なので、6人部屋は、

$30 - 10 = 20$室

193 **1**【D】80円、30円、10円、4円を最低2枚ずつ買って、一の位が0の400円にするので、4円切手は5の倍数枚で、その他は2枚ずつで$2 \times 3 = 6$枚→**計11枚**。

$(80 + 30 + 10) \times 2 + 4 \times 5 = 260$円

$400 - 260 = 140$円

最大枚数にするには、すべて4円切手を買えばよいので、$140 \div 4 = 35$枚。

$11 + 35 = 46$枚

2【B】442円にするためには、4円切手は**最少3枚**で12円分必要。残りは430円で、これを高額切手から順に買えばよい。

$430 \div 80 = 5$余り30

つまり、80円5枚と30円1枚。合計して、

3＋5＋1＝9枚

194 **1**【C】54枚以内で、
・10枚ずつ並べていって7枚余る数は、
7から＋10していって、
17、27、37、47
・6枚ずつ並べていって3枚余る数は、
3から＋6していって、
9、15、21、27、33、39、45、51
従って、**27枚**。
【別解1】10枚ずつ並べると、7枚余るので、
10で割り切れる数に3たりない。また、6枚
ずつ並べると、3枚余るので、6で割り切れる
数に3たりない。**10と6の公倍数30から3を
引いた27**が答え。
【別解2】10枚ずつ並べると7枚余るので、一
の位は7。6の倍数に3たりないので、一の位
が7で、3たすと6の倍数30（または3引くと
6の倍数24）になる27が答え。
2【F】過不足算と言われる問題。同じ人数に
8枚ずつ配ると4枚余り、10枚ずつ配ると8枚
足りないので、全体の差は4＋8＝12枚。こ
のとき、1人に配られる枚数の差は10－8＝
2枚。1人2枚差が全体では12枚差なので、
人数は、**12÷2＝6人**
枚数は、**6×8＋4＝52枚**
（6×10－8＝52枚）
【別解1】x人として方程式を立てると、
8x＋4＝10x－8
x＝6人
よってカードは、8×6＋4＝52枚
【別解2】10枚ずつ配ると、ちょうどの枚数に8
枚足りないので、10の倍数＋2の数で、12（2
人）、22（3人）、32（4人）、42（5人）、52（6人）
のどれか。（　）内の人数に8を掛けた数より4
大きいのは、52だけ。

195 **1**【D】n年後の時給 f(n) は、その前年の
時給 f(n－1) がわからないと求められないた
め、最初の時給である f(0) から順に f(1) → f
(2) → f(3) を計算していく。
最初の時給、f(0) は700円。
f(0)＝700円
f(1)＝f(1－1)＋10×1＋20
＝f(0)＋30＝700＋30＝730
f(2)＝f(2－1)＋10×2＋20
＝f(1)＋40＝730＋40＝770円
f(3)＝f(3－1)＋10×3＋20
＝f(2)＋50＝770＋50＝820円
【別解】昇給分を1年分ずつたしていく。n年
後の時給 f(n) は、前年の時給 f(n－1) に10×
年数(n)＋20を加えたものなので、
3年後の時給 f(3) は、
f(0)＋(10×1＋20)＋(10×2＋20)＋
(10×3＋20)
＝700＋30＋40＋50＝820円
2【D】n年後の時給 f(n) は、前年の時給 f(n－
1) に、10×年数(n)＋20を加えたものなの
で、4年後の時給 f(4) は、
f(0)＋(10×1＋20)＋(10×2＋20)
＋(10×3＋20)＋(10×4＋20)
＝f(0)＋30＋40＋50＋60
＝f(0)＋180
4年後の時給 f(4) が900円なので、
f(4)＝f(0)＋180
f(0)＝f(4)－180＝900－180＝720円
【別解】昇給分を1年分ずつ引いていく。
f(0)＝f(4)－(10×4＋20)－(10×3＋20)－
(10×2＋20)－(10×1＋20)
＝900－60－50－40－30＝720円

※SPIでは特殊算の出題は多くありませんが、年
齢算や過不足算などは就職試験の定番問題で、
他の業者テストでよく出題されます。

別冊解答・解説 ▼ 特殊算

196 ❶【D】

ア　5人以上なら団体割引で0.75a円、つまり25%引き。「高校生5人で25%引き」は正しい。○

イ　小学生以下は子供料金0.5a円、学生割引0.8a円は中学・高校生が対象なので、総額は**0.5a＋0.8a＋1a＝2.3a円**。○

この時点で「D アとイ」が正解だとわかる。

ウ　団体割引の場合は0.75a×5＝3.75a円。夫婦割引＋子供料金（小学生）＋学生割引（中学生）＋通常料金（大学生）の場合は、

0.7a×2＋0.5a＋0.8a＋1a＝3.7a円

団体割引は割安ではない。×

❷【A】

ア　10枚つづりの回数券を使用すると、1人0.7a円なので30%引き。○

イ　団体割引の場合は0.75a×9＝6.75a円。10枚つづりの回数券を使用すると、総額7a円で残った回数券の払い戻しは不可。どちらも6.3a円にはならない。×

ウ　団体割引で8人は、0.75a×8＝6a円。回数券は0.7a×10＝7a円。×

197 数値を下のようにメモすると検討しやすい。メモにない内容だけ本文を検討。

※本番では、メモは略記（例えば「原油輸入量」→「油入」など）しましょう。

	2006	2007	1997
原油輸入量	243.6	243.1	−
輸入金額に占める原油割合	16.6%	18.3%	−
原油輸入支払金額	11.4兆	13.7兆	3.9兆
天然ガス輸入量	63	68	−
輸入金額に占める天然ガス割合	4.0%	4.6%	−
天然ガス輸入支払金額	2.7兆	3.5兆	−

❶【D】質問は「原油」について。

A　2007年度、原油輸入支払金額は13.7兆、天然ガスが3.5兆。3.5兆×5＝17.5兆で原油13.7兆と合わない。×

【別解】13.7兆÷3.5兆＝3.91…

→約4倍なので、約5倍は間違い。×

B　2006年度、原油輸入量は243.6だが、2007年度は243.1で、減少している。×

C　2006年度、原油輸入支払金額は11.4兆、天然ガス2.7兆で、原油の方が多い。×

D　2007年度、原油輸入支払金額は13.7兆。10年前の1997年度は3.9兆なので、10兆円近く増加している。○

❷【B】質問は「天然ガス」について。

A　2007年度の天然ガス輸入支払金額は3.5兆、原油は13.7兆。同じ鉱物性燃料の原油の方が多いので、首位ではない。×

B　2006年度2.7兆、2007年度3.5兆より、3.5兆÷2.7兆＝1.29…→約1.3倍 ○

【別解】2.7兆×1.3＝3.51兆

　　　　　≒3.5兆 ○

C　輸入する鉱物性燃料の総額についての記述はないので、何％かわからない。×

D　2007年度、原油輸入支払金額は13.7兆、天然ガスは3.5兆で、原油の方が多い。×

※読み取るのが面倒なだけで、計算自体は難しいものではありません。本番でも必ず解けるはずですから、あきらめないで丁寧に読み取りましょう。

25 物の流れ ▶本冊158〜159ページ

⑲⑧ **1**【F】終点Qから式にする。

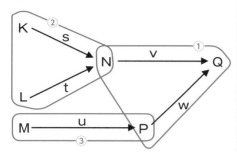

Q＝vN ＋ wP…①
N＝sK ＋ tL…②
P＝uM…③

ア　Q ＝ sK+tL+vN+uwM ← sK+tL と vN
がダブるので×。Qに至るNはvNで完結し
ているので、Nの前にある式が入っているの
はダブリになる。×

イ　Q＝svK+tvL+uwM ←①に②と③を代
入した式なので、○

ウ　Q＝v(sK+tL)+wP ←①に②を代入した
式なので、○

2【E】変電所KとMから送られる電気量をそ
れぞれ100として計算する。または比率がわ
かればよいだけなので、0.6×0.7のように比
率だけでも計算できる。
KからQ…100×0.6×0.7＝42
MからQ…100×0.5×0.4＝20
42÷20＝2.1→ 210%

⑲⑨ **1**【D】終点Rから式にする。
R＝dN ＋ fP ＋ gQ…①
N＝aK ＋ bL…②
P＝eN ＋ cM…③
ア　R＝d(aK+bL)＋ f(eN+cM)+gQ
←①に②と③を代入した式なので、○

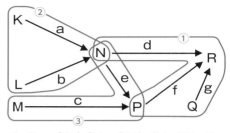

イ　R＝adK+bdL+aefK+befL+cfM+gQ
←①に②と③を代入して、さらにNに②を代
入した式なので、○

※①に②と③を代入するとR＝d(aK+bL)＋f
(eN+cM)+gQ＝adK+bdL+efN+cfM+gQ。
この式のNに②を代入すれば、R＝adK+bdL+ef
(aK+bL)＋cfM+gQ。( ) をはずすと、R＝
adK+bdL+aefK+befL+cfM+gQでイの式。

ウ　R＝dN+fP+efN+gQ ←fPがあるのに、
fPと経路がダブるefNがあるので、×

2【C】KからRに行く経路はadとaefの２つ。
これをたし合わせるだけ。
ad…0.6×0.3＝0.18
aef…0.6×0.1×0.5＝0.03
0.18+0.03＝0.21→21%

3【F】K＝600人、L＝400人。NからPの人
数はeN＝aeK＋beLで、
600×0.6×0.1+400×0.5×0.1
＝36+20＝56人
PからRの人数はfP＝efN＋cfMで、
56×0.5+cfM＝28+cfM(人)
これが56人より10人少ない46人になる。
28+cfM＝46、cfM＝46－28＝18人
cfは0.4×0.5＝0.2。
Mの0.2が18人に当たるので、Mは
18÷0.2＝90人

別冊解答・解説 ▼ 情報の読み取り → 物の流れ

200 **1**【B】④の領域がそれぞれの式で上下ど
ちら側にあるかを検討する。
ア　$y = -x^2 + 4$は上に凸の放物線。
アの放物線から見て④の領域は上なので、y
に開いた左開きの不等号。
$y > -x^2 + 4$
イ　$y = -2x + 4$は右下がりの直線。
イの直線から見て④の領域は下なので、yに
閉じた右開きの不等号。
$y < -2x + 4$
ウ　$y = 0$はx軸。
x軸から見て④の領域は上なので、yに開い
た左開きの不等号。
$y > 0$
右開きの不等号（＜）がつくのはイだけ。

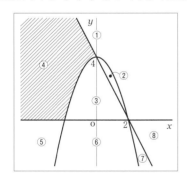

2【B】カ、キ、クの領域を個別に考える。
カ　$y < -x^2 + 4$はyに閉じた右開きの不等号
なので**上に凸の放物線より下**。
キ　$y > -2x + 4$はyに開いた左開きの不等
号なので**右下がりの直線より上**。
ク　$y > 0$はyが0より大きい値の領域で、**x軸
より上**。
従って、3つの領域の重なる部分は②。

201 **1**【D】⑦の領域がそれぞれの式のどちら
側にあるかを検討する。
ア　$x^2 + y^2 = 9^2$は円。⑦の領域はその内側
で、右開きの不等号。迷ったら、円の内側の
（0，0）をxとyに当てはめれば、
$0 < 9^2$なので、すぐにわかる。
$x^2 + y^2 < 9^2$
イ　$y = -x - 3$は右下がりの直線。
⑦の領域は下なので、右開きの不等号。
$y < -x - 3$
ウ　$x = 0$はy軸。
⑦の領域は右なので、左開きの不等号。
$x > 0$
右開きの不等号（＜）がつくのはアとイ。

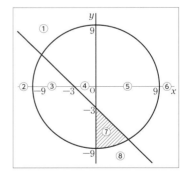

2【A】カ、キ、クの領域を個別に考える。
カ　$x^2 + y^2 > 9^2$は、左開きなので円の外側。
キ　$y > -x - 3$は左開きなので上。
ク　$x < 0$は右開きなので（xが0より小さ
い領域なので）、左。
3つの領域の重なる部分は①。

27 条件と領域 ▶本冊166〜167ページ

㉒⓪ ❶【C】どの直線がどの条件を表しているかは、グラフの数値と条件a〜eの数値（時間数）を対応させれば簡単にわかる。直線QRは筋トレの4時間を通っているので、条件cが正解。

❷【H】線分PSは、ストレッチ（xとする）と筋トレ（yとする）の合計時間（x＋y）を示している。**xとyの合計時間は、24時間（条件a）からエアロビの7時間（条件d）を除いたもので、**24−7＝17時間。線分PSは、点（0,17）と（17,0）を結ぶx＋y＝17の式で、条件aと条件dによるもの。右下がりの線分PSが「合計」を表す式だと気がつかないうちは解けないかもしれない。

❸【B】エアロビを多くするには、x＋yを少なくすればよい。点Tは条件bの境界上でxが3時間、yが10時間で合計13時間。13時間より少ないのは、直線x＋y＝13より下の領域。グラフ上に、x＋y＝13（点Tを通ってPSと平行な右下がりの直線）をひく。それより下にある点は、Qのみ。

【別解】x＋yが13より少なくなりそうなのは、Q以外ではRだけなので、Rだけ計算する。Rは10＋4＝14なので、×。

㉓⓪ ❶【H】イウは「和室＋洋室＝25室」を表している。条件a「全部で40室」と条件d「特別室15室」を合わせれば、「和室＋洋室＝40−15＝25室」となる。

❷【A】特別室の部屋数は、40室から「和室＋洋室」を除いた数なので、「和室＋洋室」の数が点エの「10＋10＝20」と同じなら、特別室の数も同じ（20室）になる。点エを通るイウと平行な線上の点は、すべて点エと同じ部屋数なので、点アの「5＋15」が正解。

❸【A】40室と決まっているので、料金の高い部屋の数が多いほど、合計金額は高い。
ア、イ、ウの中で、特別室の数が最も多い（つまり和室＋洋室の数が最も少ない）のはア。

❹【A】和室は洋室の4倍以下なので、和室20なら、洋室は20÷4＝5以上。条件fは、点（0,0）と点（20,5）を結ぶ右上がりの直線で、領域はその上なので、図形はA。

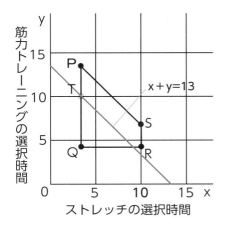

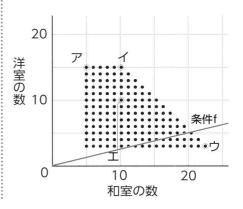

1 【E】味覚は感覚の一種。同じく、**平野は地形の一種**。在野は民間にあること。

2 【D】酸化と還元は対義語。**衰亡**(次第に衰え滅びること)**と興隆**(勢いが盛んになって栄えること)も対義語。

3 【B】 ⑤から⑥へ、**ノブはドアの一部**。つくり(漢字の右側の部首)は漢字の一部。

4 【B】包含の関係。作家や評論家が属する**世界は文壇**。同じく裁判官、検察官、弁護士が属する世界は**法曹界**。

5 【D】病院の役目は医療。**新聞の役目は報道**。

6 【C】**先天的**(生まれつき身にそなわっているさま)**と後天的**(生まれてから身にそなわるさま)は対義語。圧倒的と比較的も対義語。

7 【C】**わなの役目は捕獲**(獲物を捕らえること)。暗室の役目は現像。ちなみに**カメラの**役目は撮影。

8 【E】**うすときねはワンセット**(餅つきの道具)。**太鼓とばちはワンセット**。

9 【D】**本堂は寺院の構成要素**。主菜(主となる総菜)は食事の構成要素。

10 【B】役目の変形パターン。**薬剤は病気の時に使う**。同じく、**傘は雨の時に使う**。

11 【D】**柄は傘の一部**。甲板(船の上部の、平らな床=デッキ)は船舶の一部。

12 【A】**せんべいは米から作る**。同じく、**豆腐は大豆から作る**。

13 【A】**過失**(不注意などによる過ち)の対義語は故意(わざとすること)。同じく、**漠然**(ぼんやり)の対義語は判然(はっきり)。

14 【D】**文楽も狂言も伝統芸能の一種**。同じく、**神社も寺も宗教建築の一種**。

15 【A】**ダム⑤の役目は貯水⑥**(水をたくわえること)。**フィルターの役目は濾過**(液体や気体をこして固形物をのぞくこと)。イの**コンパスは文具の一種**。ウの**ミシン⑤の役目は縫製⑥**(ぬうこと)で、同じく役目の関係だが、左右の並びが逆なので不適。

16 【A】**確執**(互いに意見を譲らない争い)**と反目**(仲が悪く、対立すること)は同義語の関係。**精通**(詳しく知っていること)**と知悉**(詳しく知り尽くすこと)も同義語。イとウは対義語の関係。

17 【C】**馬は家畜の一種**。鶏は家禽(家畜として飼育される鳥)の一種。牛は酪農の一種とはいえないので不適。

18 【C】**コーヒー⑤は嗜好品⑥の一種**。同じく、ウ**蛋白質⑤は栄養素⑥の一種**。アとイも包含の関係だが左右の並びが逆。

19 【C】役目の関係。**まな板は調理に用いる**。ペンは筆記に用いる。

20 【C】**多弁**(口数が多いこと)**と寡黙**(口数が少ないこと)は対義語。**具体**(知覚、認識される形や内容を備えていること)**と抽象**(事物、表象から側面・性質・共通性をぬきだして把握すること)は対義語。アとイは同義語。

21 【F】**明白と歴然**(はっきりとして疑う余地のないこと)は同義語。イの**寄与**(何かのために役に立つこと)**と貢献**(何かに役立つように尽力すること)は同義語。また、ウの**廉価と安**

価(値段が安いこと)も同義語。アの夢とうつつ(現実)は対義語。

㉒ 【A】 年鑑左は刊行物左の一種。私財は財産の一種。単行本は全集ではなく、単独で刊行される本のこと。出納と収支は同義語。

㉓ 【B】 物事と基準(レベル)の関係。温度を高低、音を強弱で測定する。貧富を大小で、天候を湿気で測定するとはいえない。

㉔ 【C】 大関右は番付左の一種。陛下(天皇・皇后・皇太后・太皇太后の敬称)は敬称の一種。昭和右が元号右の一種で左右が逆。晩秋は季節だが、四季(春・夏・秋・冬)ではない。

㉕ 【C】 紙左をはさみ右で切る。同じく、缶詰左を缶切り右で切り開ける。

㉖ 【A】 県右は地方自治体左の一種。月右は衛星右(惑星の周りを公転する天体)の一種。イとウも包含関係だが、左右が逆。笑顔は表情の1つ。書留は郵便の1つ。

㉗ 【E】 故人と死者は同義語。泰斗(その道で最も権威のある人)と大家は同義語。また、知己(知り合い)と知人も同義語。起工(工事の開始)と竣工(工事の終了=落成)は対義語。

㉘ 【A】 紙はパルプからできる。絹糸はまゆからできる。バターは乳製品の一種。きな粉とおからはどちらも大豆製品。

㉙ 【B】 例外パターン。設計したものを建築する。同じく、作曲したものを演奏する。

㉚ 【A】 役目の変形パターン。箸を使って食事をする。同じく、鞍を使って乗馬をする。イとウは包含の関係。

㉛ 【E】 赤道(緯度0度)は緯線の一種。松は常緑樹の一種。障子は建具の一種。イは対義語の関係。

㉜ 【E】 めでるとほめる、侮る(見下す)と見くびる、閉口する(困ること、悩まされること)と困るは同義語。イは対義語。

㉝ 【E】 夏至も立秋も二十四節気(太陰太陽暦で、季節を示すために用いる語)の一種。同じ

く、大安も仏滅も六曜(太陰太陽暦で、吉凶を定める基準の六つの日、先勝・友引・先負・仏滅・大安・赤口)の一種。また、動詞も副詞も品詞の一種。

㉞ 【B】 座視(そばで見ていて手出しをしないこと)と傍観は同義語。鳥瞰(全体を大きく見渡すこと)と俯瞰も同義語。ウの素人と玄人は対義語。退廃は「乱れて不健全になること」。

㉟ 【B】 クレームと苦情は同義語。同じ関係はイのリザーブと予約。アは役目の関係。レジは販売額を計算、記録する機器。

㊱ 【C】 大雨が原因で洪水が起きる。同じく、漏電が原因で火災が起きる。

㊲ 【F】 求心(中心に近づこうとすること)と遠心(中心から遠ざかろうとすること)は対義語。訥弁(つかえがちで下手な話し方)と能弁(巧みで上手な話し方)、緊張と弛緩も対義語。

㊳ 【F】 百分率右は比率左の一種。同じく時価は価格の一種。また、割り算は演算の一種。

㊴ 【A】 炊事は家事の一種。林業は産業の一種。イは同義語。ウは家事の中の仲間。

㊵ 【E】 ぐずる(子供が機嫌を悪くして泣く)とむずかるは同義語。たじろぐとひるむ、いぶかる(あやしく思う)と疑うも同義語。イのいそしむ(熱心に励む)と怠けるは対義語。

㊶ 【E】目的語と動詞。事件を報道する。同じく、資本を投入する、疾病を治療する。イの生産と消費は対義語。

㊷ 【D】 相対と絶対は対義語。分析と総合、稚拙と巧妙も対義語。厚顔と鉄面皮は同義語。

㊸ 【E】 包含関係。テレフォンカードはプリペイドカードの一種。器械体操は運動の一種。冷蔵庫は家電の一種。イは行事と季節。

㊹ 【F】 俳優の役目は演技。医者の役目は治療。大工の役目は建築。アの飛行機の役目は操縦とはいえない。操縦はパイロットの役目。

※お疲れさまでした。「二語の関係」は、ここに挙げたパターンでかなりの得点が望めます。

別冊解答・解説 ▼二語の関係①→二語の関係②

2 語句の意味 ▶本冊179～183ページ

㊺【A】用例：勝負に**拘泥**する
B　拘束→考えや行動の自由を制限すること
C　熟慮→十分にじっくり考えること
D　悔悟→過ちを認めて、後悔すること
E　耽溺→何かに夢中になって溺れること

㊻【C】逡は「しりごみすること」、巡は「進まないこと」。
A　不断→決断力に乏しいこと。優柔不断
B　遅延→遅れ、長引くこと
D　果敢→思い切って事を行うさま。大胆
E　悠然→ゆったりと落ち着いているさま

㊼【E】用例：彼は**生え抜き**の社員だ
A　古参→昔からその職や地位にいること
B　古株→集団や立場に古くからいる人
C　子飼い→未熟なときから育て上げること
D　えり抜き→多くの中から選び出すこと

㊽【E】用例：来客を**粗略**に扱う
A　粗悪→質が悪いこと
B　粗漏→おおざっぱで手落ちがあること
C　粗製→つくり方が粗雑なこと
D　粗野→荒々しくて洗練されていないこと

㊾【A】用例：**果断**な処置が功を奏した
B　愚直→ばか正直で気が利かないこと
C　短慮→浅い思慮。気みじか
D　無謀→先を考えずに行動すること
E　勇猛→勇ましく、たけだけしいさま

㊿【A】**冗漫**は「表現に無駄が多いこと」。
B　散漫→まとまりのないさま
C　蛇足→余分なつけたし。無駄なもの
D　漫然→ぼんやりとしていること
E　放漫→しまりがなくいいかげんなこと

(51)【B】用例：不正を**目こぼし**できない
A　ひいき→気に入った者を特別扱いすること
C　甘やかし→わがままにさせておくこと
D　大雑把→雑で細部にこだわらないこと
E　知らん顔→気付かないふりをする顔

(52)【E】用例：**逆ねじ**を食わせる
A　反駁→他人に反対して論じ返すこと
B　弁駁→他人の誤りを論じて攻撃すること
C　応戦→相手の攻撃に対して戦うこと
D　反目→仲が悪くにらみ合うこと

(53)【D】「（欲しくて）涎を垂らす」意から。
A　嘱望→将来に望みをかけること
B　宿願→かねてからの願い
C　待望→待ち望むこと
E　貪欲→非常に欲が深いこと＝強欲

(54)【D】**不覚**は「思わず知らず、そうなること」。
A　おざなり→間に合わせでいいかげんに物事をすませること
B　怪訝→訳がわからず納得がいかないこと
C　不測→予測できないこと
E　不慮→思いがけないこと。意外

(55)【B】用例：売上を**胸算用**する
A　算段→何とか方法を考えて都合をつけること。工面
C　推定→おしはかって定めること
D　皮算用→「とらぬ狸の皮算用」の略。まだ実現していないことを当てにしてあれこれ計画を立てること
E　目論見→計画。企て。もくろむこと

(56)【B】横着、横柄、横暴、横車など、「**横**」には「**勝手、無理矢理**」などの意味がある。
A　横柄→人を見下した、えらそうなさま
C　専横→わがまま勝手に振る舞うこと
D　無為→何もしないでぶらぶらしていること。また、あるがままの様子
E　杜撰→いいかげんで、誤りが多いこと

(57)【B】**食傷**は「同じ事がたびたび続いてあきること。嫌になること」。

A　飽食→腹いっぱい食べること。食物に不自由しないこと

C　蚕食→蚕が桑の葉を食うように、片っ端から他の領域を侵略すること

D　過食→食べすぎること

E　徒食→働かないで遊び暮らすこと

58【C】用例：解散総選挙は**必至**である

A　必須→必ず用いるべきこと

B　必中→必ず命中すること

D　逼迫→行き詰まって余裕のなくなること

E　必死→必ず死ぬこと。死ぬ覚悟で全力を尽くすこと

59【D】用例：育児に**おおわらわ**だ

A　けなげ→殊勝なさま

B　ひたむき→一つの事に熱中するさま

C　やみくも→むやみやたらに

E　てんてこまい→あわて騒ぐこと

60【E】用例：公益に**資する**

A　与る→物事に関与する。用例：立案に与る。恩恵や分け前を受ける。用例：おほめに与る。ご相伴に与る

B　供する→差し出す。ささげる

C　充てる→充当する。さしむける

D　支える→維持するために力を添える

61【E】**公算**は「確からしさ。見込み」。

A　目算→もくろみ、計画

B　概算→大まかな計算や勘定

C　試算→ためしに行う計算

D　打算→利害や損得を見積もること

62【C】用例：新春を**ことほぐ**

A　あげつらう→欠点や短所などを大げさに言い立てる

B　かしずく→人に仕えて、世話をする

D　たまわる（賜る）→いただく。くださる

E　もうしあげる（申し上げる）→「言う」の謙譲表現

63【C】用例：川面に**たゆたう**小舟

A　そよぐ→風に吹かれて草などがかすかに音をたてて揺れ動く

B　はためく→風に吹かれて、旗などがはたはたと音を立てる

D　ぶれる→正しい位置からずれ動く

E　ふるえる→細かく揺れ動く

64【B】**さかしげ**は「賢そうなさま」。

A　物知り顔→その物事について知っているような様子。わけ知り顔

C　利発→頭が良く賢いこと

D　小利口→目先のことにだけ気が付いて、抜けめがないさま

E　半可通→中途半端な知識しかないのに、そのことに通じているようなふりをすること

65【C】用例：**あけすけ**な言い方

A　暴露→秘密などをあばいて明るみに出すこと。用例：真相を暴露する

B　露呈→隠れていたことが表に出ること

D　あか抜け→洗練されていること

E　つつ抜け→音声や秘密がそのまま他の人にもれてしまうこと

66【B】**臍**は「へそ」のこと。自分のへそをかもうとしてもかむことができないことから、どうにもならない無念な気持ちをいう。

A　気に病む→非常に気にかけて悩む

C　胸を痛める→ひどく心配する。悩む

D　手をこまねく→何もせず傍観している

E　頭をたれる→へりくだって謙虚になる

67【E】**つまびらか**は「詳しいさま、物事の細かいところまではっきりしているさま」。

A　明らか→明白なさま

B　細やか→緻密なさま。微小なさま

C　際やか→くっきりときわだつさま。用例：雪原に際やかな赤い建物

D　あざやか→鮮やか。はっきり目立つさま

68【D】**さもしい**は「品性が下劣で心がいやしい」。用例：彼はさもしい人間だ

A　あくどい→度を超えていてたちが悪い

B　すげない→思いやりがない

C　はかばかしい→順調に進んでいるさま

E　かいがいしい→きびきびと働くさま

69【B】**あながち**は後ろに打ち消しの語を伴って断定し切れない気持ちを表す。

A　あまつさえ→そのうえに。おまけに

C　いみじくも→適切に。非常にたくみに

D　さしずめ→結局。用法：さしずめ彼が適任だ。今のところ。用法：さしずめ暮らしには困らない。

E　はなはだ→たいへん。非常に

70【B】用例：遊びに**かまける**

A　ひたる→つかる。入りきる

C　かかりきる→一つのことに全力を注ぐ

D　いそしむ→熱心につとめ励む

E　なおざりにする→おろそかにする

71【B】**おもはゆい（面映ゆい）**は「顔がまばゆく感じられる」意から「照れくさい。きまりが悪い」。

A　はがゆい→いらだたしい。もどかしい

C　もどかしい→思うようにならず、いらいらする

D　後ろめたい→気がとがめる。やましい

E　ふがいない→意気地がなくて情けない

72【B】**水を向ける**は「霊前に水をたむける。巫女が水を差し向けて霊魂を呼ぶ意」から「自分が聞きたいことに相手の関心が向くようにそれとなく誘うこと」。

A　水をさす→うまくいっている関係や物事の邪魔をする。用例：二人の仲に水をさす

C　打診する→体をたたいて音で診察する。転じて、相手の考えを聞き事前に反応をうかがう

D　手を回す→ひそかに手段をめぐらす

E　呼び水になる→事を起こす誘いになる

73【E】拠ん所（支え、頼りとなるもの、根拠）がないの意から、「そうするより仕方ない」。

A　忌憚ない→遠慮がない

B　如才ない→気がきいていて抜かりない

C　抜き差しならない→刀を抜き差し（抜くことも差すことも）できない意から、動きが取れなくてどうしようもない

D　滅相もない→とんでもない

※試験前には184ページの「頻出語句200」をチェックして、得点アップを目指しましょう。

3　複数の意味 ▶本冊192〜197ページ

74【B】所見、考え。下線部が最も近い意味なのはB「信じる**ところ**」。Aは**ちょうどその時点**、Cは**部分、箇所**、Dは**ふさわしい地位、立場**、Eは**段階**。

75【E】理由。言い換えて最もぴったりくるのはE「遅刻した**わけ**」。Aは**意味**、Bは**ということ**、Cは**難しさ**、Dは**事情**。

76【D】余裕、ゆとり。最も近いのはD「人間には**はば**ができる」。AとEは**高低の隔たり**、Bは**距離**、Cは**はぶり、威勢**。

77【B】「**山**が見える」は「難所を乗り切って見通しが立つ」。言い換えて最もぴったりくる

のはB「**山を越す**」。Aは**予想、山勘**、CとDは**周囲よりも高く盛り上がった地形**、Eは**数量が多いこと**。

78【E】先頭。言い換えられるのはE「**先**に立って」。Aは**遠い方、前方**、Bは**未来、将来**、Cは**〜の前、あたり**、Dは**結果、将来**。

79【D】人数として数えられる頭。同じ意味で用いられているのはD「**頭割り**」。Aは**考え方**、Bは**最初**、Cは**上端**、Eは**上限、限度**。

80【A】「天」には「上、空、人為を超えたもの、神、自然、日時、運命」など、さまざまな意味がある。「**天地無用**」は「上と下を逆にして

はいけない」という意味なので、<u>上</u>という意のA「<u>天井</u>」が正解。

81【C】**道理、道徳。**最も近いのはC「<u>人の道</u>」。Aは<u>通行できる道、糸口</u>、Bは<u>自分のやり方、意思</u>、Dは<u>道のり</u>、Eは<u>分野</u>。

82【E】**ひたすら、もっぱら。**Aは<u>無事</u>、Bは<u>普通</u>、Cは<u>たった</u>、Dは<u>ただし</u>。

83【C】**ある立場につく。**最も近いのはC「<u>矢面(非難などをまともに受ける立場)に立つ</u>」。Aは<u>立って場を離れる</u>、Bは<u>目的にかなう</u>、Dは<u>目標などが定まる</u>、Eは<u>保たれる</u>。

84【C】「箱の<u>中</u>」もC「心の<u>中</u>」も限られた範囲内の<u>内部、内側</u>という意味。Aは雨という状態の<u>最中</u>、Bは二つのものの<u>間</u>、Dはグループや集団の<u>範囲内</u>、Eは<u>中間</u>。

85【D】「<u>お目が高い</u>」で「<u>良いものを見分ける能力(鑑賞眼)</u>をもっている」。同じ意味のものはD「<u>見る目</u>」。Aは<u>体験</u>、Bは<u>態度</u>、Cは<u>箇所、点</u>、Eは<u>視力</u>。

86【B】**やめる、しりぞく。**同じものはB「<u>主役をおりる</u>」。Aは<u>下に下がる</u>、Cは<u>乗り物から出る</u>、Dは<u>くだる</u>、Eは<u>与えられる</u>。

87【C】**担当する、受け持つ。**同じものはC「<u>捜査にあたる</u>」。Aは<u>接する</u>、Bは<u>確認する</u>、Dは<u>当選する</u>、Eは<u>受ける</u>。

88【E】**相手のしたいようにさせる。**同じものはE「<u>逆転を許す</u>」。Aは<u>認める、許可する</u>、Bは<u>過失や失敗などを責めないでおく、とがめないことにする</u>、Cは<u>許容する、ある事を可能にする</u>、Dは<u>ゆるめる</u>。

89【D】**中心となる。**同じ意味はD「<u>本流</u>」。Aは<u>大もと</u>、Bは<u>正式の</u>、Cは<u>ほかならぬその</u>、E「<u>本懐</u>」は<u>もとからの望み</u>。

90【D】**生じる。**最も近いものはD「非難が<u>わく</u>」。Aは<u>沸騰する</u>、Bは<u>発酵する</u>、Cは<u>盛んになる</u>、Eは<u>興奮する</u>。

91【E】**提供する、送る。**同じものはE「<u>原稿を寄せる</u>」。Aは<u>世話になる</u>、Bは<u>いだく</u>、C

は<u>集める</u>、Dは<u>近づける</u>。

92【C】**送り届ける。**最も近いものはC「<u>使いを出す</u>」。Aは<u>表す</u>、Bは<u>露出させる</u>、Dは<u>生じさせる</u>、Eは<u>外へ取り出す</u>。

93【D】**許す**(妥当だと認める意)。同じものはD「<u>入学を認める</u>」。Aは<u>評価する</u>、Bは<u>確認、判断する</u>、Cは<u>目にとめる</u>、Eは<u>正しいとして受け入れる</u>。

94【A】**ある状態を最後まで続ける。**同じものはA「<u>歩き通す</u>」。Bは<u>伝える</u>、Cは<u>案内する</u>、Dは<u>成り立たせる</u>、Eは<u>通過させる</u>。

95【C】**済む、終わる。**同じものはC「<u>雨があがる</u>(雨がやむ、終わる)」。Aは<u>高くなる</u>、Bは<u>訪問する</u>の謙譲語、Dは<u>生じる</u>、Eは<u>高く発せられる</u>。

96【E】**周囲を取り巻くようにする。**同じものはE「<u>リボンをまわす</u>」。Aは<u>回転させる</u>、Bは<u>必要なところに移す</u>、Cは<u>次に送る</u>、Dは<u>はたらきが及ぶようにする</u>。

97【B】漢字で「<u>現す</u>」と書き、<u>出現する</u>。同じものはB「<u>姿をあらわす</u>」。AとCは「表す」で<u>表現する</u>、Dは「著す」で<u>書物を書いて出版する</u>、Eは「顕す」で<u>広く世に知らしめる</u>。

98【E】**呼ぶ、称する。**同じものはE「<u>特技という</u>」。Aは<u>～という名である</u>、Bは<u>～に相当する</u>、Cは<u>～と聞いている</u>、Dは<u>表現する</u>。

99【E】**～によって運ぶ、移送する。**同じものはE「<u>販売ルートにのせる</u>」。Aは<u>掲載する</u>、Bは<u>基準以上になる</u>、Cは<u>言葉でだます</u>、Dは<u>上に置く</u>。

100【B】**方法を表していて、～することによって、しながらで言い換えられる。**同じものはB「<u>書いて覚える</u>」。Aは<u>～してから</u>(推移)、Cは<u>～なので</u>(理由)、Dは<u>～でしかも</u>(並立)、Eは<u>～なのに</u>(逆説)。

101【D】「<u>行くとのことだ</u>(伝聞)」と言い換えられる。同じ用法はD「<u>雨になるそうだ</u>」。Aは<u>～と思う、と予想できる</u>(予測)、BとCは～

という様子、雰囲気だ（見かけの判断）、Eは〜へと変化するだろう（状態変化の判断）。

102 【A】〜が原因、理由で。同じものはA「酒に酔う」。Bは〜という相手から、Cは〜という結果に、Dは〜に対して、Eは〜として。

103 【B】〜という結果にと言い換えられる。同じものはB「開催と決まる」。Aは〜というふうに、Cは〜といっしょに、DとEは〜と比べて。

104 【B】「れる・られる」は自発・受身・可能・軽い尊敬を表す助動詞。設問は自発（自然と〜される）で、B「吉報が待たれる」が正解。Aは動詞「倒れる」の一部、Cは軽い尊敬、Dは可能、Eは受身。

105 【D】「しきりに失敗して成長していく（同じ動作の繰り返し）」。同じものはD「確認しつつ書類に記入する」。AとEは〜にもかかわらず（矛盾）、Bは〜し続けている（進行中）、Cは〜すると同時に…する（並行）。

106 【C】〜が原因で。同じ言い換えができるものはC「無鉄砲から間違いをしでかす」。

107 【C】「（付け加えて）〜までも」。同じ言い換えができるものはC「雪さえ」。AとDは〜だけでも、BとEは〜だって、すら。

108 【B】「一朝ことあるとき」で「ひとたび、何か事件、変事が起きたときには」。言い換えて最もぴったりくるのは、B「こと（事件、変事）を好む」。Aは行為、仕業、Cは内容、Dは仕事、事業、Eは出来事と言い換えられる。

109 【A】範囲を限定する〜だけ。同じものはA「勉強ばかり」。Bは今にも〜しそうなほど、Cはために（原因）、Dはほど（だいたいの分量）。Eは〜したところ（動作の完了）。

110 【A】もっと。同じものはA「なお悪くなった」。Bはでさえも、Cはあたかも（ちょうど）、Dはまだ、Eはあいかわらず。

111 【E】「雨の降る日」は主格を表していて、「〜が」で言い換えられる。同じものはE「兄の育てた野菜」。AとCは体言と同じ働きの語で、こと、もの、Bは並列を意味していて、〜だの、〜だの、Dは連体修飾語で〜が所有する、〜のものである。

---

4 文の並べ替え ▶本冊202〜205ページ

112 **１**【A】 **２**【C】
最初がオになることはすぐにわかる。→次は2種類の内の一つでイ。→一直線とまっすぐというつながりからア。→二つ目の「とき＝時間」を説明しているエ→ウになる。

オ 「とき」には2種類がある
イ 一つは、一直線に同じ方向へと流れていく「とき」だ
ア これはある時点を基準にして、過去、現在、未来へとまっすぐ流れていく
エ 回る時間もある
ウ 繰り返し回って、元に戻ることで永遠を目指す「とき」である

113 **１**【B】 **２**【C】
最初の文はエかオだが、エの「内包」という語句はイで初出すると考えられるので、イ→エの順番が成り立つ。従って最初はオ。ウの「このこと」は「意味する範囲が広い」を指していると考えられるので、次がウ。次はアかイ→エだが、アの内容はイ→エをふまえたものなので、イ→エ→アとなる。

オ 「子供」は「息子」に比べて意味する範囲が広い
ウ このことを外延が大きいといい、外延が大きい「子供」は「息子」を包摂する
イ また、意味の属性を内包という

エ 「子供」の**内包**は「若い＋人間」、息子の内包は「若い＋人間＋男」である

ア 外延の大きい方が内包が小さく、逆に、内包の大きい方は外延が小さいというわけである

※「包摂」は「一定の範囲の中につつみ込むこと」。例えば、生物という概念は人間という概念を包摂する。

114【C】1はBCEのどれか。5から考えると、D「跳ね返りを聞いて」距離感を測っている、とわかる。B→A→Dの順番は確実なので、正しい順番は、ＥＣＢＡＤ。

115【D】Aの前は末尾が「との」のEに決定、Eの前はCに決定できるので、最初はC→E→A。D「住宅地における原色の外壁など」は1にも入れることはできるが、常識的に考えてD→B

の順になるので、ＣＥＡＤＢ。

116【C】「土の中にいた」の後はA→C。残った選択肢を修飾関係に従ってつなげればE→B→D。よって、ＡＣＥＢＤ。「土の中にいた」→「土中の菌を培養して」とするのは不自然。

117【C】「日本の産業で」に続くのはD→C。次にEの理由を説明するのがBであることからB→EがCの次に入る。Aは文末「なっている」の前にくる。よって、ＤＣＢＥＡ。

118【A】積乱雲の内部では、上昇気流と下降気流が行きかっており、気流がすれ違うときの衝突や摩擦で電気が生まれる。そして上下に分極した電気を中和するため放電が起こる、という全体の流れをつかみたい。ＢＣＤＡＥ。

119【D】Bが1、Eが5にくる。残りを並び替えるとA→D→C。ＢＡＤＣＥ。

▶本冊208～209ページ

5 空欄補充①

120【E】「受容する言語に ［1］ 語彙がなければ、それを直接、間接に ［2］ しか手はない」をわかりやすく言い換えれば「翻訳先の言語に ［1］ 語彙がなければ、翻訳元の語彙を直接、間接に ［2］ しか手はない」となる。最もぴったり当てはまる語句は1が「対応する」、2が「借用する」である。

121【A】［1］ は「演算対象」か「四則演算」の二択だが、その後に「いかなる数にゼロを乗じても結果は常にゼロ」とあり、ゼロを「演算する対象」として扱っているので当てはまるのは「演算対象」。「ゼロの ［2］ として広まった」は、選択肢の概念・記号・数字をそれぞれ入れて読んでみれば、最もぴったりおさまるのは「概念」。

122【B】「前者は ［1］ で、同じ量を足し合わせると2倍になる」とあるので、1には「加算的（ある数量に、別の数量を加えて計算するこ

と）」がぴったり当てはまる。次に「温度や圧力のように体積または質量によらない『示強性』の変数」とあるので、後者＝示強性の変数である ［2］ には、「温度」が当てはまる。

123【E】「食料や資源を ［1］ して消費した」とある。同じ一つの国で ［1］ してから消費するので、「輸入」が適切。また、「面積を足して算出する」と前述されているので、［2］ に入るものは、「面積」だとわかる。

124【C】一冊の本が「 ［　］ からなるヴァーチャルな読書空間」への「入り口」であり、「結節点」の一つであり、「終着点」にもなりえるという文意から考える。「 ［　］ 」が、「一冊の本」ではなく、「読書空間」を構成するものであることがわかれば「網の目」だとわかる。

125【D】会議が遅遅として（進行が遅くて）進まないが正解。延延と続く（非常に長く続く）、ようとして消息が知れない（事情などがはっきりしないまま動静がわからない）もよく使われる表現。

126【A】彼はこの研究の草分け（最初に土地を開拓して村落を作った者。転じてある分野の先駆者）であるが正解。しんがり（序列・順番の一番後ろ）、筆頭である（第1番である）、～を皮切りに（最初に、手始めに）、口開けの（最初の）も覚えておこう。

127【B】複雑な様相を呈する（状態になる）が正解。活況を呈する（盛んになる）、苦言を呈する（忠告をする）という表現もあるが、一般に複雑な活況、複雑な苦言とは言わない。

128【A】すべての責任を双肩に担う（引き受ける、背負う）が正解。

129【C】欠点や悪習を矯正する（悪い点を正すこと）が正解。改正は「規則や法令の不備を改めること」、校正は「文字や文章の誤りを正す作業」。

130【E】相手方と議論の応酬をする（やりとりする、やり返す）が正解。

131【C】万感胸に迫る（さまざまな思いが一気に胸にこみ上げてくる）が正解。

132【C】頼まれてもおいそれと（すぐには、気軽には）引き受けることはできないが正解。

133【C】昔を思って感慨にふける（心に深く感じて、しみじみとした気持ちになる）が正解。感極まる、感涙にむせぶ、感銘を受けるもよく使われる表現。

134【D】さまざまな憶測が流れる（いい加減な推測が流れる）が正解。憶測が飛び交う、目星をつける（見当をつける）も慣用表現。

135【A】時好に投ずる（時代の好みに合わせた）事業を企てるが正解。

---

1 【B】comprehend　理解する

A	neglect	無視する
B	**understand**	**理解する**
C	approve	認める
D	arrest	逮捕する
E	discover	発見する

2 【B】earnest　真面目（誠実）な

A	mean	卑劣な
B	**sincere**	**誠実な、正直な**
C	sacred	神聖な
D	virtuous	徳の高い
E	ethical	道徳的な

3 【D】obvious　明白な

A	independent	独立した
B	numerous	数多くの
C	obscene	わいせつな
D	**apparent**	**明白な**
E	uncertain	不確かな

4 【D】skeptical　懐疑的な

A	evil	邪悪な
B	seeming	うわべの
C	wise	賢い
D	**distrustful**	**疑い深い**
E	cautious	用心深い

5 【B】 painful　痛い
A　sorry　悲しい
B　**sore**　**痛い**
C　wounded　負傷した
D　strong　強い
E　delicate　繊細な

6 【C】 preparation　準備
A　safety　安全
B　preference　好み
C　**equipment**　**準備**
D　rapidity　敏速
E　routine　日課

7 【D】 job　仕事
A　order　命令
B　calculation　計算
C　instruction　指示
D　**occupation**　**仕事、業務、職業**
E　occasion　場合

8 【B】 circumstance　状況
A　evidence　証拠
B　**condition**　**状況**
C　complexity　複雑性
D　purpose　目的
E　structure　構造、体制

9 【C】 gather　集める
A　complain　不平を言う
B　restore　修復する
C　**assemble**　**集める**
D　wrap　包む
E　surrender　引き渡す

10 【E】 similarity　類似
A　characteristic　特徴
B　difficulty　困難
C　uniform　制服
D　difference　相違
E　**likeness**　**類似**

11 【B】 pardon　許す
A　forbid　禁じる
B　**excuse**　**許す**
C　accept　受け入れる
D　beg　請う
E　revenge　復讐する

12 【A】 considerate　思いやりのある
A　**thoughtful**　**思いやりのある**
B　rough　乱暴な
C　timid　内気な、気弱な
D　difficult　難しい
E　quiet　静かな

13 【E】 explanation　説明
A　solution　解決策
B　conclusion　結論
C　expression　表現
D　translation　翻訳
E　**description**　**説明**

14 【C】 costly　高価な
A　favorite　大好きな
B　rude　乱暴な
C　**expensive**　**高価な**
D　noble　高貴な
E　faithful　忠実な

15 【A】 ravenous　飢えた
A　**starving**　**飢えた**
B　dirty　汚い
C　specific　明確な
D　strict　厳しい
E　full　満ちた、満腹の

16 【C】 stalk　茎
A　root　根
B　leaf　葉
C　**stem**　**茎**
D　pistil　めしべ
E　seed　種

別冊解答・解説 ▼ 空欄補充 ↓ 英語［ENG］同意語

69

17 【C】complicated 複雑な、入り組んだ
A complex 複合の
B difficult 難しい
C **simple** **単純な**
D deserted さびれた
E uneasy 心配な

18 【D】gain 利益を得る
A decrease 減少する
B profit 利益を得る
C regain 取り戻す
D **lose** **損をする**
E possess 所有する

19 【B】respect 尊敬する
A worship 崇拝する
B **despise** **軽蔑する**
C punish 罰する
D destroy 破壊する
E suppress 抑圧する

20 【C】temporary 一時的な
A general 一般的な
B usual 普通の
C **permanent** **永久の**
D timely 時機が良い
E transient 一時的な

21 【E】broad 幅が広い
A small 小さい
B deep 深い
C large 大きい、広い
D flat 平らな
E **narrow** **幅が狭い**

22 【B】arrogance 横柄、傲慢
A violence 乱暴、暴力
B **modesty** **謙虚**
C innocence 無罪、純真
D wisdom 叡智、知恵
E seriousness 真面目

23 【A】messy 乱雑な、汚い
A **tidy** **きちんとした、きれいな**
B busy 忙しい
C dingy 薄汚い
D flashy 派手な
E fancy 高級な、しゃれた

24 【E】praise 称賛する
A amaze 驚かす
B hurt 傷つける
C admire 称賛する
D consider 熟考する
E **blame** **非難する**

25 【B】rough 粗い
A dazzling まぶしい、まばゆい
B **smooth** **なめらかな**
C rigid 硬直した、厳格な
D mandatory 強制的な
E straightforward まっすぐな、簡単な

26 【B】wisdom 叡智、知恵
A portion 部分
B **ignorance** **無知**
C warning 警告
D guilt 罪
E similarity 類似

27 【B】employ 雇う
A solve 解決する
B **dismiss** **解雇する**
C deploy 配置する
D combine 結合する
E object 反対する

28 【B】consumption 消費
A waste 浪費
B **production** **生産**
C customer 顧客
D purchase 購入
E salary 給料

29 【C】 dull　　　　鈍い
A　boring　　　　退屈な
B　clockwise　　　右回りの
C　**sharp**　　　　**鋭い**
D　familiar　　　　よく知っている
E　fair　　　　　　公正な

30 【A】 permit　　　許す
A　**prohibit**　　　**禁止する**
B　allow　　　　　許す
C　apply　　　　　適用する
D　correct　　　　訂正する
E　judge　　　　　裁く、判断する

31 【B】 rude　　　　無作法な
A　peaceful　　　　平和な
B　**refined**　　　**洗練された、上品な**
C　impolite　　　　無礼な、無作法な
D　careful　　　　注意深い
E　candid　　　　　率直な

32 【C】 civilized　　文明［文化］的な
A　rural　　　　　田舎の
B　urban　　　　　都会の
C　**barbarous**　　**未開の、野蛮な**
D　ugly　　　　　醜い
E　sophisticated　洗練された

3 英英辞典 ▶本冊229〜231ページ

33 【A】 特定の地域、市、国に居住している人の総数
A　**population**　　**人口**
B　popularity　　　人気
C　treasure　　　　宝
D　victim　　　　　犠牲者
E　accession　　　到達、新規加入

34 【D】 何かを得たい、または実現したいという強い思い
A　instinct　　　　本能
B　phase　　　　　段階
C　apex　　　　　頂点
D　**aspiration**　　**強い願望**
E　rampage　　　　凶暴な行動

35 【C】 ある場所から別の場所へ何かを運ぶこと
A　substitute　　　代用する
B　divide　　　　　分割する
C　**transport**　　**輸送する**
D　adopt　　　　　採用する
E　operate　　　　作動する

36 【B】 特に重要度や緊急性の順番から見て決められた優先権をもつもの
A　incidence　　　発生
B　**priority**　　　**優先事項**
C　entity　　　　　存在
D　emergency　　　緊急事態
E　significance　　意味、重要性

37 【D】 理解できるように何かについて詳しく述べたり言葉で描写したりすること
A　express　　　　表現する
B　experiment　　　実験する
C　retrieve　　　　回収する
D　**explain**　　　**説明する**
E　criticize　　　　批判する

38 【C】 不完全なデータからであっても、何かの価値についての意見を決めたり、判断したりすること
A　determine　　　決心する
B　pronounce　　　発音する
C　**estimate**　　　**推定する、見積もる**
D　publish　　　　出版する
E　exhibit　　　　展示する

別冊解答・解説

▼ 英語［ENG］反意語 → 英英辞典

39 【B】能力、業績、所有物について誇らしげに語ること

A　compel　　　　強制する
B　**boast**　　　　**自慢する**
C　disclose　　　　開示する
D　alleviate　　　　緩和する
E　amplify　　　　拡大、増幅する

40 【A】業者や店主による、販売のための品物の備蓄

A　**stock**　　　　**在庫品、ストック**
B　corporation　　法人
C　demand　　　　需要
D　proceeds　　　収益、収入、所得
E　materials　　　物質、原料

41 【A】悪い状況にいる人を気の毒に思うこと

A　**pity**　　　　**気の毒に思う**
B　scorn　　　　恥とする、軽蔑する
C　support　　　　支える、味方する
D　apologize　　　謝る
E　regret　　　　後悔する

4　空欄補充　▶本冊233〜237ページ

42 【C】never fail to do 〜で「必ず〜する」＝「〜しそこなうことはない」。

43 【A】cause damage to 〜で「〜に被害を及ぼす」という意味。Dのgaveと迷うが、give damageとはあまり言わない。

44 【C】the last person to do 〜で「〜する人ではない」という意味の成句表現。
「〜するような人ではない」＝「〜しそうにない」＝「(世界中の人が〜するとしても)〜する最後の人」と考える。

45 【B】live in harmony で「仲良く暮らす、調和して生きる」。

46 【D】「地震が多い」とは「地震の回数が多い」ということなので、「頻繁な、回数が多い」を表す frequent（形容詞）を選ぶ。Aのoftenは「頻繁に」という意味の副詞で、be oftenの形で「頻繁である」ことは表せない。

47 【B】前置詞aboutがあるので、他動詞（前置詞不要）のdiscussは不可。

48 【E】look forward to doing で「〜することを楽しみにする」。toの直後が原形ではなく-ingであることに注意。

49 【D】so to speakで「いわば」。

A　as is usualは「いつものように」。
B　what it isは「あるがままの状態〔姿〕」。
C　so as to は "so as to do 〜" の形で「〜するために」。
E　that isは「すなわち、つまり」。

50 【C】門前払いは「訪問者を門の前で追い返すこと」。slamは「バタンと閉める」。

51 【E】optionalは「随意の、任意の、好きにしてよい」。

52 【B】stick at 〜で「〜を着実にやる、こつこつやる」。

53 【E】woven は weave（織る、編む）の過去分詞。be woven from 〜で「〜で織られている」。

54 【A】force oneself to 〜で「無理に〜する」。

55 【B】slightは「わずかな、程度が軽い」。

1 構造的把握力検査・非言語 ▶本冊243〜246ページ

❶【C】ア　全仕事量を１分間のＡ＋Ｂの仕事量で割る。１分間のＡ＋Ｂの仕事量は、

$$\frac{1}{60} + \frac{1}{40} = \frac{5}{120} = \frac{1}{24}$$

全仕事を完了するには、$1 \div \frac{1}{24} = 24$分

イ　面積を求める。２人で１日に植えられる面積は**7 ＋ 4 ＝ 11a**。５日で**11 × 5 ＝ 55a**。
ウ　満水量を１と考える水槽算の問題。ＡとＢの２管では１時間で1/9、Ａだけだと1/12給水できる。Ｂだけだとｘ時間で満水と考えると、Ｂは１時間で1/xの給水。

$$\frac{1}{x} + \frac{1}{12} = \frac{1}{9} \rightarrow x = 36時間$$

エ　満水量を１分間のＡ＋Ｂの給水量で割る。満水量は**5m³ ＝ 5000ℓ**。１分間のＡ＋Ｂの給水量は、**130 ＋ 120 ＝ 250ℓ**
満水にするには、**5000 ÷ 250 ＝ 20分**
同じ構造のものは「全仕事量（満水量）を１分間のＡ＋Ｂの仕事量（給水量）で割る解き方」の**ア**と**エ**。

❷【C】「何組（何人）に分ける」と決まっている割り算を「等分除」、「何個ずつ分ける」と決まっている割り算を「包含除」という。
ア　「５個ずつ分ける」ことが決まっていて、「何袋できるか」を答える「包含除」。
42 ÷ 5 ＝ 8袋　余り2個
イ　過不足算。分ける本数を**6 － 5 ＝ 1本**増やすと**過不足の差 ＝ 2 －（－ 4）＝ 6本**の差が出る。過不足の差＝分ける本数の差×人数なので、**6 ÷ 1 ＝ 6人**
【別解】**5x ＋ 2 ＝ 6x － 4 → x ＝ 6人**
ウ　「５人に分ける」ことが決まっていて、「１人あたり何枚か」を答える「等分除」。
52 ÷ 5 ＝ 10枚　余り2枚
エ　「３枚ずつ分ける」ことが決まっていて、「何人で分けられるか」を答える「包含除」。
32 ÷ 3 ＝ 10人　余り2枚
同じ構造なのは包含除の**ア**と**エ**。

❸【E】計算方法が同じものを選ぶ。
ア　一方が二黄卵かどうかは、もう一方の卵には影響しない。１個が二黄卵でない確率は、**1 － 0.01**。２個とも二黄卵でない確率は**（1 － 0.01）×（1 － 0.01）**
少なくとも１個が二黄卵である確率は、
1 －（1 － 0.01）×（1 － 0.01）
イ　赤は１個なので無関係。２個とも白になる確率は、2/6 × 1/5。２個とも青になる確率は、3/6 × 2/5。この和が、２個が同じ色の確率となる。

$$\frac{2}{6} \times \frac{1}{5} + \frac{3}{6} \times \frac{2}{5} = \frac{4}{15}$$

ウ　２回とも６が出る確率は、$\frac{1}{6} \times \frac{1}{6}$
エ　くじ引きの当たりはずれは、どの順番で引いても同じ確率となる。１人目が当たり、２人目がはずれる確率は3/8 × 5/7。１人目がはずれ、２人目もはずれる確率は5/8 × 4/7。この和が、２人目がはずれる確率になる。

$$\frac{3}{8} \times \frac{5}{7} + \frac{5}{8} \times \frac{4}{7} = \frac{5}{8}$$

従って、最も似ている構造といえるのは、計算方法が同じ**イ**と**エ**。

❹【C】ア　和差算。兄弟の年齢差は７歳、年齢の和は35歳で、**（35 － 7）÷ 2 ＝ 14歳**
イ　姉の年齢が妹の1.3倍なので、妹の年齢を１とすると、年齢差は0.3と考えられる。年齢差（6歳）は変化しないので、妹の年齢は、**6 ÷ 0.3 ＝ 20歳**
【別解】妹が10歳とすれば1.3倍の年齢は13歳で年齢差3歳だが、姉と年齢差6歳なので、２倍して妹は20歳、姉は26歳。

別冊解答・解説 ▼ 英語［ＥＮＧ］空欄補充 → 構造的把握力検査・非言語

ウ　和と比から年齢差を求める問題。

$$72 \times \frac{5-4}{4+5} = 72 \times \frac{1}{9} = 8 \text{歳}$$

エ　和差算。値段の差は250円、和は1710円なので、**(1710 − 250) ÷ 2 = 730円**
従って、同じ構造なのは「大小2つの数の和と差をもとに解を求める問題」である<u>ア</u>と<u>エ</u>。

⑤【D】ア　Pの重さは、**500×0.1=50g**
イ　水の重さを求める。水の割合は食塩水のうち1−0.12。**600×（1−0.12）=528g**
ウ　金属Rの割合は合金50kgのうち、1−0.35。**50×(1−0.35)=32.5kg**
エ　濃度は、**60÷(440+60)×100=12%**
従って、同じ構造なのは「一方（食塩または金属Q）の割合から、もう一方（水または金属R）が全体に占める割合を算出し、その重さを求める問題」である<u>イ</u>と<u>ウ</u>。

⑥【F】ア　求める回数をS回とする。100日分は小さい順に、**S＝1＋2＋…＋99＋100**
大きい順に、**S＝100＋99＋…＋2＋1**
これを合わせると、
2S＝101＋101＋…＋101＋101
＝101×100＝10100
よって、**S＝10100÷2＝5050回**
イ　75と60の公約数は**1、3、5、15**。
10人より多いので、**15人**。ミカン5個、リンゴ4個ずつ分けたことになる。
ウ　5と7の最小公倍数を求める。
5×7＝35日後
エ　6＝2×3と、8＝2×2×2の最小公倍数を求める。**2×2×2×3＝24cm**
従って、同じ構造なのは、「最小公倍数を求める問題」である<u>ウ</u>と<u>エ</u>。

⑦【B】ア　重複組み合わせ。4個のボールを○、3つの色を区別する仕切りを▮で表す。
○▮○○▮○←赤1個、青2個、黄1個
○4個＋▮2本＝6カ所の位置から、▮を置

く位置（2カ所）を選ぶ選び方といえる。

$$_6C_2 = \frac{6 \times 5}{2 \times 1} = 15 \text{通り}$$

【別解】公式を使って、$_{3+4-1}C_4 = {}_6C_4 = {}_6C_2$
イ　同じものを含む順列の問題。P地点からQ地点までの最短経路は、どのような道順でも「右に3つ、かつ上に4つ」移動しなければならない。つまり、「→、→、→、↑、↑、↑、↑」という記号7個を、1列に並べる順列の数を求めることと同じ。7つの場所から、→が入る場所を3つ選べばよい（↑は残った4つの場所に入る）と考えられる。

$$_7C_3 = \frac{7 \times 6 \times 5}{3 \times 2 \times 1} = 35 \text{通り}$$

ウ　重複組み合わせ。3枚のお札を○、3種類の額面を区別する仕切りを▮で表す。
○3個＋▮2本＝5カ所の置き場から、▮を置く位置（2本分）を選ぶ選び方なので、

$$_5C_2 = \frac{5 \times 4}{2 \times 1} = 10 \text{通り}$$

【別解】公式を使って、$_{3+3-1}C_3 = {}_5C_3 = {}_5C_2$
エ　重複順列の問題。1個目が「一、二、三」の3通り。2個目も3通り、3個目も3通り、4個目も3通りなので、$3^4 = 81 \text{通り}$
同じ構造なのは、「重複組み合わせ」の<u>ア</u>と<u>ウ</u>。

⑧【E】ア　合計から子供の料金を引き大人の人数で割る。
(4250 − 450×5) ÷ 2 = 1000円
イ　去年と今年の猛暑日の和114日に差8日をたして2で割ると、多い方である去年の日数が求められる。
(114 + 8) ÷ 2 = 61日
ウ　鶴亀算。全部80円切手と仮定して実際の金額との差を取り、2種類の切手の差額で割る。**(80×20−1150)÷(80−50)=15枚**
方程式では、
80×(20−x)+50x=1150
エ　弟と姉の年齢の和30歳に差4歳をたして、2で割ると、年上である姉の年齢が求め

られる。

(30 + 4) ÷ 2 = 17歳

従って、同じ構造なのは、「2つの和に差を
たして、2で割る問題」である**イ**と**エ**。

※実際の検査では計算式の答えを出す必要はあ
りません。解き方が共通しているものを見つけ
たら、すぐに答えていきましょう。

2 構造的把握力検査・言語 ▶本冊248〜250ページ

⑨【G】ア、ウ、エ…句点（。）を「〜ので」
にかえると、そのまま文が成り立つ。
イ、オ…句点を「〜ので」にかえても、その
ままでは成り立たない（時系列が逆）。従って、
グループP（2つ）は**イ**と**オ**。

⑩【G】数えられた結果の数（変化する数）
か、すでに定まっている数（変化しない数）
かで判断できる。
ア、ウ、エ…0から順に数えられた結果の数。
ア　数えると50回になった。
ウ　数えると69万円になった。
エ　数えると360度になった。
イ、オ…すでにその数に定まっている数。
イ　すでに24時間営業の店。
オ　すでに標高1200mにある山小屋。
従って、Pは**イ**と**オ**。

⑪【G】ア、ウ、エ…Xの述べている事柄（結
果）にはさまざまな理由（原因）が考えられ
るが、Yは自分の挙げている理由だけがただ
一つの理由であるかのように述べている。
イ、オ…Yは、Xが述べている理由とは違う
理由（和食→洋食、朝食→規則正しい生活）
を挙げている。従って、Pは**イ**と**オ**。

⑫【Ｉ】「Xの発言」を2つに分類する。
ア、イ、エ…Xは「その人自身の優れた1つ
の能力」を述べている。Yはそれとは違う能
力が優れていると言っている。
ウ、オ…Xは「その人の所属先の優秀さ」を

述べている。Yは所属者である個人が優れて
いると言っている。従って、Pは**ウ**と**オ**。

⑬【Ｉ】ア、イ、エ…図書館の物理的な設
備に関する要望。
ウ、オ…図書館の規則に関する要望。従って、
Pは**ウ**と**オ**。

⑭【F】天気や電車の話題という分類はでき
ない。また、文末が過去形か現在形かなども
判断の種類とは無関係。
ア、ウ、オ…いずれも情報から推測したこと
を述べている。
イ、エ…情報から判断して意思決定した行動
を述べている。従って、Pは**イ**と**エ**。

⑮【D】要望か不満かで分類できる。
イ、ウ、エ…改善の要望。
ア、オ…現状への不満。従って、Pは**ア**と**オ**。

※構造的把握力検査は、考え込んでいると、す
ぐ時間が経ってしまいます。誤答率は測定され
ないので、迷って時間切れになるくらいなら、
直感で答えていくほうが良い結果になります。

別冊解答・解説　▼　構造的把握力検査・言語

◆**言語分野**

❶【B】体重計ははかりの一種。長唄は邦楽（日本古来の音楽）の一種。能楽（能と狂言を包含する総称）は狂言を含む。短歌も俳句も詩歌の一種。

❷【D】ミキサーの役目はかくはん（攪拌…かきまぜること）。カッターの役目は切断、煙突の役目は排気。ライターの役目は着火。

❸【B】民事と刑事は対義語。同じく洋画と邦画は対義語。和風と古風は様式の一種。異国は隣国を含む。

❹【B】ギターの構成要素が弦。短歌の構成要素が上の句。短歌の上の句は前半の「5・7・5」、下の句は後半の「7・7」を示す言葉。

❺【D】雪（氷の結晶）は結晶に属する。木枯らしは風に属する。五月雨は雨に属する。

❻【C】星霜（年に天を一周する星と毎年降る霜の意から、年月。歳月）と歳月は同じ意味。晦日（月の30番目の日。転じて、月の最後の日）と月末は同じ意味。

❼【A】「やおら」は「ゆっくり、おもむろに」。
B　おっとり→落ち着いていてこせこせしていないさま
C　おっつけ→やがて、そのうちに
D　そそくさ→落ち着かず、せわしないさま
E　おずおず→おそるおそる

❽【E】「時代の趨勢」などと用いる。
A　筆勢→筆や文章の勢い
B　加勢→力を貸して助けること
C　権勢→権力と勢力
D　大勢→物事の一般的な傾向やおおよその状況。世の成り行き

❾【C】「路頭に迷う」とは「生活の手段を失って暮らしに困ること」なのでC。

❿【E】「医者になった」の「に」は、変化の結果を表し、〜**という結果に**と言い換えられる。同じものはE「お湯に変わった」。Aは〜**という場所に**、Bは〜**の目的で**、Cは〜**という相手から**、Dは〜**という基準に対して**と言い換えられる。

⓫【C】設問は〜**ではあるが**、〜**にもかかわらず**、と言い換えられる。同じものはC。AとDは〜**つつ**（動作の並行）、BとEは〜**のまま**、〜**のとおり**と言い換えられる。

⓬【D】設問は〜**という理由によって**と言い換えられる。同じく理由や原因を表すものはD。Aは〜**という範囲・期限で**、Bは〜**という主体が**、Cは〜**という道具・手段で**、Eは〜**という基準で**と言い換えられる。

◆**非言語分野**

⓭【D】左端から順に「白黒白黒」になる確率。左端が白になる確率は、5個のうち2個ある白がくればよいので、**2/5**。

左から2番目が黒になる確率は、4個のうち3個ある黒がくればよいので、**3/4**。

左から3番目が白になる確率は、3個のうち1個ある白がくればよいので、**1/3**。

左から4番目が黒になる確率は、2個のうち2個ある黒がくればよいので、**2/2**。

すべてかけ合わせて、

$2/5 × 3/4 × 1/3 × 2/2 ＝ 1/10$

【別解】白2個、黒3個の並び方は、①②③④⑤の5箇所に白の入る2箇所を求めればよい（残りの3箇所は黒に決まる）ので、$_5C_2 ＝ 10$ **通り**。10通りのうち、左から順に「白黒白黒黒」となる並びは1通りなので**1/10**。

※ちなみに、左から順にではなく「白黒白黒が現れる確率」なら、「黒白黒白黒」も含まれるので1/5となる。

⑭【C】白2個、黒3個の並び方10通りのうち、黒3個が連続で並ぶのは、「白白**黒黒黒**」「白**黒黒黒**白」「**黒黒黒**白白」の3通りなので、**3/10**。

【別解】黒が3個並ぶのは、次の3通り。

①白白黒黒黒…左から白2個になれば決定。左端が白になる確率は、2/5。

左から2番目が白になる確率は、1/4。

2/5×1/4＝1/10

②白黒黒黒白…①の確率と同じく、**1/10**

③黒黒黒白白…①の確率と同じく、**1/10**

①②③のいずれかになればよいので、これらの確率をたし合わせて、

1/10＋1/10＋1/10＝3/10

⑮【A】

ア　Zが男性の場合、男性の人数は2人以下…T、V、W、Xの4人とZ（男性）の性別が異なるので、T、V、W、Xの4人は女性。Uも女性なので、女性が7人中5人以上となる。男性は2人以下となり、**必ず正しい**。

イ　Zが女性の場合、女性の人数は2人以下…T、V、W、Xの4人とZ（女性）の性別は異なるので、T、V、W、Xの4人は男性。Uは女性で、Yは不明。女性は2人または3人となり、**必ず正しいとはいえない**。

ウ　ZとYが同性の場合、男性と女性の人数の差は2人以下…仮にZが男性とするとYも男性、T、V、W、XとUが女性で、女性5人、男性2人となる。人数の差は3人となり、**必ず正しいとはいえない**。

⑯【B】

カ　男性の方が多い…同性であるT、V、W、Xの4人は男性に確定。ZとUは女性に確定。Yは不明。

キ　YとUは同性、ZとUは異性…Uは女性なので、Yも女性。ZはUと異性なので、Zは男性。Zと異性であるT、V、W、Xの4人は女性。**すべて確定できる**。

ク　ZとUは同性、VとUは異性…ZとUの

2人は女性。Vは女性のUと異性なので、T、V、W、Xは男性。Yは不明。

⑰【C】70万円と80万円の間であることは間違いないが、男女それぞれの人数がわからないので、どちらともいえない。

⑱【B】もし男性の本社と支社の人数が同数なら、本社平均xは、（x＋80）÷2＝90で、ちょうど100万円になる。しかし、男性の人数は本社より支社の方が少ないので、本社平均は100万円より必ず少なくなる。

⑲【C】男性の本社平均は前問の通り**100万円より少ない**。女性の人数は本社より支社の方が多いので、本社平均は**90万円より多い**。これによって「本社の男女を合わせた平均貯蓄額は90万円と100万円の間にある」とすると間違い。**男女それぞれの人数がわからないし、女性の本社平均が100万円以上の場合が考えられる**ので、「どちらともいえない」が正解。

【解説】わかりやすいように、本社女性1人、支社女性99人、全社計100人とすると、全社女性の貯蓄額の合計は、

80×100＝8000万円

支社女性の貯蓄額の合計は、

70×99＝6930万円

本社女性の貯蓄額の合計は、

8000－6930＝1070万円

本社女性は1人なので、1070万円がそのまま平均額になる。さらに、本社の男性と女性の人数がわからないので、どちらともいえない。

⑳【B】18個の売上が22680円なので、1個あたりの売値は、

22680÷18＝1260円

これが定価の25％引きなので、定価は、

1260÷0.75＝1680円

定価は仕入れ値の40％の利益が出るように設定されているので、仕入れ値は、

1680÷1.4＝1200円

㉑【B】商品Yの仕入れ値をy円とすると、定価

別冊解答・解説 ▼ 模擬テスト・能力検査

はy×1.4円。セール中の売値は、

y×1.4×0.8＝y×1.12円

60個のうち40個をセール中に、残り20個を定価で売ったので、売上の合計は、

y×1.12×40＋y×1.4×20＝y×72.8円

60個分の仕入れ値の合計はy×60円なので、利益の合計は、

y×72.8－y×60＝y×12.8＝19200円

商品Yの仕入れ値yは、

19200÷12.8＝1500円

㉒【□□✔□□】

Ⅱより、1回目と2回目は隣り合うので①②または②①でワンセットになる。

Ⅲより、同様に③○④または④○③。③○④の間の○はセットの①も②も入らないので、③⑤④か④⑤③でワンセットになる。

モグラをたたけたのは2回目と4回目だけで、Ⅰより、両端の穴から出たモグラはたたけなかったので、②と④は両端ではない。従って、①②④⑤③または③⑤④②①に確定できる。

4回目に出てきた穴として考えられるのは、**左から3番目。**

㉓【□✔□✔□】

前問の解説より、

①②④⑤③または③⑤④②①なので、5回目に出てきた穴として考えられるのは、**左から2、4番目**

㉔【E】以下、1泊を①、2連泊を②、3連泊を③と表す。3都市に4泊ということは、②①①の3カ所に3都市を並べる順列なので、

$_3P_3＝3×2×1＝$**6通り**

②の入れ方は、②①①、①②①、①①②という**3通り**があるので、**6×3＝18通り**

㉕【D】最初のPは決まっているので、泊まる順序はPQRかPRQの**2通り**。3連泊が入るとき、③の入れ方が、③①①、①③①、①①③という**3通り**。2連泊が入るとき、①の入れ方が、①②②、②①②、②②①という**3通り**。

全部で、**3＋3＝6通り**

従って、**2×6＝12通り**

【別解】P∧○∧○∧○∧○という4つの間∧のうち、どのタイミングで移動するかで異なるので、組み合わせは$_4C_2＝$**6通り**。これが、PQRとPRQの**2通り**あるので、

6×2＝12通り

㉖【C】1紙以上の購読者は、

120－15＝105人（下図の赤い線の内側）

A、B、C各紙の購読者の合計人数は、

80＋52＋55＝187人

従って、

187－105＝82人

が赤い線の内側でダブっている人数になる。

一方、2紙以上の購読者は、1紙以上の購読者105人から、1紙だけの購読者30人を引いた数なので、**105－30＝75人**

A、B、Cが重なる部分（3紙の購読者z）は、

82－75＝7人

【解説】下図の■の重なり方を見ると、wはAとB、xはAとC、yはBとC、zはAとBとCが重なっている。

A80人で見ると、Aだけ（①）、AとBだけ（w）、AとCだけ（x）、AとBとC（z）の4パターンがある。このうちwはB52人にも、xはC55人にもカウントされているので2重になっている。さらに、zはAにも、Bにも、Cにもカウントされているので3重になっている。つまり、A、B、

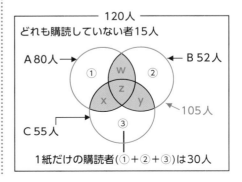